Creer y lograr

W. Clement Stone

Creer y lograr

México ♦ Miami ♦ Buenos Aires

Título original: *Belive & Achieve*
Copyright © 1991, 2002 By The Napoleon Hill Foundation

Creer y lograr
© W. Clement Stone, 2010

Quarzo

D. R. © Editorial Lectorum, S. A. de C. V., 2010
Centeno 79-A, col. Granjas Esmeralda
C. P. 09810, México, D. F.
Tel. 5581 3202
www.lectorum.com.mx
ventas@lectorum.com.mx

L. D. Books, Inc.
Miami, Florida
sales@ldbooks.com

Lectorum, S. A.
Buenos Aires, Argentina
ventas@lectorum-ugerman.com.ar

Primera reimpresión: agosto de 2010
ISBN: 978-607-457-101-1

© Portada: Perla Alejandra López Romo

Impreso y encuadernado en México.
Printed and bound in Mexico.

Prefacio

Para lograr el éxito, debe estar dispuesto a pagar su precio

Todo ser humano posee un cerebro y un sistema nervioso y, por lo tanto, está dotado de capacidades mentales maravillosas. Sin embargo, sólo unos pocos utilizan y desarrollan sus capacidades naturales para alcanzar las metas que podrían lograr. La mayoría de la gente sencillamente no está dispuesta a pagar el precio: el esfuerzo de aprender el arte de la motivación con una actitud mental positiva (AMP).

Usted puede ser diferente.
Puede desarrollar sus capacidades al máximo.
Si está dispuesto a pagar el precio.

Concretamente, debe estar dispuesto a invertir tiempo en "estudiar, pensar y planificar", para luego actuar. Trabajo, en otras palabras. No existe otra manera. Será un esfuerzo. No tendrá todo lo que desea para la semana próxima. Tendrá que hacer sacrificios.

¿Vale la pena?

Cuando intenta tomar una decisión acerca de su futuro, tal vez se pregunte: "¿vale la pena?"

Si paga el precio, tendrá la posibilidad de descubrir ciertas cosas acerca de la mente humana que han ayudado a una gran cantidad de personas a transformar sus vidas para mejor. Gran parte de lo que llegará a comprender está más allá de lo que se aprende en la escuela o de lo que se discute en los informativos. Por ejemplo:

- cómo sacar, a través de su mente consciente, aquellos poderes de su inconsciente relacionados con los instintos, las pasiones, las emociones, los sentimientos, los estados de ánimo, las actitudes, la formación de buenos hábitos y la eliminación de los que no le producirán ningún beneficio.
- cómo influir sobre usted mismo y sobre los demás para tomar una dirección beneficiosa —ésta es la esencia del arte de la motivación con AMP.

Habrá otras recompensas. Éstas dos deberían ser suficientes para animar su interés.

Crea y lo logrará con la magia de la motivación

Qué emocionante es saber que usted posee la mejor máquina que se ha concebido —tan extraordinaria que el único que la pudo haber creado es Dios—: ¡un cerebro, un sistema nervioso y una indescriptible mente humana! Incluso, más emocionante es saber que puede aprender a operar y a utilizar esta máquina de manera efectiva para dirigir deliberadamente sus pensamientos, controlar sus emociones y lograr cualquier objetivo digno que no viole las leyes de Dios o los derechos de los demás.

La motivación es aquello que induce a la acción o determina la elección. Un motivo es un impulso dentro de cada persona, como un instinto, una emoción, una costumbre, un deseo o una idea que lo incita a actuar. Es la esperanza u otra fuerza que mueve a la persona a intentar producir resultados específicos. Cuando usted puede motivarse a sí mismo y puede motivar a otros, en el mundo desaparecen los obstáculos que se interponían en su camino hacia el éxito.

Mi mayor descubrimiento fue que los secretos para el éxito son tan obvios que no se ven. Sin embargo, una vez que están organizados, son fáciles de enseñar y de aprender. Me fueron revelados al leer libros de autoayuda y los puse en práctica mediante el método de prueba y error, y prueba... y acierto. Aprendí a:

- reconocer, relacionar, asimilar y aplicar los principios, y no sólo a reconocer los hechos.
- desarrollar una actitud mental positiva y eliminar la negativa.
- motivarme y a motivar a los demás para actuar de manera conveniente a voluntad y conquistar metas dignas.
- evitar perturbaciones emocionales perjudiciales y enfermedades mentales, y a mantener una buena salud mental y moral.
- lograr abundancia económica a pesar de tener un salario bajo.
- descubrir las verdaderas riquezas de la vida.

Los libros de autoayuda han inspirado y motivado a millones de personas en todo el mundo y también pueden motivarlo a usted. Este libro es un lugar maravilloso por donde empezar; pero no permita que éste sea el límite de su progreso.

Crea y lo logrará utilizando los principios del éxito

Para sacar el máximo provecho de un libro, debe darse un tiempo para analizar las ideas que encuentre. Si las valora, las incorporará a su manera de pensar. Con la misma importancia, luego estará dispuesto a actuar acorde con lo que ha aprendido y adoptado. Este esfuerzo deliberado es una parte significativa del precio del éxito.

Este esfuerzo deliberado es también lo que impide que la mayoría de las personas hagan algo importante con sus vidas. Por decirlo de alguna manera, son incapaces de hacer la mínima inversión. Es divertido alentar a los jugadores de fútbol cómodamente sentado en el hogar; es parte del placer de mirar un partido. Pero la vida no es un partido de fútbol que se puede ver. Usted no está en su sala, sino en el campo de juego y, si sabe lo que debe hacer, pero no lo hace, nunca intervendrá en una jugada de riesgo... Y ni hablar de anotar un tanto.

Memorice la frase de automotivación: "¡hazlo ya!". El hábito se puede establecer repitiendo "¡hazlo ya!" varias veces por la mañana y varias veces por la noche durante una semana o diez días, para fijar la propuesta en su inconsciente de un modo indeleble.

Cuando se enfrente con la necesidad de actuar, el "¡hazlo ya!" surgirá de su inconsciente hacia su conciencia para empujarlo a actuar.

También memorice las dos frases de automotivación siguientes que han ayudado a una gran cantidad de personas a motivarse para actuar de manera conveniente:

Todo lo que la mente del hombre puede
concebir y creer, lo puede lograr con una actitud
mental positiva.
¡Apunta alto!

Estas dos frases clave le darán energía a su mente oponiéndola a la duda que, junto con la postergación, es una de las peores enemigas de la realización del hombre.

Crea y lo logrará mediante una actitud mental positiva

La propuesta de tener una actitud mental positiva para lograr el éxito ha ayudado a millones de personas de todo el mundo a hacerse cargo de sus vidas, a reconocer sus potenciales y a alcanzar los objetivos más elevados que se hayan propuesto para sí mismos. Muchos de los líderes actuales de gobierno, educación, comercio, entretenimiento y de las artes, y los de prácticamente todas las áreas y actividades, son vivos testimonios del valor de la filosofía de la AMP y de sus diecisiete principios para el éxito.

Para lograr el éxito se necesita una Actitud Mental Positiva. El éxito se logra mediante la combinación de AMP y firmeza de propósito con uno o más de los quince principios de los éxitos restantes. A continuación se muestra cómo se puede desarrollar una AMP:

✍ esfuércese por comprender y aplicar la regla de oro.

✍ sea considerado y sensible con respecto a las reacciones de los demás.

✍ sea sensible con respecto a sus propias reacciones, controlando que sus respuestas emocionales no sean influenciadas por el entorno.

✍ aprenda a descubrir; encuentre los elementos positivos de cualquier situación o persona, sin importar cuán difícil pueda parecer. Mientras más difícil sea, más importante será encontrar esos elementos positivos.

✍ crea en la posibilidad de alcanzar todas las metas que no violen las leyes de Dios o los derechos de su prójimo.

Crea y lo logrará utilizando firmeza de propósito

La firmeza de propósito junto con la AMP, es el punto de partida para todo logro digno. Algunos autores utilizan el término *simpleza de propósito* para referirse a esta expresión. Cualquiera que sea la manera en que se exprese, significa que usted debe tener una meta alta, sobresaliente, que desee, y que la debe mantener siempre presente. Puede tener muchas otras metas que no sean incompatibles y que lo ayuden a alcanzar su meta principal. De hecho, es recomendable establecer objetivos a corto, mediano y largo plazo. Cuando logra establecer una meta principal, ya es capaz de reconocer cuáles de estos objetivos lo ayudarán a alcanzarla.

Sólo usted sabe cuál es su objetivo principal. Cualquiera que sea, debe ser algo que pueda perseguir con pasión, con un deseo ardiente que le dará fuerzas cuando esté exhausto y las circunstancias adversas parezcan no tener fin. Admitir un deseo ardiente requiere de cierto valor, porque una vez que reconoce qué es lo que más desea, no estará satisfecho hasta que sepa que está en camino a lograrlo. El hecho de renunciar a la satisfacción propia es parte del precio que se debe pagar para lograr el éxito.

Un deseo ardiente sugiere un propósito obligatorio, un sentimiento intenso, ardiente. Una manera efectiva de convertir una necesidad, un deseo o un anhelo en un deseo ardiente se logra anotando su meta y leyéndola todos los días para mantenerla siempre presente. A medida que establece costumbres exitosas y aprende de la experiencia, tendrá lugar un proceso evolutivo por el cual usted elegirá, de manera progresiva, metas más altas. Con cada logro apuntará cada vez más alto.

Crea y lo logrará utilizando las guías para el éxito

1. Decida a qué hora y dónde tendrá su momento de estudio, pensamiento y planificación diarios para usted, en un lugar en que se pueda concentrar. Luego, pase lo que pase, dedique una hora diaria para su bienestar.

2. Rece para pedir la guía divina cuando comience su hora de bienestar.

3. Sepa lo que quiere. Anote sus objetivos indicando las características positivas que desea adquirir y no las negativas que desea eliminar. Si quiere eliminar el miedo, trabaje sobre la valentía. Por lo tanto, su motivación podría ser: "ser valiente".

4. Procure mantener una actitud mental positiva. Intente alcanzar los objetivos propuestos todos los días.

5. Lea un capítulo de un libro de autoayuda. Además, memorice afirmaciones positivas, palabras de dominio sobre usted mismo o expresiones que le gustaría fijar en su inconsciente.

6. Repase sus actividades diarias referidas a estas pautas. Probablemente no lo logre si no revisa a diario su capacidad de adquirir los hábitos convenientes y eliminar los que no le produzcan beneficio alguno. Determine su progreso en cuanto a sus objetivos. Sea cauteloso. Mantenga un registro diario para poder evaluar su progreso.

¿Desea que sus sueños se hagan realidad? Si lo desea, puede hacerlo siguiendo estas pautas. Recuerde, su potencial es ilimitado. Conviértalo en poder real y ¡utilícelo!

Conserve el éxito creyendo y logrando

¿Se ha preguntado alguna vez cómo y por qué determinadas personas, compañías, instituciones u organizaciones han tenido éxito o por qué algunas que habían tenido un éxito sobresaliente con el tiempo terminaron fracasando? ¿Ha intentado analizarlos para obtener la sabiduría que podría aplicar para ayudarse a usted mismo y a los demás?

¿Estudia, analiza y anota minuciosamente con el fin de ayudarse a usted mismo y a los demás, *cómo* y *por qué* tuvo usted éxito o fracasó?

¡Yo sí! Y de esta manera he realizado grandes descubrimientos que me han sido de utilidad a mí y a miles de personas para alcanzar metas cuando hablamos de posibilidades en el terreno de lo imposible.

¿Tiene usted grandes metas? ¿Sí o no? Las tenga o no, puede aprender a motivarse para establecer grandes metas, tener éxito y... continuar así.

Por favor, tenga en cuenta: "El carácter es la piedra fundamental sobre la cual construir y conservar el éxito [...] El mejor y mayor logro es adquirir la noble condición humana [...] Lograr una integridad verdadera y un carácter equilibrado es un éxito en sí mismo [...] Existe algo que es infinitamente mejor que vivir: llevar una vida noble [...] Si alguna vez se necesitó la ayuda de una actitud mental positiva, ese momento es **¡ahora!**"

Tenga éxito... ¡Y continúe así, creyendo y logrando.

W. Clement Stone

Introducción

La Duran Fundación Napoleon Hill le da la bienvenida a su familia de personas exitosas. Durante más de setenta años, las ideas de Napoleon Hill han ayudado a personas como usted a convertir sus vidas comunes en testimonios vivientes de la fuerza del logro humano.

Napoleon Hill nació en 1883 en una pequeña cabaña sobre el Río Pound en el condado de Wise, Virginia. Comenzó su carrera de escritor a los trece años trabajando como reportero de las zonas montañosas en periódicos de pequeñas ciudades y la continuó hasta convertirse en el autor de literatura motivadora más apreciado de los Estados Unidos. Fue el primero en publicar una filosofía de superación personal que podría ser adoptada y aplicada por cualquier persona que estuviese dispuesta a seguir los principios que él identificó. Sus libros más famosos, *The Law of Success* (*La ley del éxito*) y *Think and Grow Rich (Piense y hágase rico)*, han influido en millones de personas exitosas. Su trabajo se alza como un monumento al logro personal y es la piedra fundamental de la motivación moderna.

W. Clement Stone

Aplique los principios para alcanzar el éxito probados a lo largo del tiempo

En 1952, W. Clement Stone y Napoleon Hill unieron fuerzas y filosofías. Stone agregó su concepto de Actitud Mental Positiva a los principios de Hill, lo que dio como resultado el clásico libro *Success Through a Positive Mental Attitude (El éxito mediante una Actitud Mental Positiva)*. Ambos pasaron los siguientes diez años escribiendo y dando conferencias acerca de cómo lograr el éxito mediante una AMP. Su fórmula se convertiría en la base fundamental de casi toda la literatura motivacional moderna. Actualmente, la Fundación Napoleon Hill se encarga de divulgar dicha fórmula, que se encuentra en evolución permanente. Guiados por W. Clement Stone, hemos analizado a los líderes de hoy y descubrimos que los principios originales establecidos por Hill y Stone son aún válidos y continúan aplicándose día a día. Revelamos cómo los nuevos enfoques, desarrollados durante años de perfeccionamiento y expansión, hacen aun más valederos tales principios en cuanto a las ideas, actitudes y valores actuales.

Los principios para lograr el éxito están probados, son prácticos y versátiles. A medida que crecemos y cambiamos, los principios se expanden, junto con nuestra capacidad para lograr metas mayores y hacer realidad nuestras expectativas más altas.

Creer y lograr explica exactamente cómo los principios personales, intelectuales, de actitud, fraternales y espirituales, utilizados por personalidades como Andrew Carnegie, Henry Ford y F. W. Woolworth, así como también por Tom Monaghan, Mary Kay Ash, Larry King y Steve Jobs, exitosos de los últimos años, pueden ser aplicados por usted mismo para lograr sus metas.

Creer y lograr no tiene la última palabra acerca de la creación del éxito; esta cuestión seguirá evolucionando mientras la especie humana perdure. Por el contrario, la Fundación Napoleon Hill espera que éstas sean sólo las primeras palabras en el próximo capítulo de su vida: el primero de muchos capítulos en los cuales el tema sea el éxito.

La Fundación fue creada por el mismo Napoleon Hill como una institución educativa sin fines de lucro. Su misión es la de perpetuar su filosofía de liderazgo, automotivación y logro personal, con el fin de hacer un mundo mejor para las generaciones presentes y futuras, enseñando, inspirando y motivando a las personas para que éstas utilicen su potencial y alcancen sus metas más altas.

Con esta finalidad, la biblioteca de libros y videos de motivación de la Fundación Napoleon Hill, basada en los principios de Napoleon Hill, presenta las ideas disponibles más efectivas para ayudarlo a aprender, entender y comprender los principios ya probados para alcanzar el éxito. Si los aplica correctamente, lo ayudarán a alcanzar las metas más ambiciosas que se proponga alcanzar.

Todo lo que quiera hacer en su vida, creemos que lo puede realizar, y más, aplicando las ideas que aquí le proponemos.

Fundación Napoleon Hill

Prólogo

Según un famoso relato acerca de Vince Lombardi y su devoción por buscar la esencia de las cosas, cierta vez, luego de un muy mal juego de los Empacadores de Green Bay, Lombardi subió al autobús, levantó el balón y dijo: "Señores, esto es un balón de fútbol". Desde la parte trasera del autobús, Max McGee alzó su voz y dijo: "Entrenador, va a tener que ir más lento; no podemos seguirlo".

Patrick Ryan ríe, con obvio entusiasmo, mientras relata esta historia, y continúa comparando a Lombardi con W. Clement Stone. "Él [Stone] es un fundamentalista riguroso en cuanto a los principios comerciales y a los principios de la vida. Uno de sus mayores éxitos —algo en lo que siempre he creído y he tratado de practicar— es recordar el valor de lo esencial. Una revisión periódica de lo esencial es siempre importante: pero cuando las cosas no funcionan muy bien, es imprescindible volver a lo esencial y recordar de dónde venimos. Stone defiende con firmeza esa idea, la cual ha servido de pilar para su éxito, algo que ha permitido que éste perdure durante muchas décadas."

Pat Ryan conoce al éxito en carne propia. Como hijo de un vendedor de automóviles Ford, fue pionero en la venta de seguros de vida, contra accidentes y créditos en concesionarias de automóviles. Desde la fusión, en 1982, de su compañía, Ryan Insurance Group (con un activo de 560 millones de dólares) con la empresa de Stone, Combined International Corp., ha construido un conglomerado de empresas aseguradoras con un valor de 5.4 mil millones de dólares, que continúa en crecimiento, y ha incrementado su participación personal en la compañía hasta alcanzar la cifra de 240 millones de dólares.

Como presidente y director ejecutivo de Aon, el nuevo nombre adoptado por Combined a principios de 1987, Ryan ha guiado la compañía por un camino de rápido crecimiento, mediante la reducción de costos, la diversificación y la realización de adquisiciones muy bien planeadas.

Stone sigue siendo presidente emérito del consejo de Aon, pero Ryan dirige la compañía. "Es 'fabuloso' trabajar con él", dice Ryan acerca de Stone, describiéndolo como "alguien que brinda su apoyo, completamente predecible (lo cual es bueno) y de gran firmeza. Es un hombre de suma perspicacia y, por lo tanto, un hombre a quien se puede escuchar y de quien se puede aprender mucho; sin embargo, no se entromete. Permite que las personas hagan; no se interpone mientras cumplen con sus responsabilidades".

El enfoque de Stone de "volver a la esencia" para alcanzar el éxito fue, tal vez, la primera guía de uso práctico para la concreción de logros que jamás se haya escrito. Tuvo sus orígenes en una reunión casual entre dos de sus principales autores: Stone y Napoleon Hill. En 1952, durante una reunión del Chicago North Shore Kiwanis Club, el organizador del evento ubicó a ambos en la mesa principal.

Hill, de sesenta y nueve años, estaba casi retirado, gozando de los frutos de toda una vida dedicada a la escritura y a las conferencias. Stone, con cincuenta años, era director de

Combined, un imperio de seguros que había levantado con una inversión de 100 dólares y gran dedicación a su filosofía de Actitud Mental Positiva (AMP).

Las dos personalidades dinámicas congeniaron desde un principio y, antes de finalizar el almuerzo, hicieron un trato: colaborar en una serie de libros y cursos de autoayuda. Ambos eran hombres de acción que no vacilaron en tomar el compromiso, conociendo a la perfección los sacrificios personales que tal emprendimiento les demandaría.

A lo largo de su vida, Hill había desarrollado una serie de principios que podían ser usados por cualquier persona en cualquier campo para lograr sus metas, idea que le atribuye a Andrew Carnegie, personalidad de la industria que vivió a principios de siglo.

En 1908, con veinticinco años y periodista de profesión, le encomendaron a Hill escribir el perfil del magnate del acero para la revista en la que trabajaba. En el transcurso de la entrevista, Carnegie, quien para entonces ya había pasado los 70 años, se lamentaba: "Es una lástima que cada nueva generación deba encontrar el camino hacia el éxito mediante el método de prueba y error, siendo que los principios están claramente definidos".

Desafió al joven Hill a que desarrollara una filosofía práctica que pudiese ser utilizada por cualquier persona y, para el momento en que Carnegie había terminado de exponer sus ideas, Hill estaba completamente entusiasmado. Le tomó exactamente veintinueve segundos aceptar el desafío.

Hill supuso que Carnegie le estaba ofreciendo apoyo financiero para el proyecto, pero quedó atónito cuando el industrial le preguntó si estaba dispuesto a dedicar veinte años de su vida —mientras que además debía mantenerse a sí mismo— para llevar a cabo la tarea.

"No es que no esté dispuesto a aportar el dinero", dijo Carnegie, "es que deseo saber si posees entre tus capacidades naturales la disposición de hacer siempre un poco más, es decir, brindar un servicio sin estar pensando en la recompensa Las personas exitosas", continuó Carnegie, "son aquellas que brindan más de lo que se les pide."

El astuto escocés se mantuvo firme en cuanto a sus condiciones. Inició a Hill en el tema y le proporcionó gran cantidad de material, pero ningún fondo para el trabajo, a excepción de algunos desembolsos menores y viáticos. Hill también cumplió con su parte del trato.

Estuvo casi veinte años entrevistando a personalidades de los negocios y de la política de su época, catalogando y mejorando los principios que le revelaban.

Henry Ford, Thomas Edison, Alexander Graham Bell, James J. Hill, Luther Burbank, William Howard Taft, Harvey Firestone, F. W. Woolworth y William Wrigley Jr. fueron algunos de los famosos que voluntariamente compartieron los secretos de su éxito durante los maratónicos años que Hill dedicó a la investigación. Su filosofía de éxito personal para alcanzar las metas fue el primer tratado serio en la materia y sus libros *La ley del éxito* y *Piense y hágase rico* fueron leídos por millones de personas en todo el mundo. Cuando Hill y Stone se conocieron en el almuerzo, Stone ya había leído los libros y había hallado en Hill una persona con sus mismas inquietudes y con una filosofía semejante a la suya. Tomando como punto de partida los principios originales de Hill, Stone agregó el de la Actitud Mental Positiva (AMP), que se convirtió en doctrina fundamental y fuerza motora de su filosofía.

Durante los diez años que trabajaron juntos, publicaron varios libros y recorrieron el mundo relatando la forma de lograr el éxito mediante la AMP. Durante la década de 1950, miles de personas colmaban los hoteles de Chicago para escucharlos. Por todo el país surgían agrupaciones denominadas Ciencia del Éxito mediante la AMP, que se basaban en sus principios. En sus oficinas llovían cartas con relatos acerca de vidas que habían cambiado y de éxitos logrados al seguir los principios que ellos enseñaban.

Pero faltaba algo. Notaban que el público respondía con entusiasmo a sus discursos y conferencias, pero, a medida que el tiempo pasaba, el entusiasmo se apagaba y los pensamientos negativos regresaban. Para avivar el fuego y mantener encendidas las llamas del entusiasmo, Stone y Hill fundaron la revista *Success Unlimited* (*Éxito Ilimitado*).

Su libro *Success Through A Positive Mental Attitude* ha sido traducido a muchos idiomas y es ampliamente reconocido como un clásico en el campo de la literatura motivadora. También sirvió de base para que muchos de los escritores que los sucedieron construyeran nuevos modelos para el éxito. De hecho, casi todos los libros modernos de motivación poseen el germen de la filosofía de Hill y Stone.

Sin embargo, el mundo ha cambiado de manera increíble desde que Stone y Napoleon Hill publicaron su libro. El título de Stone *The Success System That Never Fails (El sistema para alcanzar el éxito que nunca falla)* también salió a la luz en una era diferente. Desde que fueron publicados por primera vez, el hombre ha llegado a la Luna y las computadoras personales han invadido los hogares. Muchas industrias tabacaleras se derrumbaron, los servicios desplazaron a la producción, la industria automotriz nacional perdió terreno frente a las importaciones y la cultura de la paz y el amor se ha opacado.

El éxito en cualquier medida es un blanco móvil. Nunca se logra por completo. "Creo que ante cada nuevo nivel alcanzado, debemos seguir impulsándonos o, de lo contrario, retrocederemos," comenta Pat Ryan. "Es por eso que apoyo la idea de alcanzar un determinado nivel, para luego saltar a otro superior, y así sucesivamente. Cuando uno actúa así, su capacidad como persona se expande. Cuando uno cree haber alcanzado el éxito, una nueva meta aparece. Es por eso que la satisfacción total es inalcanzable.

"Una vez dije: 'Es imposible imaginar cuán lejos está la meta más alta, excepto por las limitaciones de nuestra propia mente.' Quizá no sea ésta la mejor manera de expresarlo, pero a muchas personas, incluyendo al señor Stone, les agrada y apoyan la idea. Lo que en realidad quiero decir es que una vez que decida cuán alto quiere llegar, es hasta allí donde llegará. A menudo, las personas me preguntan si había imaginado alguna vez la magnitud que alcanzaría mi compañía. Les digo que, honestamente, no tenía idea, pero que sabía que sería grande desde el día en que comencé, en 1963. Tenía una meta y era que mi compañía fuese una organización de ventas a escala nacional. Podría haber pensado que era suficiente, pero quería llegar a niveles más altos. No quiero saber en qué nivel se encuentra ahora, porque si uno establece el nivel al cual quiere llegar, es allí donde se detendrá."

La filosofía de la AMP no es estática. Tiene vida, está en movimento, siempre evolucionando para satisfacer necesidades y situaciones cambiantes. Desde los primeros trabajos junto a Hill, Stone ha mejorado los principios que desarrollaron y ha agregado nuevas ideas.

"Tengo la impresión de que los principios básicos de Napoleon Hill y del señor Stone han sobrevivido y perdurado más allá de las modas pasajeras que vemos muy a menudo", comenta Ryan. "Es importante que el lector comprenda que estos principios no son una mera reflexión acerca de la vida de un hombre exitoso. Por el contrario, a mi juicio, son principios que permanecen en el tiempo. Los lectores deben aceptar esta filosofía como pasada, presente y, principalmente, como parte del futuro."

Ésta es la esencia de una filosofía para el éxito que ha resistido el paso del tiempo, moldeada por las costumbres de la vida moderna en los Estados Unidos.

Nota acerca de W. Clement Stone

He tenido el privilegio de trabajar a la par de W. Clement Stone durante más de cincuenta y dos años.

Cuando me pidieron que escribiera sobre los recuerdos más memorables de mi relación con W. Clement Stone para su cumpleaños número cien, me di cuenta de que ya lo había hecho. En mi libro *Keys to Positive Thinking (Claves para el pensamiento positivo)* le dediqué treinta páginas al análisis de su vida y a la manera en que ésta ofrecía una demostración real del pensamiento positivo con palabras y hechos. Siempre ha dado un ejemplo inspirador de la aplicación de la AMP con todas las personas con las que se relaciona. Durante toda su vida se ha ocupado de compartir sus conceptos de AMP con todos, para hacer de este mundo un lugar mejor para las generaciones presentes y futuras.

Admiro, además, otra cualidad excepcional de W. Clement Stone. Una mejor descripción puede hallarse en la "Definición de un caballero" de *The Idea of a University (Acerca de la idea de universidad)* escrito por el cardenal John Henry Newman. Fácilmente podría reemplazarse por "Éste es W. Clement Stone, el Hombre".

Por consiguiente, puede definirse a un caballero como alguien que nunca inflige dolor. Esta descripción es a la vez refinada y precisa en su alcance. Principalmente se ocupa de quitar los obstáculos que dificultan el accionar libre y sin complicaciones de quienes lo rodean. Además, se desenvuelve acorde a sus movimientos, en lugar de tomar la iniciativa por sí mismo. Sus beneficios pueden considerarse como un análogo de lo que llamamos *comodidades*, para satisfacer las necesidades personales: como un cómodo sillón o un hogar de leños que cumplen la función de disipar el frío y la fatiga, aunque la naturaleza provea los medios de descanso y de calor animal sin necesidad de elementos externos.

De la misma manera, un verdadero caballero evita cuidadosamente cualquier cosa que pueda causar un choque o sobresalto en la mente de aquellos con quienes entra en contacto. Su gran preocupación es la de hacer que todos se encuentren cómodos y como en su casa. Presta atención a toda su compañía. Es tierno con los vergonzosos, gentil con los distantes y piadoso con los ridículos. Evita las alusiones fuera de lugar o los temas que pueden irritar.

Es raro que sobresalga en una conversación y nunca resulta aburrido. Resta importancia a los favores que realiza y parece estar recibiendo cuando en realidad está brindando.

Nunca habla de sí mismo a menos que se le pregunte y nunca se defiende mediante una mera réplica. No tiene oídos para calumnias o habladurías. Es escrupuloso al imputar cargos a quienes interfieren con él e interpreta todo de la mejor manera. Nunca es ordinario o bajo en sus conflictos y nunca toma ventaja injusta. Nunca confunde personalidades fuertes o comentarios agudos con disputas, ni insinúa cosas que jamás diría en voz alta.

Con prudencia visionaria, cumple la máxima de los sabios antiguos, que nos dice que siempre debemos tratar al enemigo como si alguna vez éste fuera a ser nuestro amigo. Tiene demasiado sentido común como para ofenderse ante insultos, está bastante ocupado como para recordar injurias y es demasiado afable como para guardar rencor.

Es paciente, indulgente y está entregado a los principios filosóficos. Se somete al dolor, porque es inevitable; a la pérdida de un ser querido, porque es irreparable, y a la muerte, porque es su destino... Puede estar acertado o equivocado en su opinión, pero es demasiado claro en sus conceptos como para ser injusto. Es tan simple como contundente... En ningún otro lugar encontraremos mayor franqueza, consideración o indulgencia: interpreta las ideas de sus adversarios, da cuenta de los errores que cometen. Conoce la debilidad de la razón humana, pero también conoce su fortaleza, su extensión y sus límites... Respeta la piedad y la devoción. Incluso, apoya a las instituciones que considera venerables, bellas o útiles, mas no consiente con ellas. Hace honor a los ministros de la religión y siente satisfacción al restar importancia a sus misterios, sin atacarlos o denunciarlos.

Está a favor de la tolerancia religiosa. Esto es así no sólo porque su filosofía le ha enseñado a considerar todas las formas de la fe con una visión imparcial, sino también porque, por su caballerosidad y comprensión de los sentimientos, es un servidor de la civilización... Ésos son algunos de los lineamientos del carácter técnico que el intelecto cultivado formará, además de los principios religiosos.

Con todo respeto
Michael Jr. Ritt, Jr.

Capítulo 1
Los Diecisiete Principios

Todo lo que la mente
del hombre puede concebir
y creer, lo puede lograr
con una actitud mental positiva.

La propuesta de tener una Actitud Mental Positiva para lograr el éxito ha ayudado a millones de personas en todo el mundo a hacerse cargo de sus vidas, a reconocer sus potenciales y a alcanzar los objetivos más elevados que se hayan propuesto a sí mismas. Muchos de los líderes actuales de gobierno, educación, comercio, entretenimiento y de las artes, y los de prácticamente todas las áreas y actividades, son un vivo testimonio del valor de la filosofía de la AMP y de sus diecisiete principios del éxito.

Los principios son prácticos y reales: han pasado la prueba del tiempo. Además, son adaptables. A medida que crecemos y cambiamos, los principios se expanden junto con nuestra capacidad de lograr objetivos más importantes y de alcanzar nuestras más altas expectativas. Al igual que en el resto de las cosas, cuanto más ponemos en práctica los principios para el éxito, mejor los comprendemos y aplicamos.

Es un proceso continuo y no algo que aprendemos una vez y nos queda para siempre. A pesar de que todos nacemos con la posibilidad de tener pensamientos y emociones negativas y positivas, por lo general, el entorno es excesivamente negativo. De hecho, una de las primeras palabras que aprendemos es *no*. Y la influencia negativa continúa a lo largo de nuestras vidas. Rara vez recibimos un elogio cuando hacemos algo bien; siempre se espera más o menos de nosotros. Incluso, cuando nos equivocamos, nuestros amigos, vecinos, compañeros de trabajo y familiares forman fila para decirnos qué hicimos mal.

Para tener éxito en este entorno se requiere de un ego fuerte, creer en nosotros mismos y en nuestras capacidades, y confianza en que, finalmente, triunfaremos. Mantener dicha actitud requiere de inyecciones periódicas de refuerzo positivo para contrarrestar las influencias negativas que encontramos día a día.

La cantidad de refuerzo positivo que necesitamos depende de cada individuo; es proporcional a la influencia negativa que encontramos en casa, en el trabajo y en las actividades de recreación. Una persona que vende seguros, que por la naturaleza de su trabajo debe enfrentar el rechazo muy a menudo, puede necesitar dosis continuas de pensamientos positivos. Un neurocirujano, cuya posición y habilidades merecen el respeto y aceptación de sus pacientes y colegas, seguramente necesitará una dosis menor.

A continuación se describen brevemente los Diecisiete Principios, ordenados de acuerdo con nuestro nuevo criterio de agrupación.

Principios de actitud

Sin ningún lugar a duda, la mayoría de los principios originales para lograr el éxito están dirigidos hacia la actitud personal. Sin embargo, los que incluimos en este grupo funcionan, por sobre todas las cosas, mediante la actitud. Esto incluye: Actitud Mental Positiva, Firmeza de Propósito, Hacer Siempre un Poco Más y Aprender del Fracaso.

1. Una Actitud Mental Positiva

Este principio se coloca en primer lugar, dado que es la piedra fundamental que sostiene a las dieciséis restantes. Es el proceso por el cual usted puede comenzar a modificar su vida para mejor, porque usted es la única persona en la tierra que puede controlar su actitud. Los demás pueden influenciar o aconsejar, pero sólo usted puede controlar lo que su mente acepta o rechaza.

Una Actitud Mental Positiva es la actitud correcta en una situación determinada. No es una noción optimista extrema en la que todo sale bien sólo por mirar el lado bueno de las cosas. Por el contrario, es un esfuerzo consciente puesto para reemplazar los pensamientos negativos, autodestructivos, con pensamientos positivos, que nos permiten realizarnos. Es un proceso que debe practicarse a cada momento hasta que el hecho de reemplazar las dudas sobre uno mismo por la confianza en uno mismo se convierta en un hábito.

Así como los músculos se fortalecen y adquieren elasticidad mediante el ejercicio y uso constante, lo mismo sucede con la mente. Usted sabe por experiencia propia que sus mejores momentos y los de mayor lucidez son los periodos en los que logra mayor concentración y pensamiento intenso.

Si suprime las influencias negativas y las reemplaza por ideas y pensamientos positivos, liberará una fuerza poderosa que le permitirá alcanzar cualquier meta que se proponga. El secreto está en el control. Debe elegir conscientemente eliminar los pensamientos negativos y remplazarlos por positivos.

2. Firmeza de Propósito

Napoleon Hill dijo que la Firmeza de Propósito es el punto de partida de todo logro; primero uno debe saber hacia dónde va, si es que tiene la esperanza de llegar algún día.

La Firmeza de Propósito no es sólo fijar una meta. En términos más simples, la firmeza de propósito es el mapa para alcanzar un objetivo general en una carrera; las metas representan los pasos específicos a lo largo del camino. A menos que usted sea una de esas contadas personas que tienen el talento o capacidad mental que los catapulta instantáneamente hacia el éxito, deberá trabajar metódicamente camino a su meta.

La mayoría de los arquitectos, por ejemplo, no comienzan sus carreras diseñando rascacielos multimillonarios. Comienzan con estructuras menores o porciones de edificaciones mayores, hasta que los clientes confían lo suficiente en ellos como para arriesgar importantes sumas de dinero en sus ideas.

Muchos "éxitos repentinos" han pasado años preparándose para la oportunidad que finalmente les da el reconocimiento que merecen.

Tener un propósito en su vida tiene un efecto sinérgico sobre su capacidad de alcanzar metas. Especializándose, se perfecciona en su actividad, destina todos sus recursos a alcanzar su objetivo, está más alerta a las oportunidades y puede llegar a una determinación con mayor rapidez. Cada acción que toma finalmente se resume en una pregunta: ¿esto me ayudará o no a alcanzar mi objetivo final?

Más importante aún es que el hecho de tener un propósito definido se manifiesta en un deseo ardiente que lo ayudará a concentrar todas sus energías en alcanzar sus metas. Su propósito se convertirá en su vida; traspasará su mente consciente e inconsciente.

3. Hacer Siempre un Poco Más

Si usted hace más de lo que corresponde por lo que se le paga, inevitablemente en algún momento recibirá más de lo que corresponde por lo que hace. Pero esta realidad no se acepta abiertamente. La gente parece dividirse en dos grupos: aquellos que, con entusiasmo, ponen lo mejor de sí en sus trabajos y aquellos que dicen "cuando me paguen lo que valgo, haré el trabajo por el que me pagan."

La nuestra es una sociedad que demanda gratificación instantánea. Queremos lo que queremos, y que sea ahora mismo. Sin embargo, las verdaderas recompensas no llegan de esa manera. Por lo general, usted debe estar dispuesto a hacer el trabajo, a dar más de lo que se le pide, antes de comenzar a percibir los intereses de su inversión.

El principio funciona tanto para empresas como para personas. A fines de 1982, cuando Johnson & Johnson descubrió que habían puesto veneno en algunas de sus cápsulas de Tylenol, la compañía no dudó en retirar el producto de todo el mercado nacional, a pesar de haberse reconocido su inocencia y de existir evidencia de que el hecho sólo había ocurrido en algunos comercios de Chicago.

La pérdida que sufrió la compañía como resultado de la retirada y de las subsiguientes pruebas de laboratorio fue valuada en más de 100 millones de dólares. Sin embargo, la compañía se negó a redistribuir el producto hasta que sus ejecutivos estuvieran seguros de que no existían riesgos siquiera para un solo usuario de Tylenol. Cuando el producto volvió a estar en los comercios —en un envase con triple sellado—, los clientes recompensaron a la compañía con una lealtad sin precedentes. Johnson & Johnson recobró su posición en el mercado cuando sus clientes volvieron y, evidentemente, acompañados por sus amigos.

Más tarde, cuando parecía que la compañía se había recuperado de las secuelas de la tragedia, sucedió nuevamente en Nueva York. En respuesta al envenenamiento de una joven con cianuro, la compañía retiró las cápsulas del mercado (la firma calculó que esta determinación le habría costado otros 100 a 150 millones de dólares).

El gerente de Johnson & Johnson, James E. Burke, declaró en una conferencia de prensa: "Sentimos que la compañía ya no puede garantizarles a sus clientes la seguridad de las cápsulas a un nivel según las normas de responsabilidad de Johnson & Johnson. Si bien esta decisión tiene un costo financiero para nosotros, no se compara con el sufrimiento de los familiares y amigos de Diane Elsroth", haciendo referencia a la joven fallecida.

Al momento de escribirse este libro, todavía no se sabe si los clientes aceptarán los comprimidos Caplets de reemplazo que la compañía lanzó al mercado, pero esa clase de integridad sólo puede recibir su recompensa con el tiempo.

La historia está repleta de ejemplos de figuras del deporte, empresarios, políticos y militares que obtuvieron su recompensa, tanto personal como económica, e inspiraron a otros brindando más de lo que se esperaba de ellos.

4. Aprender del Fracaso

Una de las frases más motivadoras de W. Clement Stone es: "Toda adversidad lleva consigo la semilla de una oportunidad equivalente o mejor para todos aquellos que tienen actitud mental positiva y la aplican".

Es cierto. Piense en aquellas personas que usted conoce personalmente, que han fracasado en una actividad y luego tuvieron gran éxito en otra. El fracaso rara vez es permanente.

Ralph Waldo Emerson dijo: "Nuestra fuerza se origina en nuestra debilidad. La indignación, cargada de fuerzas secretas, no se despierta hasta que nos lastiman, nos hieren o nos destruyen dolorosamente. Un gran hombre siempre desea pasar desapercibido. Mientras se sienta en el sillón de las ventajas, se duerme. Cuando lo empujan, lo atormentan, lo derrotan, tiene la oportunidad de aprender algo. Lo han puesto frente a su inteligencia, su hombría. Ha ganado experiencia, aprendido de su ignorancia, sanado de su vanidad. Ha ganado moderación y aptitudes verdaderas".

Por lo general, el fracaso tiene la costumbre de ubicarlo a uno en una posición que requiere de gran esfuerzo. Muchos han extraído la victoria del fracaso, luchando de espaldas a la pared, cuando no podían retroceder.

Durante mucho tiempo, César quiso conquistar las Islas Británicas. Silenciosamente, llevó sus embarcaciones hacia allí, descargó sus tropas y provisiones, y luego dio la orden de incendiar los barcos. Llamó a sus hombres y les dijo: "Ahora es ganar o morir. No tenemos opción".

Por supuesto, ganaron. La mayoría de la gente triunfa cuando se decide a hacerlo.

Principios personales

Las características personales son casi tan importantes como la actitud. Para lograr el nivel de éxito que usted desea, debe desarrollar las características implícitas en los principios personales, los cuales incluyen la Iniciativa, el Entusiasmo, una Personalidad Agradable, la Autodisciplina, la Administración del Tiempo y del Dinero, y la Conservación de un Buen Grado de Salud Física y Mental.

5. Iniciativa Personal

El autor Elbert Hubbard dijo: "El mundo ofrece los mejores premios, tanto en dinero como en honores por una cosa: la iniciativa. ¿Qué es la iniciativa? Es hacer lo correcto sin necesidad de que se lo digan".

A menudo, la iniciativa se manifiesta en el liderazgo. Si usted es una persona de acción que toma la responsabilidad de terminar su trabajo, otros seguirán su ejemplo. De hecho, una de las mejores maneras de desarrollar la iniciativa personal es enseñándosela a otras personas. Es como el vendedor que puede venderse a sí mismo antes de vender con éxito sus productos.

La iniciativa es el principio que dice: "Sigamos adelante. Hagamos algo, aunque esté mal". Henry Johnson, presidente y director ejecutivo de Spiegel, Inc., recuerda: "Siempre fui el que organizaba, el presidente del club, el que llevaba el bat en la mano y le decía a todo el mundo, '¡vamos!'."[1]

Johnson, que fue aclamado por convertir a Spiegel, la pobre hermanastra de la industria de los catálogos, en hada madrina, valora enormemente el liderazgo. Tanto, que aconseja a sus gerentes tomar gente excepcional, incluso en momentos en que la compañía no dispone de vacantes.

Su consejo en cuanto a iniciativa y liderazgo es:

- genere sus propias oportunidades.
- haga su trabajo mejor de lo que se haya hecho antes.
- esté dispuesto a levantarse y ser tenido en cuenta para tomar decisiones y enfrentar riesgos, incluso en los trabajos diarios.

Johnson sabe de lo que habla. Llegó a ser ejecutivo por sus propios medios, de ser asistente en Montgomery Ward & Co. a director ejecutivo de Spiegel.

---

1 Laurie M. Sachtleben, "The Man Who Fashioned a New Spiegel", *PMA Adviser*, agosto de 1983.

La iniciativa viene acompañada del riesgo. Hace algunos años, Cadillac observó en una publicidad que cuando algo se convierte en un estándar, pasa a ser también blanco de envidia. Si su trabajo es mediocre, sin duda no lo molestarán, pero si logra hacer una obra maestra, millones de personas hablarán de usted. Sin embargo, un verdadero líder sobresale de la multitud y no se desanima con las pasiones humanas como la envidia, el temor o la ambición desmedida.

6. Entusiasmo

El entusiasmo es un estado mental que inspira y estimula a que la persona actúe. Tiene un efecto contagioso y afecta no sólo al entusiasta, sino también a todas las personas con las que entra en contacto.

El entusiasmo es a la persona como la gasolina al motor de un automóvil: la fuerza motora vital. Es el combustible con el cual los líderes inspiran a sus seguidores. Es esencial en la habilidad para vender y es, sin duda, el factor más importante en los discursos públicos.

Si mezcla el entusiasmo con su trabajo, éste nunca será difícil o monótono. Será divertido y estimulante. El entusiasmo dará tanta energía a su cuerpo que se sentirá bien durmiendo la mitad de horas de lo que acostumbra y, al mismo tiempo, rendirá el doble sin sentirse cansado.

Algunas personas son entusiastas por naturaleza; otras deben desarrollar el entusiasmo. El mejor punto de partida para despertar el entusiasmo es haciendo algo que le guste, algo que le ayude a alcanzar sus metas. Este principio es un excelente ejemplo de la interdependencia de los Diecisiete Principios.

Si usted tiene Firmeza de Propósito, su Atención Controlada, una Actitud Mental Positiva y demás atributos, le será fácil ser entusiasta.

Sin embargo, para que se vea la magia del entusiasmo, éste debe ser auténtico. El tono y la manera de hablar deben reflejar la sinceridad de su propósito. No puede influenciar a otros si usted mismo no cree en sus propias palabras. Cuando hable desde el corazón, el fuego del entusiasmo encenderá los corazones de los demás.

7. Una Personalidad Agradable

A las personas les gusta hacer negocios con gente que le agrada. Si los factores de competencia como la calidad, el servicio, el precio y la entrega son similares, el factor que influirá en nuestra decisión será las personas con las que tratemos o las organizaciones con las que nos relacionemos. Pero, ¿cómo se desarrolla una personalidad que resulte agradable a los demás?

Lo principal es desarrollar el carácter. Es poco probable que tenga una personalidad agradable sin la base de un carácter sólido y positivo.

Es casi imposible que no les transmita su verdadero carácter a aquellos con los que se relacione. Es por esta razón que cuando conoce a alguien, puede tener un sentimiento intuitivo sobre esa persona; instintivamente puede agradarle o no, sin conocer la verdadera razón.

La persona que usted desea ser —su carácter— depende de usted. Usted decide qué clase de persona desea ser y desarrolla características buenas y positivas, imitando a personas que usted admira, poniendo en práctica la autodisciplina para sustituir los malos hábitos por los buenos, y concentrándose en pensamientos positivos. Es un proceso lento y deliberado.

La honestidad y la integridad son dos características importantes de un carácter fuerte. Si no se desempeña con integridad en su trato con otras personas, podrá tener éxito durante un tiempo, pero no perdurará. Con sólo leer los periódicos, verá, de manera constante, ejemplos de deportistas reconocidos y muy respetados, corredores de bolsa, políticos y otras personalidades que cayeron en desgracia debido a una grave debilidad en su carácter.

Bien puede ser cierto que es mucho más difícil que perdure el éxito —una vez que ha alcanzado algún grado de éste— que el fracaso. Contar con una base fuerte construida sobre un carácter sólido es incluso más importante cuando los demás difieren con usted y usted posee los medios para enfrentar casi cualquier cosa que desee.

Una vez que tiene la base sólida de un buen carácter, puede emplear algunas técnicas específicas para dar una buena impresión. Ninguna es nueva o sorprendente, pero todos estos atributos combinados darán como resultado que otras personas quieran acercarse a usted. Las técnicas son:

- interésese en los demás de manera auténtica. Encuentre sus cualidades y elógielas.
- hable con fuerza y convicción no sólo en reuniones privadas o sociales, sino también en conversaciones privadas.
- vístase para el éxito de acuerdo con su edad, contextura física y tipo de trabajo que realiza.
- aprenda a dar la mano de manera que exprese calidez y entusiasmo (si esto parece simple y básico, piense en la

última vez que le dieron la mano fríamente. ¿Qué impresión le dejó esa persona?)

🌿 atraiga a otros y busque en ellos sus cualidades atractivas. Hable de los intereses de los demás antes que de los suyos.

🌿 recuerde siempre que sus únicas limitaciones son aquellas que usted establece en su mente.

8. Autodisciplina

Somos el producto de millones de años de evolución. Durante varias generaciones, nuestra especie ha sido perfeccionada, el instinto animal y las más bajas pasiones han sido atenuadas hasta finalmente convertirnos en la especie animal más refinada que jamás haya existido. Tenemos el razonamiento, aplomo y equilibrio necesarios para controlarnos, para hacer lo que deseemos.

Ninguna otra criatura ha sido dotada del autocontrol que usted posee. Usted tiene el poder de utilizar la forma de energía más organizada conocida por el hombre: el pensamiento. Usted tiene el poder de pensar y de dirigir sus pensamientos en la dirección que desee.

También tiene el poder de controlar sus emociones. Las emociones son el resultado de un estado mental que puede controlar a través de la Autodisciplina. Nadie puede hacer que usted sienta celos, enojo, rencor o ira. Otros, mediante sus acciones, pueden despertar estas emociones, pero sólo usted puede permitir que éstas se le hagan carne.

Probablemente, el mejor practicante de la Autodisciplina haya sido el filósofo hindú Mahatma Ghandi. Pocos hombres han tenido tamaño poder o han disfrutado de tanta aclamación.

Inició un movimiento que liberó al pueblo de la India del Imperio Inglés, el cual, en ese entonces, era uno de los mayores poderíos militares del mundo. Y lo hizo sin efectuar ni un solo disparo. La Autodisciplina de Ghandi mantuvo su vida simple y pura, libre de corrupción y de ansias de poder personal o de riquezas.

La Autodisciplina genera un poder muy grande. Es aquello que le da fuerzas para seguir aunque signifique dar pasos cuesta arriba hasta alcanzar su objetivo.

9. Administración del Tiempo y del Dinero

John Wanamaker, rey de la economía comercial de Filadelfia, dijo alguna vez: "El hombre que no posea un sistema concreto para la utilización de su tiempo y su dinero nunca tendrá seguridad económica, a menos que cuente con un familiar rico que le deje una fortuna".

Aquellos que brindan servicios profesionales (médicos, abogados, contadores y asesores) son muy conscientes de que lo único que tienen que vender es su tiempo. Desarrollan un sistema para administrar su tiempo: un promedio calculado por hora que cubre los costos comerciales y que acumula las ganancias. Es una lección para todos nosotros; el tiempo es nuestro bien más preciado.

Es el único valor que usted posee que puede convertirse en la forma de riqueza que usted elija. Puede utilizarlo sabiamente o puede desperdiciarlo y pasar el resto de su vida sin un propósito mayor que el de asegurarse comida, ropa y techo.

El tiempo de una persona promedio puede dividirse en tres partes: horas de sueño, de trabajo y de recreación. La última porción es la más importante en cuanto a su satisfacción personal. El tiempo libre le da la posibilidad de progresar en lo personal y de estudiar, lo cual, a su debido tiempo, le permitirá vender su tiempo de trabajo al precio que corresponda. Aquel que destina su tiempo libre sólo al placer personal y al juego nunca será exitoso en nada.

Es vital permitirse algún tiempo para el pensamiento creativo. W. Clement Stone recomienda dedicar al menos media hora diaria al pensamiento creativo. El momento del día depende de cada uno; algunas personas piensan más claramente durante las caminatas matutinas, otras prefieren un momento de tranquilidad por las noches, antes de irse a dormir.

Experimente con sus propios ritmos para determinar cuál es su mejor momento del día y resérvelo siempre para utilizarlo en el pensamiento creativo sin interrupciones. La gente verdaderamente exitosa también administra el ingreso y egreso de su dinero de la misma manera que administra su tiempo. Se separa una cantidad de dinero determinada para los alimentos, la vestimenta, los gastos de la casa, para ahorro e inversiones, para caridad y para entretenimiento. Naturalmente, las situaciones personales varían y los montos específicos destinados a cada área dependerán de su ocupación y de su capacidad de generar ingresos.

Las áreas de inversión y ahorro personal son en general las que se desatienden cuando otros gastos se ven incrementados, pero el ahorro siempre tiene un lado beneficioso que se pasa por alto. En tiempos de carencia de dinero, incluso la cuenta bancaria más modesta puede darnos ánimo y seguridad; en tiempos de prosperidad, reforzará la confianza en usted mismo y reducirá su ansiedad. Preocuparse por los asuntos monetarios puede acabar con su ambición... y con usted.

10. Conservar la Salud Física y Mental

En los últimos años hemos visto cómo se ha incrementado la atención hacia la medicina holística: el tratamiento del cuerpo y la mente como una unidad absoluta. La importancia de tener una actitud positiva para el cuidado de la salud resulta más que evidente en el tratamiento de pacientes con enfermedades graves. Muchos centros para el tratamiento contra el cáncer, por ejemplo, incluyen el asesoramiento personal como parte esencial del cuidado del paciente. La American Cancer Society puede brindar innumerables testimonios en los que el único factor distintivo entre pacientes que se han recuperado y aquellos que no lo han hecho es la actitud mental.

No es necesario estar gravemente enfermo para evocar este principio. Podría ser difícil documentarlo, pero sin duda usted ha conocido personas que simplemente se rehúsan a estar enfermos —quizá usted mismo experimentó el fenómeno—, porque tienen obligaciones importantes que deben cumplir, sin importar las circunstancias.

Muchas de las principales enfermedades de la actualidad están relacionadas con el estilo de vida. Las enfermedades cardiacas y el cáncer, dos de las más comunes, están sin lugar a duda relacionadas con las sustancias que ingerimos.

Otros principios para el éxito, tales como el deseo, el pensamiento preciso y la autodisciplina pueden aplicarse para mantener la salud quizá con mayor efectividad que en cualquier otra área. Podemos evitar las causas que originan enfermedades mortales eliminando los malos hábitos, como comer y beber en exceso, fumar o utilizar drogas peligrosas, y reemplazándolos con hábitos saludables.

Lo que probablemente no sea tan obvio, sin embargo, es la importancia de una vida equilibrada. Todos necesitamos un ritmo ordenado tanto para el amor y la religión como para el trabajo y el juego, con el fin de mantener niveles elevados de energía física y mental.

La energía adicional puede marcar la diferencia entre ganar la competencia y ser derrotado. Sydney J. Harris, columnista independiente del *Chicago Sun-Times*, decía que, en cualquier campo en el que se compita, sólo algunos somos el doble de buenos que el resto o incluso la mitad de eso, en la competencia. No obstante, decía, el ser sólo 5% o 10% mejor alcanza para separarnos de la multitud y elevarnos hacia un gran éxito.[2] Su competitividad podría ciertamente depender de su buena salud.

Un cuerpo saludable lo ayudará a obtener la confianza que, junto con una Actitud Mental Positiva, lo ayudarán a conquistar sus metas más elevadas.

---

2 Syney J. Harris, "Winners Learn To Handle Themselves Intelligently", *Chicago Sun-Times*, 11 de octubre de 1984.

Principios de fraternidad

Desde la aparición del hombre, cuando los cazadores se unían, porque su tarea resultaba más exitosa si la realizaban en grupo que de manera individual, la humanidad ha luchado por manejar las relaciones entre las personas. Si bien sabemos lógica e intelectualmente que podemos mejorar la forma de alcanzar metas en común si cooperamos unos con otros, a menudo nuestra reacción natural es "hacer las cosas solos". Esto puede funcionar durante algún tiempo, pero el éxito duradero requiere del apoyo y de la ayuda de otras personas. A medida que su éxito aumenta, también aumentan sus ocupaciones. Finalmente llega a un punto en el que resulta imposible hacer todo solo.

Además, ayudar a otros a crecer y a desarrollar su potencial produce una gran satisfacción. Los gerentes exitosos de hoy en día enseñan tanto como supervisan, son los que alientan y guían al equipo más que jefes autoritarios.

De allí la importancia de los Principios de Fraternidad. Entre éstos se incluyen la Alianza de Mentes Creativas y el Equipo de Trabajo.

11. La Alianza de Mentes Creativas

En términos actuales, la Alianza de Mentes Creativas podría definirse como una red de trabajo del más alto orden. Significa compartir ideas, información y contactos con un espíritu de perfecta armonía para trabajar por una causa común.

En el campo de la electrónica existe un estado conocido como *resonancia*, en el cual se pueden generar y mantener grandes cantidades de energía por medio de pequeñas cantidades de fuerza electromagnética aplicada a intervalos regulares. Sin embargo, para que se produzca este estado, la energía debe aplicarse en perfecta armonía con la fuente de energía primaria. Esto es similar a darle un leve impulso en el momento justo a un niño que se encuentra en un columpio, con el fin de mantener el mismo recorrido.

También se produce un estado de energía revitalizada sostenida cuando dos o más mentes desarrolladas mediante una alianza amistosa, se unen para producir una energía combinada que resulta mucho mayor que la suma de las mentes individuales.

La Mente Creativa no es ninguna clase de abracadabra parapsicológico. Probablemente, usted lo haya experimentado durante algún ejercicio de lluvia de ideas, cuando usted y otras personas parecieron entenderse sin problemas. Todos aportaban ideas hasta que usted, finalmente, arribó a la más importante de todas, a la mejor solución del problema o a un nuevo y original concepto. Y cada mente del grupo hizo su aporte durante el proceso.

Esta relación debe cultivarse y su desarrollo debe estimularse, pero no siempre es fácil lograr tal armonía. Todos tenemos algunas veces dificultad para armonizar nuestras propias fuerzas internas; es mucho más difícil armonizar un grupo formado por varias mentes, incluso en el ambiente más favorable.

Pero vale la pena hacer el esfuerzo. Elija compañeros con quienes comparta los mismos valores, metas e intereses, aquellos que posean un potente deseo personal de contribuir al esfuerzo común. Hágalos miembros de su Alianza de Mentes creativas y verá que no existe ningún problema demasiado difícil de solucionar ni meta demasiado elevada por alcanzar.

12. Equipo de Trabajo

Un equipo deportivo profesional que practique el equipo de trabajo puede ganar siempre si los jugadores funcionan como un equipo dentro del campo de juego, sin importar su relación fuera del mismo.

Un consejo directivo puede no estar de acuerdo, la relación entre sus miembros puede incluso no ser cordial, y aun así puede llevar adelante una empresa exitosa.

Un hombre puede no estar de acuerdo con su esposa y aun así ambos pueden formar una familia y, a la vista de los demás, ser felices y exitosos.

Sin embargo, todas estas alianzas serán mucho más poderosas y efectivas si se construyen con base en la armonía y en la cooperación. Un simple esfuerzo cooperativo genera energía, pero el equipo de trabajo basado en la armonía total, con un mismo propósito, genera una energía extraordinaria.

El equipo de trabajo y la Alianza de Mentes Creativas difieren en un aspecto importante.

Los miembros de una Alianza de Mentes Creativas comparten el compromiso de trabajar todos por el mismo Propósito Final, mientras que un equipo puede representar la cooperación necesaria para que cada miembro alcance una meta que puede ser compartida por los demás miembros sólo momentáneamente. Un buen ejemplo de tal esfuerzo cooperativo son los equipos deportivos. Otro ejemplo son los grupos musicales. Un músico en particular puede destacarse por poco tiempo, pero el éxito del grupo dependerá del esfuerzo colectivo, aunque sólo sea temporario.

En las empresas actuales existe un gran interés por las sociedades estratégicas, que no son otra cosa que una forma sofisticada de equipo de trabajo. Cada compañía asociada contribuye de acuerdo con sus recursos. Las organizaciones mayores, por ejemplo, pueden proporcionar el capital y su fuerza de ventas a nivel mundial, mientras que los socios menores pueden contribuir con su creatividad y su flexibilidad para adaptarse a las condiciones de mercado que son comunes en el ámbito de las grandes empresas. Más adelante se discuten algunos de los ejemplos más conocidos.

Todo gran líder —ya sea empresarial, financiero, industrial o político— sabe cómo crear un objetivo motivador que será aceptado con entusiasmo por todos los miembros del equipo. Encuentre un motivo que pueda unir a la gente con un espíritu emocional y entusiasta de cooperación y habrá creado una fuerza incontenible.

Principios intelectuales

Los investigadores están apenas comenzando a explorar y a explicar el funcionamiento de la más extraordinaria de las computadoras: la mente humana. La prensa popular informa habitualmente acerca de grandes avances en el estudio de la química cerebral, la transmisión de ondas cerebrales y nuevas y revolucionarias formas de tratar los problemas cerebrales.

Este libro no intenta de ningún modo examinar o explicar lo intrincado de temas tan complejos. En todo caso, reconocemos la existencia de los principios y nos concentramos en su aplicación para el desarrollo de una persona equilibrada y exitosa.

Entre los Principios Intelectuales encontramos la Visión Creativa, la Tensión Controlada y el Pensamiento Preciso.

13. Visión Creativa

La imaginación es el laboratorio de la mente, donde las viejas ideas y los hechos establecidos pueden rearmarse para formar nuevas combinaciones y poder ser utilizados nuevamente. Podría decirse que es el núcleo de los Diecisiete Principios, dado que cada uno de los demás principios para el éxito conducen a la imaginación y hacen uso de ella, al igual que todas las líneas telefónicas conducen a la oficina central para obtener su fuente de energía.

Nunca tendrá un propósito definido en la vida, nunca tendrá confianza en sí mismo, nunca tendrá iniciativa y liderazgo a menos que primero cree esas cualidades en su mente y se vea a sí mismo con esas características.

Steven Jobs y Steven Wozniak, dos prodigios de la computación, imaginaron una computadora personal pequeña, económica y fácil de usar. A pesar de que los líderes de la industria descartaron la idea, ellos persistieron y lanzaron la computadora Apple, que originó la industria de computadoras personales que en la actualidad da cuenta de muchos millones de dólares en ventas.

Los gigantes de la computación siguieron sus pasos; casi todos ofrecen computadoras personales y toda una industria paralela ha crecido a la par, para satisfacer la voraz demanda de *software*. Y el término *user friendly* ("fácil de usar") se ha transformado en el eslogan publicitario de la industria.

Si su imaginación es el espejo de su alma, entonces usted tiene el derecho de pararse frente a ese espejo y verse a sí mismo como desea ser. Tiene el derecho de ver la mansión que pretende poseer, la compañía que pretende dirigir, el banco del cual pretende ser presidente, el lugar que planea ocupar en la vida.

Su imaginación le pertenece. Cuanto más la use, más le servirá.

14. Atención Controlada

El Principio de Atención Controlada bien podría definirse como la capacidad de mantener, por medio del hábito y la práctica, su mente enfocada en un tema hasta familiarizarse por entero con éste y llegar a dominarlo; es decir, la capacidad de centrar su atención en un problema determinado hasta que lo haya resuelto. La Atención Controlada es también la capacidad de pensar en lo que uno quiere pensar, la capacidad de manejar sus pensamientos y apuntarlos hacia un fin determinado. Es la capacidad de organizar sus conocimientos para formar un plan de acción sólido y viable.

Usted alcanzará sus metas cuando concentre sus pensamientos en un plan de acción definido, razonable, escrito y se imagine en la posición de haber realizado lo que se propuso. Jimmy Carter llegó a la presidencia de los Estados Unidos cuando perdió su miedo al cargo y dejó de reverenciar a Gerald Ford. Si pudiese ver los debates televisados de la campaña de 1976, vería que ocurre una transformación. Al comienzo del primer debate, Carter parecía intimidado por el cargo, por el presidente Ford y también por la presión de la multitud y las cámaras de televisión. Pero cuando comenzó a darse cuenta de que podía manejar la situación, cuando pudo controlar su atención y la dirigió a la tarea que estaba desarrollando, comenzó a creer que en verdad sería presidente. Y así fue.

Ningún ser humano creó nunca algo que primero no surgiera en su imaginación y luego, mediante un deseo ardiente y la atención controlada, lo hiciera realidad. Cuando usted se concentra realmente en una meta y se ve a sí mismo como desea ser en uno, dos, tres, cinco o diez años —con el dinero o la nueva casa que desea, como una persona con muchos medios e influencias— usted comienza a transformarse en esa persona.

Si crea esta imagen con claridad en su imaginación, pronto será el objeto de un profundo deseo. Utilice ese deseo para controlar su atención y podrá realizar cosas que creía imposibles.

Usted puede hacerlo, si cree que puede.

15. Pensamiento Preciso

A menudo se ha comparado al cerebro humano con una computadora y, en muchos aspectos, son semejantes. Ambos pueden almacenar y procesar información; pero existe una diferencia sustancial en los métodos que utilizan. Cuando se ingresa información en la memoria de una computadora de la manera adecuada, dicha información puede ser reorganizada, comparada y recuperada de manera intacta. Por el contrario, nuestros recuerdos pueden verse empañados por las emociones, la parcialidad, los prejuicios o, simplemente, por el paso del tiempo.

Sin embargo, si hemos de tomar las decisiones correctas en las circunstancias increíblemente variables que enfrentamos en nuestras vidas, debemos básicamente ser capaces de pensar con claridad y precisión. Pero, ¿cómo lo hacemos?

El mejor método podría ser abordar todos los "hechos" con un sano escepticismo. Pregúntese: ¿la opinión de los expertos se encuentra respaldada por investigaciones adecuadas? ¿La apoyan otras personas reconocidas en la materia? ¿Emite esta persona juicios válidos habitualmente? ¿Pueden corroborarse los hechos? ¿Qué otras fuentes de información se encuentran disponibles? ¿Todo esto tiene sentido? ¿Concuerda con mi experiencia, capacitación y conocimientos previos? ¿Está respaldada por el sentido común?

El Pensamiento Preciso cuenta con la ayuda de lo que W. Clement Stone llama la "Fórmula R2A2" —Reconocer y Relacionar, Asimilar y Aplicar la información adquirida en cualquier campo para el problema en curso.

Quienes practican el Pensamiento Preciso aprenden a confiar en su propio juicio y a ser cautos, sin importar quién intente influenciarlos. Aprenden a escuchar con atención y a estudiar el lenguaje del cuerpo, a examinar las reacciones instintivas que les dicen que sean cuidadosos al involucrarse con tal o cual persona y a confiar en su intuición.

Cuenta una vieja historia que un profesor de leyes era muy rígido con sus alumnos en la facultad de Derecho. Les exigía que sólo se remitieran a hechos concretos. Cierto día, sus alumnos decidieron hacerle una broma. Consiguieron un caballo blanco y le pintaron un lado de negro. Luego, encomendaron a uno del grupo que ubicara el caballo de manera tal que, desde el camino, sólo se viera el lado negro. Llamaron al profesor y le preguntaron:

—¿Qué ve?

W. Clement Stone

—Veo al señor Thomas sosteniendo las riendas de un caballo, del cual, el lado que puedo observar parece ser negro —respondió sabiamente el anciano profesor.

Principios espirituales

Los principios espirituales —la Fe Aplicada y la Fuerza Cósmica— le ayudan a que la energía que posee dentro de usted trabaje en armonía con las leyes de Dios y de la naturaleza. Si se aplican de manera adecuada, estos principios harán prosperar su vida comercial, social, religiosa y familiar.

16. Fe Aplicada

La Fe Aplicada, en términos sencillos, significa "acción". Representa la aplicación de su fe en usted mismo, su fe en el prójimo, su fe en las oportunidades disponibles y su fe en Dios, bajo cualquier circunstancia.

Cuanto más importante sea su meta, más sencillo resulta seguir todos los principios del éxito para conquistarla. Es simplemente imposible no entusiasmarse y dedicarse cuando sus objetivos son valiosos y convenientes.

La aplicación de la Regla de Oro en su vida diaria es inherente al principio de la Fe Aplicada. Haga a los demás lo que le gustaría que le hicieran a usted. En el caso de cambiar su postura, es una regla sensata de conducta ética. Pero hay mucho más acerca de esto.

Cuando usted decide conducirse en la vida de acuerdo con un código de conducta justo e imparcial, está poniendo en movimiento una fuerza que generará el bien en la vida de otras personas e inevitablemente regresará para ayudarlo, al igual que la cita bíblica de echar el pan a las aguas. Cuando uno sirve a los demás o realiza un acto de generosidad, la acción tiene un sutil efecto psicológico en usted, aunque nadie reconozca lo que hizo. Tal acción ilumina algún rincón de su personalidad. Finalmente, si realiza buenas acciones con frecuencia, desarrollará una personalidad tan positiva y dinámica, que otras personas de similares características serán atraídas hacia usted y la generosidad que brindó le será devuelta de fuentes totalmente inesperadas.

17. La Fuerza Cósmica del Hábito

Los hábitos nos gobiernan, se transforman en parte de nuestra personalidad a través de la repetición de nuestros pensamientos y actos. Podremos controlar nuestros destinos y nuestra forma de vida sólo en la medida en que podamos controlar nuestros hábitos. La razón por la cual nuestros hábitos son tan importantes para lograr el éxito es que, luego de un tiempo, se transforman en una forma inconsciente de pensar y de hacer las cosas. Son reacciones casi instintivas. Si creamos el hábito de hacer lo correcto sin pensarlo, liberamos a nuestra mente de la necesidad de reflexionar acerca de la equidad de una acción y podemos concentrarnos en obtener resultados.

Los buenos hábitos que llevan al éxito pueden aprenderse y adquirirse. Todos podemos —a voluntad— deshacernos de los malos hábitos y reemplazarlos por los buenos. El hombre es el único animal capaz de hacer esto. Sólo nosotros podemos dominar y evitar los instintos.

W. Clement Stone suele decir que la única manera en que se puede aprender algo es repitiendo, repitiendo, repitiendo. Si a menudo usted repite una idea, ésta se vuelve propia. Si la repite en voz alta, está concentrando sus sentidos visual y auditivo en el aprendizaje y fija la información en su mente subconsciente. A diferencia de la mente consciente, que funciona mientras permanecemos despiertos, su subconsciente es capaz de trabajar por usted veinticuatro horas al día. El poder y el potencial están allí. Lo único que debe hacer es aprovechar ese poder.

La Fuerza Cósmica del Hábito no hace milagros. No puede crear algo de la nada y tampoco le dice qué curso tomar. Pero lo ayudará —incluso lo obligará— a avanzar de manera natural y lógica para convertir sus pensamientos en su equivalente físico, utilizando los medios naturales que se encuentran a su disposición.

Cuando comience a reorganizar sus hábitos, empiece por el hábito del éxito. Colóquese en el camino del éxito forzándose a concentrarse en sus metas. Con el tiempo, desarrollará el hábito de pensar en el éxito y sus nuevos hábitos lo llevarán de modo certero hacia el objeto de su deseo.

Todos sus éxitos y fracasos son el resultado de los hábitos que usted ha creado. Aplicando este principio, usted puede cambiar su vida y controlar su destino.

Aquí están: Diecisiete Principios que han resistido el paso del tiempo. Representan la esencia de la sabiduría conjunta de algunas de las personas más exitosas de las dos últimas generaciones, personas que voluntariamente compartieron sus conocimientos y nos permitieron beneficiarnos con su experiencia.

En los capítulos siguientes, algunas de las personalidades más importantes describen en detalle su propia forma de aplicar los principios para el éxito. Sus experiencias están allí para que usted las tome y las aplique en su propia vida.

Primera parte
Principios de actitud

El éxito que usted logre en su vida —ya sea personal, financiero o de cualquier otra clase— dependerá más de su actitud que de cualquier otro factor. No existen limitaciones físicas, intelectuales o espirituales que no puedan superarse con la actitud correcta.

W. Clement Stone llama a esto AMP (Actitud Mental Positiva). Es eso y mucho más. Es la pasión misma que se manifiesta en las acciones mentales y físicas que hacen lo necesario para completar el trabajo.

Es la convicción interna, el fuego en sus entrañas que hace que usted siga intentando cuando todos piensan que no vale la pena. Es la perseverancia de seguir con un plan cuando todos le dicen que está cometiendo un error absurdo.

Su actitud triunfadora lo lleva a brindar un mejor servicio que el que ofrece su competidor, por el simple hecho de que usted es quien es. No estará satisfecho de ser tan bueno como los demás; necesita ser mejor. La actitud de un triunfador es la de seguir haciendo llamados para conseguir más ventas cuando todos los demás ya se han ido a descansar o la de tomar un curso de posgrado los sábados, mientras todos sus compañeros juegan al golf.

La "actitud correcta según las circunstancias" es la que lo ayuda, incluso lo obliga, a establecerse metas. De esta manera puede estar seguro de que usted sabe hacia dónde se dirige. Cuando trabaja para conseguir su meta, la visualiza con tal intensidad que llega a perder la noción del tiempo. Es la satisfacción de lograr los retos y de luego establecer objetivos más altos.

Cuando ha perdido una pelea o incluso una batalla importante, la actitud correcta es esa vocecilla en su cabeza que le susurra: "No volveré a cometer ese error." Es saber que las lecciones dolorosas que ha aprendido en tiempos adversos lo harán más fuerte y mejor persona. Es la aseveración de que la derrota, después de todo, es algo temporal. Se quitará el polvo de encima y entrará nuevamente en la batalla, teniendo apenas algunos rasguños. La próxima vez, ganará.

Éstas son las actitudes que llevan a los triunfadores a la cima, revierten carreras fracasadas y nos dan esperanza a todos. Los antiguos valores de tener una Actitud Mental Positiva, Establecerse Metas, Hacer siempre un Poco Más y Aprender de las Derrotas funcionan. En esta sección repasaremos estos principios y analizaremos las vidas de algunas personas que los han puesto en práctica y han triunfado.

Capítulo 2
La Actitud Mental Positiva

Una Actitud Mental Positiva, dice W. Clement Stone, "es la actitud correcta en un ámbito determinado". Está formada por la fe, el optimismo, la esperanza, la integridad, la iniciativa, el valor, la generosidad, la tolerancia, el tacto, la amabilidad y el sentido común.

La AMP le permite lograr sus metas, acumular riquezas, inspirar a otros, realizar sus sueños —sin importar cuán grandes sean—, siempre que esté dispuesto a pagar su precio.

Stone y Napoleon Hill concluyeron que, de los Diecisiete Principios sobre los cuales escribieron, hay dos que son el punto de partida para todo logro valedero. La Actitud Mental Positiva y la Firmeza de Propósito son esenciales para aplicar correcta y efectivamente un principio o una combinación de los demás principios para el éxito.

Comenta Stone: "La combinación de una Actitud Mental Positiva con la selección de una meta específica es el punto de partida de todo éxito. Su mundo cambiará, ya sea que usted decida o no cambiarlo. Pero usted realmente tiene el poder de cambiar su dirección. Puede elegir sus propios objetivos.

"Durante siglos, los filósofos nos han dicho: 'Conócete a ti mismo'. Lo que realmente deberíamos enseñar no es sólo a conocerse y comprenderse a uno mismo, sino también a ser conscientes de que uno posee en su interior el potencial para lograr cualquier meta que desee en la vida, siempre y cuando ésta no viole las leyes de Dios o los derechos de sus semejantes".

Stone continúa: "Todo lo que la mente del hombre puede concebir y creer, la mente del hombre lo puede lograr con AMP. Hacemos realidad los pensamientos y actitudes que tenemos en la mente. Hacemos realidad los pensamientos de pobreza y de fracaso tan rápidamente como los pensamientos de riqueza y de éxito. Cuando nuestra actitud hacia nosotros mismos es grande y nuestra actitud hacia otros es generosa y compasiva, atraemos hacia nosotros grandes cantidades de éxito".

Dice Stone que el primer paso para aplicar la AMP es comprender y aplicar la Regla de Oro. Nos aconseja: "Sea considerado y sensible a las reacciones de los demás y a las suyas, controlando sus respuestas emocionales de acuerdo con las influencias del entorno. Adquiera hábitos de pensamiento y de acción apropiados. Crea, de corazón, que usted puede lograr cualquier meta y podrá lograrlo".

"Con cada victoria crecen su sabiduría, su estatura humana y su experiencia. Se convierte en una persona mejor, más importante y más exitosa. Cada vez que se encuentre ante un problema, manéjelo y resuélvalo con una AMP".

El éxito en cualquier emprendimiento es más fácil que el fracaso, aunque al principio no parezca así. Pero si usted examina aquellos momentos de su propia vida en los que vivió un fracaso o una derrota, encontrará que llevó mucho más tiempo y energía fracasar que los que hubiese llevado tener éxito.

No hay problema que no pueda solucionarse ni obstáculo tan grande que no pueda superarse si lo enfrenta con confianza, inteligencia, perseverancia y con una Actitud Mental Positiva. Cada vez que se angustia pensando si es capaz de realizar algo que considera difícil, cada vez que abandona la confianza en usted mismo y la reemplaza por vacilación, no sólo deja de tener éxito, sino que la experiencia es agotadora.

Por el contrario, si enfrenta el problema o la oportunidad tomando la actitud correcta ante tales circunstancias, podrá dirigir todas sus energías hacia la concreción del trabajo. Y así, el trabajo se concretará. Con una actitud positiva logrará el éxito. Sin duda, ocurrirán contrariedades. Nada que valga la pena se realiza fácilmente, pero si persevera triunfará con AMP.

Se trata de tener expectativas. Si usted espera tener éxito, lo tendrá; si no, no lo tendrá.

Si bien esto parece ser engañosamente simple, recuerde que estamos influenciados por nuestro entorno. No nacimos para pensar negativamente, por el contrario, nos enseñaron a hacerlo.

"No existe el bebé negativo", dice el doctor Norman Vincent Peale, autor de *The Power of Positive Thinking* (*El poder del pensamiento positivo*), que ha vendido más de quince millones de copias en cuarenta y cinco idiomas desde su primera publicación en 1952. "Cuando nacemos, el mundo está a nuestros pies. Lo único que debemos hacer para lograr todo lo que deseamos es llorar".

Sin embargo, a medida que avanzamos por la vida, estamos sujetos a más y más influencias negativas provenientes de nuestros padres, compañeros, maestros, hermanos y muchos otros. Nos dicen que no podemos hacer esto o lo otro, a veces por preocupación, a veces por celos o competencia, a veces por razones que no tienen ningún sentido para nosotros. El resultado es que comenzamos a pensar de manera negativa acerca de nosotros mismos. Esto continúa hasta que, al llegar a los veinticinco, treinta, cuarenta o cincuenta años, dice el doctor Peale: "Tenemos que realizar un 'proceso de desaprender' para liberarnos de los pensamientos negativos".

El estudio quizá más conocido acerca de los efectos de las expectativas externas sobre nuestro desempeño es el que condujo Robert Rosenthal en la Universidad de Harvard, Rosenthal pensaba que los científicos e investigadores podían influir de manera involuntaria sobre los resultados de sus experimentos, al esperar que ciertas cosas ocurriesen. Así, los resultados se convertían en lo que llamamos una *profecía autocumplida*.[3]

Para evaluar la idea, convocó a doce investigadores y les entregó cinco ratas a cada uno, indicándoles que debían enseñarlas a correr por un laberinto con la ayuda de estímulos visuales. Las ratas eran idénticas, pero Rosenthal les dijo a los experimentadores que la mitad de ellas había sido criada para ser "expertas en laberintos" y la otra mitad "tontas en laberintos". Al final de los experimentos, las ratas cuyos entrenadores creían expertas realmente desempeñaron una mejor tarea que las otras.

Rosenthal repitió el experimento con otro grupo de ratas y de investigadores. Los resultados fueron los mismos; de alguna manera las expectativas de los investigadores fueron transmitidas a las ratas y ellas respondieron en consecuencia.

Para determinar si la gente respondía a las expectativas de la misma manera, Rosenthal condujo otro estudio. Al comienzo del año escolar dio a todos los alumnos de una escuela primaria un test estándar de coeficiente intelectual (CI), pero les dijo a los maestros que ese test estaba diseñado para ayudar a identificar a los niños que tenían un intelecto sobresaliente.

---

3 Robert Rosenthal, "The Psychology of the Psychologist", *Psychology and Life*, Glenview: Scott, Foresman and Company, 1963 y 1967.

La escuela constaba de dieciocho aulas, tres para cada grado, desde el primero hasta el sexto. En cada grado, había un curso compuesto por niños cuya capacidad intelectual era menor que la de un niño promedio, otro formado por niños con capacidad intelectual promedio y otro cuyos miembros eran de una capacidad intelectual superior al promedio.

De toda la escuela, Rosenthal eligió 20% de los niños al azar y les dijo a los maestros que ésos eran los alumnos cuya capacidad intelectual era superior, de acuerdo con el test.

Luego de ocho meses, Rosenthal dio a los alumnos otro test de CI. En los grados superiores, no hubo una gran diferencia en el desempeño de los alumnos, pero los resultados en los primeros dos grados fueron impresionantes. Rosenthal halló que en el primer grado, los niños cuyos maestros esperaban mayores logros de su parte alcanzaron esos logros con quince puntos de CI más que los obtenidos por el grupo control. En el segundo grado, los niños obtuvieron diez puntos de CI más que los del grupo control. Rosenthal descubrió que 47% de los niños cuyos maestros esperaban resultados intelectuales superiores obtuvo veinte puntos de CI o más, mientras que sólo 19% de los niños del grupo testigo obtuvo esa cantidad de puntos.

La única diferencia se encontraba en las expectativas que los maestros tenían en cada niño. Respondemos de acuerdo con la influencia —negativa o positiva— de otras personas sobre nosotros, sean ellos o seamos nosotros conscientes o no de esa situación y, por lo visto, somos particularmente susceptibles a tal influencia desde una edad temprana.

Debemos deshacernos deliberadamente de los hábitos de pensamiento negativo que hemos adquirido. Debemos crear el hábito, dice Stone, de reemplazar los pensamientos negativos por pensamientos positivos. Siempre que nos encontremos pensando en forma negativa en cualquier situación, debemos inmediatamente reemplazar esos pensamientos por otros que sean positivos. Debemos condicionar nuestra mente de la misma manera en que condicionamos cualquier otra parte de nuestro cuerpo. Stone dice que no podemos pretender, por ejemplo, levantarnos de la cama un día y decir: "hoy voy a convertirme en corredor de maratón. Yo sé que no he corrido más de un kilómetro en mi vida, tengo sobrepeso y no estoy en condiciones físicas, pero realmente creo que puedo hacerlo".

Lo primero que usted debe hacer es establecer una meta. Luego debe comenzar a trabajar para lograrla. Al principio correrá una distancia corta, y la incrementará gradualmente, hasta que pueda correr en un maratón. Lo mismo ocurre con su mente. Usted no se levanta un día, decide ser positivo de ahí en adelante y ya está. Esa decisión es sólo el comienzo. Deberá trabajar en eso todos los días, con constancia, reemplazando metódicamente los pensamientos negativos por sus equivalentes positivos, hasta que la Actitud Mental Positiva se convierta en una parte muy importante de usted. Finalmente, descubrirá un día con gran sorpresa que rara vez piensa de manera negativa.

El doctor Peale concuerda con esa idea y dice: "Si usted es un pensador negativo, deberá eliminar los patrones negativos y aprender a ejercitar el pensamiento positivo. En muy pocos casos esto se logra rápidamente.

"Yo utilizo las ilustraciones de mi granja del condado de Duchess (Nueva York). Había un árbol que tenía unos doscientos años y que había comenzado a tener problemas. Llamamos a un talador, porque el árbol estaba pudriéndose en el centro, cualquier viento fuerte lo podría voltear y dañaría la casa.

"Cuando llegó el día de talar el árbol, el talador y sus ayudantes vinieron a la granja y yo los observé mientras comenzaban su tarea. Imaginé que tomarían una sierra gigantesca, cortarían el tronco del árbol con ella y que eso sería todo. Pero no fue así.

"Lo que hicieron fue subir hasta la copa del árbol y comenzar a cortar las ramas pequeñas. Así continuaron trabajando hasta que sólo quedó el tronco. Luego fueron cortando el tronco por secciones, hasta llegar al nivel del piso.

"Ésa es la manera de liberarse de los pensamientos negativos. Usted comienza por los pequeños pensamientos negativos y los va eliminando. Continúa trabajando con los mayores, hasta llegar al centro o corazón del pensamiento negativo. Elimine también éste y así estará listo para reemplazarlo por pensamientos positivos".

"Creo que es esencial que usted tenga una AMP en cada aspecto de su vida y que comience a tenerla pronto", comenta Patrick O'Malley, director emérito de la compañía Canteen, filial de Transworld Corporation, valuada en 1,000 millones de dólares.

"Tenía la determinación de tener éxito y sobresalir en cualquier cosa en la que me involucrara. Tal éxito sólo se logra con Actitud Mental Positiva, la cual le permitirá comprometerse con cualquier desafío que se le presente. He sentido la importancia de la AMP en todas las actividades que he emprendido, ya sea en la iglesia, la educación de mis hijos, mi empresa o mis actividades civiles. La AMP es esencial en su vida no sólo por su relación con usted, sino también por su relación con aquellas cosas que usted puede hacer para ayudar a los demás".

O'Malley, quien inició como conductor de camiones y progresó hasta convertirse en vicepresidente de Comercio Exterior y de Operaciones de Embotellado para The Coca Cola Company, antes de ser presidente de Canteen, recuerda: "Vengo de una familia pobre del sur de Boston, donde vivíamos en un tercer piso por escalera. El único aparato de calefacción que teníamos era una estufa en la cocina. Éramos seis niños y todos debíamos realizar una contribución —especialmente durante la depresión— para poder tener un plato de comida en la mesa.

"Comencé a trabajar a los nueve años lustrando zapatos. Ya en ese momento, aunque no sabía cómo denominarla, usaba la AMP todos los días. Quería ofrecer el mejor servicio que pudiera dar. Como resultado de ello, Pasquale Tutello, dueño del negocio, ganaba cinco centavos por cada lustrado de zapatos, ¡mientras yo ganaba diez en propinas! Sin ningún capital, ganaba dos veces más que el propio dueño. Eso ocurrió fundamentalmente porque me había propuesto que el mejor lustrado de zapatos que cualquier persona obtuviese en el sur de Boston sería el de Pat O'Malley. Los clientes volvían una y otra vez para que yo les lustrara los zapatos.

"Ingresé al mundo de la venta de periódicos en un puesto ubicado enfrente del negocio de lustrado. A los doce años tenía mi propio puesto. Vendía periódicos: había unos ocho en ese momento en Boston, y costaban dos centavos cada uno, pero yo vendía dos por cinco centavos. La gente se reía de eso, pero me pagaban los cinco centavos. Hice un trato con el dueño del negocio de comidas de al lado para que, al final del día, me diera un emparedado de jamón por el cambio que yo le entregara. Comía la mitad del emparedado y guardaba el resto para compartir con mi familia en casa.

"Después de eso, me dediqué a repartir mercadería de una tienda de comestibles en un carro guiado por un caballo. Nuevamente, ofrecía a los clientes el tipo de servicio que a mí me gustaba recibir e invariablemente recibía una buena propina. Todo esto lo realizaba con la actitud correcta y tratando siempre de hacerlo con una sonrisa. Creo que no importa qué actividad realice, puede ser un negocio de servicios, uno técnico, de servicios profesionales, pero, en cualquier caso, si lo hace con una sonrisa y tiene siempre una Actitud Mental Positiva, podrá llegar muy lejos".

O'Malley comenzó a trabajar en la Coca Cola en 1932, como ayudante del conductor de un camión. Tuvo la oportunidad de demostrar sus habilidades cuando el conductor se enfermó y debió ausentarse durante diez días. "El trabajo consistía en realizar un recorrido establecido y el producto se vendía en forma directa desde el camión", recuerda. "Me propuse que durante esos diez días vendería más de lo que nadie había vendido hasta ese momento. Lo logré. Me tomaron como vendedor y a quien yo había reemplazado le asignaron otro recorrido en un distrito diferente. Dos años más tarde, me promovieron a supervisor, luego a gerente en Stanford, Connecticut; luego me trasladaron a un distrito más grande en Oshkosh, Wisconsin; luego a Chicago, como presidente de la Compañía Embotelladora Coca Cola de Chicago, y de allí, a la oficina central en Atlanta".

Pasados dos años, retornó a Chicago para dirigir Canteen, donde logró que la compañía, que en ese momento tenía un monto de ventas de 195 millones de dólares, superara los 1,000 billones. Luego de su retiro de Canteen, O'Malley se ha desempeñado como líder en numerosas entidades civiles y comunitarias, dirigiéndolas a todas con la misma Actitud Mental Positiva

W. Clement Stone

que lo condujo desde sus primeros trabajos menores hasta el lugar más alto en una de las empresas más grandes de los Estados Unidos.

Otra persona que aprendió por experiencia propia lo que se puede lograr con una Actitud Mental Positiva es Og Mandino, quien recibió la primera Medalla de Oro Napoleon Hill otorgada al mérito literario. Desde el podio del Gran Salón de Baile del Hotel Conrad Hilton en Chicago, Mandino relató al público que se había reunido para honrar a los ganadores todo lo que había conseguido con AMP.

Mandino recordó el peor momento de su vida. Había perdido su trabajo, su casa, su familia y su sueño de ser escritor. En lo más profundo de su desesperación, vio el reflejo de su desalineada y barbuda expresión en el vidrio de una casa de empeños en Cleveland, la cual exhibía armas de mano en la vidriera. Con los tres billetes de diez dólares arrugados que le quedaban, compró un arma para terminar con su vida, la cual consideraba inútil.

"Ni siquiera tuve el coraje de hacer eso bien", admitió Mandino. Desde ese pozo de desesperanza, comenzó a buscar respuestas, tratando de aprender "las reglas de la vida que nunca me habían enseñado en la escuela". Recorrió las bibliotecas en busca de algo, cualquier cosa que lo ayudara a recuperar su vida.

En una biblioteca de Concord, New Hampshire, Mandino halló una copia de *Success Through a Positive Mental Attitude*, de W. Clement Stone y Napoleon Hill. El conocimiento que adquirió mediante la lectura de ese libro y el aliento de una niña que creía en él le dieron el coraje de comenzar de nuevo.

Se presentó a un trabajo que ofrecía la compañía de Seguros Combined y, aplicando la filosofía para el éxito que había aprendido en los libros de autoayuda, descubrió la verdad por sí mismo: "Realmente puedes lograr cualquier cosa que desees, siempre que estés dispuesto a pagar el precio". Un éxito trajo otro y así comenzó a llamar la atención de los directivos de la oficina central en Chicago.

Cuando retomó el interés por la escritura, Mandino rentó una máquina de escribir, se tomó dos semanas de vacaciones y escribió un manual de ventas, con la esperanza de que alguien de la compañía "reconociese al talentoso escritor que tenían en Maine".

Mike Ritt, en ese momento director de la Fundación Napoleon Hill, sí advirtió el talento de Mandino y le ofreció un empleo como escritor. Mandino se convirtió en director de *Success Unlimited*, la revista fundada por Hill y Stone, donde aprendió del mismo Stone cómo aplicar los Diecisiete Principios para el Éxito.

A Mandino no le faltaba entusiasmo, pero su falta de experiencia en los aspectos de producción publicitaria le causaron problemas. En una ocasión, luego de angustiarse terriblemente por un costoso error que había cometido, tomó fuerzas y le contó a Stone lo que había sucedido.

"¡Oh! ¡Eso es muy bueno!", dijo Stone y, para el gran alivio y asombro de Mandino, desechó el problema, señalando los principios del éxito y comentando lo mucho que había aprendido de la experiencia. Con su Actitud Mental Positiva característica, Stone no se preocupó por lo que ya no podía cambiarse. Sabía que Mandino no cometería ese error nuevamente. En cambio, se concentró en mostrar a Mandino lo mucho que éste había aprendido de la experiencia.

Como ocurre frecuentemente, la necesidad dio origen a la idea que Mandino desarrolló en el libro por el cual ganó el premio a su logro literario. En una oportunidad, un artículo que iba a ser publicado en la revista *Success (Éxito)* no llegó a tiempo; entonces, para suplirlo, Mandino escribió una historia conmovedora sobre el gran golfista Ben Hogan, en la cual describió cómo el deportista superó una discapacidad que le imposibilitaba caminar.

Esta historia atrajo la atención de un editor, quien invitó a Mandino a que escribiese un libro. El libro, que se transformó en un clásico en este campo, fue *The Greatest Salesman in the World (El mejor vendedor del mundo)*.

"Los cínicos dicen que ya no existen más historias de Horatio Alger, pero yo digo que los cínicos se equivocan", dijo Mandino. "Mi mensaje es que la vida es un juego. Es ardiente y sagrada, pero un juego al fin. Y no se puede ganar a menos que se conozcan las reglas.

"Los principios del éxito que Napoleon Hill y W. Clement Stone compartieron con el mundo enseñan las reglas de la vida que no se aprenden en la escuela primaria, secundaria o en la universidad: cómo lograr el éxito mediante una Actitud Mental Positiva".

La lección que Mandino aprendió es la misma que ha iluminado a todos los exitosos en uno u otro momento. Cuando le preguntaron a Henry Ford qué había contribuido en mayor medida para lograr su éxito, éste dijo: "Mantengo mi mente tan ocupada en pensar sobre qué cosas quiero lograr, que no me queda tiempo para pensar sobre las cosas que no me interesan". Agregó que lo que más necesitaba para manejar su imperio automotor eran "hombres que no saben nada acerca de cómo algo no puede hacerse".[4]

De acuerdo con un relato de Napoleon Hill, Thomas Edison, el más grande inventor que Estados Unidos haya conocido, impresionó a sus amigos al decirles que su sordera era la bendición más grande. Ésta lo salvó del problema de tener que escuchar las circunstancias negativas en las cuales él no tenía ningún interés y le permitió concentrarse en sus objetivos y propósitos con una Actitud Mental Positiva.

El gran Edison atribuyó el crédito a su madre, por infundir en él la fe de que podía hacer algo por sí mismo. De acuerdo con el autor Francis A. Jones, Edison dijo: "Recuerdo que no solía llevarme bien con los demás en la escuela. No sé qué sucedía, pero siempre me encontraba al final de la clase, solía pensar que los maestros nunca me comprendían y que mi padre pensaba que yo era un tonto. Al final, casi llegué a creer que realmente lo era. Mi madre, en cambio, siempre fue amable, comprensiva y nunca interpretó o juzgó mal mis acciones. De todas maneras, yo temía contarle todas las dificultades que tenía en la escuela por miedo a que ella también perdiera su confianza en mí.

"Un día, no pude evitar escuchar a mi maestro decirle al supervisor que yo era 'un caso perdido' y que no valdría la pena que continuase en la escuela. Ésa fue la gota que colmó el vaso; me dolió tanto, que rompí en llanto, corrí a casa y le conté todo a mi madre. Entonces descubrí lo bueno que era tener una buena madre. La situación reveló su verdadera naturaleza: resultó

---

4 "Napoleon Hill Revisited: On A Positive Mental Attitude," *PMA Adviser*, marzo de 1985.

ser mi más ferviente defensora. Su amor de madre despertó, su orgullo herido la puso en acción. Me llevó nuevamente a la escuela y, enojada, le dijo al maestro que yo era más inteligente que él mismo y muchas cosas más. De hecho, ella me defendió como seguramente ninguna otra madre lo haya hecho con su hijo, y decidí en ese preciso momento que yo sería merecedor de su confianza y que no la defraudaría. Mi madre fue quien me hizo ser exitoso".[5]

Analizando este episodio, Stone comenta: "Aunque es verdad que fue su madre quien despertó en él el deseo que lo motivó a ser un gran exitoso, Edison fue, en realidad, un hombre que logró el éxito por sí mismo. A pesar de asistir a la escuela primaria durante un periodo de sólo tres meses, se transformó en un hombre educado y talentoso, ya que fue motivado para aprender y perseverar.

"Sin importar lo que sea o lo que haya sido, usted tiene el potencial necesario para ser lo que desea ser".

Fue la misma Actitud Mental Positiva que le permitió al propio Stone, un niño pobre del sur de Chicago elevarse a las grandes alturas de la fortuna y del éxito. Huérfano de padre desde los tres años, comenzó a vender periódicos en las esquinas, recorriendo las calles 31 y Cottage Grove con tan sólo seis años. La competencia era feroz y, en ocasiones, niños mayores que querían proteger sus territorios lo amenazaban.

Sin desanimarse, decidió cambiar de lugar y comenzó a vender sus periódicos de mesa en mesa dentro de un restaurante cercano, muy popular por entonces. Aunque el dueño lo echaba

---

5 "W. Clement Stone On: Your Potential," *PMA Adviser*, enero de 1984.

con frecuencia, el joven Stone volvía, hasta que, finalmente, el dueño se rindió. Éste admiraba el valor y la persistencia del niño y, con el tiempo, los dos se convirtieron en grandes amigos.

"Como vendedor de periódicos aprendí muchas cosas que me ayudaron luego como vendedor, gerente de ventas y ejecutivo, aunque no me daba cuenta en ese momento. Ahora sé que ahí comencé a aprender que si no podía resolver un problema de cierta manera, lo podría hacer de otra. Vender mis periódicos en el Hoelle's Restaurant, por ejemplo, me llevó con el tiempo a darme cuenta de que cada desventaja puede tornarse en ventaja, si uno la aborda positivamente. Todos experimentan problemas a lo largo del camino; usted sólo debe saltearlos con AMP.

"También comencé a aprender cómo enfrentar al miedo por medio de la acción y la persistencia. Aprendí que podía vender más que otros haciéndolo en los lugares donde los demás temían ir. Estaba también aprendiendo a pensar por mí mismo. No creo siquiera que a los demás niños se les hubiese ocurrido intentar vender periódicos dentro de un restaurante".

Cuando Stone estaba en la escuela secundaria, la situación de su madre había mejorado en gran medida y pudo comprar una pequeña agencia de seguros en Detroit. Aunque Stone optó por quedarse en Chicago para finalizar sus estudios, pasaba los días feriados y las vacaciones con su madre. Fue durante una de esas vacaciones de verano que el entonces Stone de dieciséis años entró en contacto con el negocio de los seguros.

Utilizando las lecciones que aprendió como vendedor de periódicos, el joven Stone se dirigió hacia donde se encontraban las mejores perspectivas. Recorrió los edificios de oficinas, temeroso e inseguro de sí mismo, hasta que perfeccionó su técnica. Al final del verano estaba ganando tanto dinero, que dejó la escuela para dedicarse de tiempo completo al trabajo (tiempo después, volvió a la escuela para terminar sus estudios).

A la edad de veinte años volvió a Chicago para abrir una agencia, la cual se transformó en la base fundamental sobre la que construyó su fortuna. Para mantener una Actitud Mental Positiva, leía libros de autoayuda. Se sentía inspirado, pero le preocupaba el hecho de que, si bien los libros le decían qué hacer, no le decían cómo hacerlo. Realizó la promesa de que algún día escribiría libros para contar a otros cómo lograr el éxito, y comenzó deliberadamente a intentar descubrir los principios que llevan al éxito o al fracaso.

Comenta: "Mi meta principal era la de emplear los principios que conducen al éxito y de evitar aquellos que conducen al fracaso". Combined International, la compañía que fundó, se transformó en un conglomerado multinacional de seguros (actualmente Aon Corporation), la cual emplea a miles de personas. Stone ha compartido también sus principios para el éxito con millones de personas mediante innumerables conferencias en países de todo el mundo y mediante varios libros de venta masiva. Realizó todo eso siguiendo la filosofía para el éxito de AMP que él propugna.

Dice el doctor Peale: "Clement Stone comenzó siendo muy pobre e hizo mucho dinero. Mas el dinero nunca lo manejó a él. Él manejó su dinero y dio la mayor parte de éste a otros. El dinero era para él la herramienta que le permitía ayudar a otros a desarrollar la autoconfianza y a creer, a ser positivos en sus actitudes".

Su filosofía ha ayudado a millones de personas y lo ayudará a usted.

Capítulo 3
Firmeza de Propósito

Desde sus primeras entrevistas a Andrew Carnegie hasta sus últimas conferencias y escritos, Napoleon Hill creyó firmemente que la razón principal por la cual algunas personas logran el éxito y otras fracasan es que las personas exitosas poseen un propósito definido en sus vidas. Por el contrario, los fracasados no lo poseen. Pasó su vida persuadiendo a los demás de que primero deben saber hacia dónde van, si tienen alguna esperanza de llegar a ese lugar en algún momento.

Sus ideas originales han sido desarrolladas y perfeccionadas por muchos escritores. En la actualidad, existe gran cantidad de literatura motivadora que trata acerca del establecimiento de metas. Aun así, el principio fundamental continúa siendo el mismo.

Hill propuso una fórmula de cuatro puntos:

 primero: escriba en forma clara y concisa lo que más quiere en la vida. Podría ser un aumento de sueldo, el ascenso al puesto más alto que pueda imaginar, el aumento del volumen de ventas o de ingresos por comisión deseado, la obtención del capital suficiente para abrir su propio negocio o el ingreso de su compañía a la bolsa de valores.

El único criterio a considerar para la determinación de su objetivo principal es que, una vez que haya alcanzado la meta, debe sentir que merece ser llamado *exitoso*.

En su libro *Seeds of Greatness: The Ten Best-Kept Secrets of Total Success* (*Semillas de grandeza: los diez secretos mejor guardados para el éxito total*), el autor y disertante Denis Waitley sugiere la idea de escribir las metas en tarjetas del tamaño adecuado para que le sea sencillo llevarlas con usted y releerlas varias veces al día.

"Por naturaleza, la mente busca alcanzar metas", dice Waitley. "Las personas exitosas tienen planes y propósitos estratégicos claramente definidos, hacia los cuales se dirigen de manera constante. Saben hacia dónde van cada día, cada mes y cada año de su vida. Hacen que las cosas ocurran en su vida y en la vida de los suyos".[6]

• **segundo:** desarrolle un esquema de su plan para lograr esa meta tan importante. No es necesario que sea extenso. De hecho, cuanto más corto sea, más sencillo le resultará concentrarse en los temas principales.

Los autores contemporáneos van un paso más allá del enfoque de Hill. Waitley sugiere que escriba la meta como si ésta ya se hubiese alcanzado. Dice: "Visualícese habiendo alcanzado esa meta. Permítase sentir de manera real el orgullo de haber hecho lo correcto".

En su libro *The Best Seller!* (*¡El mejor vendedor!*), Ron Willingham, consultor en capacitación de ventas, director de seminarios y escritor, relata la historia de Robert Hooten,

---

6 Denis Waitley, "Goal Setting: The Wheel of Fortune", *PMA Adviser*, abril de 1984, adaptación de *Seeds of Greatness: The Ten Best-Kept Secrets of Total Success*.

el nuevo dueño de una imprenta en dificultades. Su meta era comprar un automóvil deportivo Jaguar, pero para ello debía obtener una ganancia de 40,000 dólares por mes, con el fin de contar con el efectivo necesario para pagarlo.

Hooter recortó la foto del modelo que quería y la colocó en la pared de su oficina, donde podía verla fácilmente. Y simplemente la observaba. Todos los días se visualizaba detrás del volante del Jaguar. Según Willingham, se transformó en su pasión.

Esa única meta lo impulsaba a continuar, aun en los momentos más difíciles, hasta que finalmente logró comprar el automóvil. Cuenta Willingham: "Un día entró a mi oficina y arrojó un manojo de llaves sobre mi escritorio. Afuera, estacionado sobre la banqueta, se encontraba un Jaguar idéntico al de la foto que había colocado en la pared de su oficina unos años antes".[7]

✑ **tercero:** establezca un plazo concreto para alcanzar su objetivo. Recuerde que las metas más importantes rara vez se alcanzan con pasos gigantes. Su plan debe incluir los pasos intermedios necesarios para alcanzar la meta.

Algunas veces puede pasar por alto uno o dos escalones de la escalera, pero no espere llegar desde el primer escalón hasta el último de un solo salto.

Cuenta la leyenda que, durante sus primeras incursiones en la industria automotriz, Lee Iacocca llevaba su plan de acción completo escrito en una pequeña tarjeta. Ésta simplemente contenía un detalle con los ascensos que esperaba

---

7 Ron Willingham, *The Best Seller!*, Englegood Cliffs: Prentice-Hall, 1984.

recibir y las fechas en que ocurrirían hasta convertirse en presidente de la Ford Motor Company.

✍ **cuarto:** memorice su objetivo principal y concreto junto con el plan a seguir. Repítalos varias veces al día, como si estuviese orando, y finalice con una expresión de agradecimiento por haber realizado lo que el plan requería.

En este caso, lo que Hill proponía era una forma de autosugestión que, según decía, condiciona a su subconsciente a aceptar como reales las metas que se propuso en su vida consciente. La repetición de las metas en voz alta refuerza el mensaje.

Denis Waitley, psicólogo por experiencia, denomina este enfoque *conversación con uno mismo*. Afirma que el proceso acelera la internalización de sus metas. "La imagen de usted mismo no puede distinguir lo real de lo vivamente imaginado. El hábito de reafirmar reiteradamente sus propias metas como si fuesen reales incorpora señales visuales, emocionales y verbales en su imaginación creativa a nivel subconsciente. Si se repiten con frecuencia en un ambiente relajado, estas señales tenderán a reemplazar sus antiguos patrones de hábitos por una nueva estrategia."

Además de la necesidad obvia de contar con un plan que lo guíe, W. Clement Stone señala otras ventajas en relación con tener una "meta importante" o propósito definido en la vida. Puesto que usted sabe lo que quiere, además de lograr que el subconsciente trabaje para usted mediante la autosugestión, tenderá a tomar el camino correcto y a continuar en la dirección adecuada.

Más importante aún: ¡estará en **acción**! Los planes y las metas son importantes indispensables, en verdad, pero, sin la acción, son una pérdida de tiempo. Debe dar los pasos necesarios para implementar sus planes.

Cuando, además, se tiene Firmeza de Propósito, trabajo se convierte en diversión. Estará motivado a pagar el precio necesario y lo hará con gusto y alegría. Por voluntad propia estudiará, pensará y planeará, construyendo su entusiasmo e intensificando su deseo ardiente de alcanzar sus metas.

Saber exactamente qué quiere genera el efecto de alertarlo acerca de las oportunidades que, de otro modo, pasaría por alto. En su experiencia diaria verá cosas que lo ayudarán a alcanzar sus objetivos. Si posee una meta concreta, es mucho más probable que reconozca y aproveche las oportunidades cuando éstas se presenten.

Quizá la mayor ventaja de tener un objetivo concreto es que éste le servirá de punto de apoyo para su vida. Pocos de nosotros tenemos el tiempo, la energía o los recursos necesarios para realizar todo lo que deseamos o para dedicarnos a todo lo que nos pueda interesar. Su meta principal se convierte en una guía inmediata para establecer prioridades.

Es así de simple: la acción lo ayudará o no a alcanzar su meta. Si refuerza su Firmeza de Propósito de manera adecuada, ésta se manifestará por sí misma como un deseo ardiente que le permitirá alcanzar cualquier meta que se haya establecido.

Curtis L. Carlson, presidente y director ejecutivo de las compañías Carlson de Minneapolis, una de las veinte empresas privadas más importante de los Estados Unidos, ha institucionalizado el establecimiento de metas en su organización.

Entre las empresas de Carlson se destacan TGI Friday's, Country Kitchen Restaurants, Radisson Hotels, las agencias de viaje Ask Mr. Foster y las compañías de incentivo de ventas E. F. MacDonald. "Cuando me inicié en el mundo de los negocios", comenta Carlson, "escribí mi meta principal en un pequeño papel, el cual doblé y llevé conmigo hasta el momento en que logré esa meta. Al alcanzarla —el papel ya estaba arrugado y con los extremos doblados—, establecí una nueva meta que también escribí y llevé conmigo.

"Lo llevaba conmigo para saber que siempre estaría allí. Se convirtió en parte de mí y, como estaba escrita, la idea se cristalizaba en mi mente. Me ayudó a esclarecer mis pensamientos y a tomar decisiones con mayor facilidad. Cuando usted tiene una meta específica, puede evaluar con rapidez si sus decisiones lo acercan o lo alejan de ella".

Cuando fundó la Compañía Gold Bond Stamp en 1938, lo hizo con 50 dólares de capital que le habían prestado, y su primera meta fue la de ganar 100 dólares por semana. Ese pequeño papel era como una "bandera blanca" que lo guiaba.

Aunque al principio no obtuvo éxito, nunca pensó en rendirse, simplemente cambiaba de estrategia. En 1940, Gold Bond comenzó a tener problemas de liquidez. Vendió algunas acciones de la compañía a sus amigos (las que pronto recuperó), y cuando el racionamiento de comida durante la Segunda Guerra Mundial eliminó la atracción por los cupones para compra de alimentos, Carlson ajustó los lineamientos de su empresa con el fin de conservar su preciado capital. Recién a partir de la década de 1950, cuando consiguió su primer contrato con una cadena de supermercados, fue que comenzó a hacerse realidad la prosperidad que creía posible mediante el comercio con cupones. Trasladó su estrategia de promoción al negocio de los alimentos y expandió sus inversiones hacia las estaciones de servicio y las tintorerías. Más tarde, en la década 1960, las promociones y bonificaciones fueron desplazadas por el consumismo y por la demanda de precios más bajos. Carlson luchó para proteger sus intereses, pero los consumidores culpaban a los cupones por el incremento de precios que sufrían los alimentos. Era evidente que su popularidad estaba decayendo.

La respuesta de Carlson a esta situación fue la diversificación y la adquisición de nuevas empresas. Ingresó al mundo de los negocios de bienes raíces, compró hoteles, restaurantes, empresas de ventas por catálogo y fábricas. Dirigió su interés hacia empresas en las que podía aplicar su habilidad publicitaria, empresas en las que su estrategia encajaba a la perfección.

Decía a sus gerentes: "Lo único que debemos hacer es mantener la vista fija en el objetivo. Los obstáculos son esas cosas espantosas que aparecen cuando quitamos la vista del objetivo". Sin embargo, usted nunca debe conformarse con alcanzar una meta. "Desde mi punto de vista, una meta es más un trayecto que un destino final", comenta Carlson.

Demostró en sus propias compañías la importancia de contar con Firmeza de Propósito.

En 1973 estableció una meta: para fines de 1977, el monto de ventas sería de 1,000 millones de dólares. Este ambicioso objetivo fue bastante cuestionado, ya que, para ese entonces, las ventas de Carlson Companies alcanzaban los 500 millones de dólares. Planeaba duplicar sus ventas en escasos cinco años.

Quienes dudaban comenzaron a creer cuando, un año antes de lo previsto, alcanzó su meta. Sin descansar en los laureles, el entusiasmado Carlson anunció inmediatamente que su compañía duplicaría sus ventas nuevamente para finales de 1982.

A pesar de la recesión que se prolongó por más tiempo del esperado, una vez más Carlson llevó a cabo su plan. Dijo: "No tuvimos la certeza de haber alcanzado la meta hasta el 10 de enero de 1983", cuando, balance de por medio, comprobaron que la compañía había registrado ventas por 2'150,000 dólares durante el año 1982.

"Ahora, nuestra meta es duplicar las ventas cada cinco años", comenta Carlson, "lo que significa un incremento anual de 15%." En 1986 pasó la marca de los 3,500 millones de dólares y, si se cumplen las proyecciones de crecimiento de 15%, se supone que en 1987 las ventas superarán los 4,000 millones. En 1986, la revista *Forbes* estimó que la ganancia neta personal de Carlson era de 550 millones de dólares.

Carlson propone un plan de cinco años, porque cree que ése es el plazo que brinda la flexibilidad necesaria para desviarse del plan, con el fin de aprovechar las nuevas oportunidades que surgen, sin comprometer al plan en su totalidad. Aquí nos detalla algunos de sus consejos para establecer metas:

- establezca una fecha concreta para alcanzar su meta.
- sea perseverante. Nunca se rinda ante la adversidad y las dificultades que se cruzan en el camino hacia su objetivo.
- comente su meta a todos. Si la guarda para usted mismo, le resultará más fácil rendirse (Carlson expuso sus metas de venta en el salón principal de su empresa).
- tenga una meta razonable. Divídala en metas menores para poder ver claramente cómo logra concretar su meta final. Para el año próximo, el plan de acción deberá dividirse en meses.

Recientemente, Carlson aplicó su filosofía de establecimiento de metas —y su gran capacidad persuasiva— al desafío de reunir 300 millones de dólares para la Universidad de Minnesota, donde había estudiado hacía quince años, pagando su formación con el sueldo de su trabajo como chofer de un camión de gaseosas y como vendedor de publicidad para los tableros de anuncios de las fraternidades universitarias. Nunca dudó de su éxito y, fiel a sus principios, reunió 85% de los fondos en sólo dos años. Dijo que, sin duda, en un año más superaría los 300 millones. Agregó que ése sería el mayor monto de dinero reunido en forma privada en ese lapso de tiempo.

Carlson ya no lleva un papelito con su meta escrita, ya no lo necesita. Según él, cuando usted se ha acostumbrado a establecer correctamente sus metas, aprende a encaminarse hacia ellas y simplemente recuerda qué debe hacerse para alcanzarla.

"El otro día", relata, "escuché una historia que ilustra el valor de establecer metas. Hace treinta años, un profesor de la Universidad de Yale preguntó a los miembros de la clase que se graduaba si habían escrito las metas que querían alcanzar una vez que estuvieran en el mundo real. Sólo tres de ellos levantaron la mano. Treinta años después, al contactar a los miembros de esa clase que aún vivían, se comprobó que los tres que habían establecido metas para su vida habían acumulado en forma individual tanto dinero como el resto de los miembros de la clase juntos."

Así es la fuerza que adquirimos al establecer metas.

Tom Monaghan, quien, al igual que Carlson, surgió de la pobreza y alcanzó las máximas altura del éxito (ambos recibieron el premio Horatio Alger), resalta al establecimiento de metas —o, lo que es lo mismo, la Firmeza de Propósito— como algo esencial. Monaghan, fundador de Domino's Pizza y dueño del equipo de béisbol los Tigres de Detroit comenta: "Escribir es la clave de mi sistema de fijar metas. Llevo siempre un cuaderno anotador donde quiera que vaya. Escribo en él todos mis pensamientos, mis planes, mis sueños, mi análisis de los problemas —todo lo que me viene la mente, a veces, incluso la lista de compras—. Cuando completo un cuaderno, comienzo otro; a veces uso varios a la vez para escribir diferentes ideas. Durante los últimos veinte años los he acumulado en cajas de embalaje. Y lo gracioso es que nunca los miro de nuevo luego de haberlos completado.

"Esto se debe a que, para mí, lo importante es el proceso de escribir. Es el pensamiento que convierto en escritura, no las palabras que se dibujan sobre el papel, lo que marca la diferencia."

En *Pizza Tiger*, su autobiografía, Monaghan cuenta: "Establecí metas a largo plazo, metas anuales, mensuales, semanales y diarias. Las metas a largo plazo son las páginas de los sueños. En cambio, los demás listados son específicos y están orientados hacia la acción. Por ejemplo, mi listado de metas para 1980 comenzaba: '500 unidades'. Para mí, eso significaba que tendríamos un total de 500 tiendas para fines de ese año.

"Era una meta alta en ese punto de nuestro desarrollo, pero alcanzable. Sin embargo, lo importante de esa meta es que era precisa, no sólo como decir: 'Vamos a incrementar el número de tiendas este año'. ¡Eran 500 o nada! Si una meta es precisa, es fácil comunicarla a los demás. Esto es importante, ya que, cuando está tratando con una meta en el ámbito empresarial, usted debe venderla a las personas que lo ayudarán a alcanzarla: esas personas deben comprender exactamente cuál es la meta, deben creer que puede alcanzarse y deben estar convencidos de que pueden realizarla".[8]

---

8 Tom Monaghan con Robert Anderson, *Pizza Tiger*, Nueva York: Random House, 1986.

Monaghan resalta también que, además de ser precisas, las metas deben tener un tiempo limitado para su concreción. Su estilo es el de establecer metas que planea lograr este año, y no "en algún momento no muy lejano". En sus anotadores incluye las metas comerciales, las relacionadas a su condición física y las personales. Descubrió la importancia de "hacer públicas" sus metas en 1952, cuando dejó de fumar. Explicó: "Les dije a todas las personas que conocía: 'Se terminó. He fumado mi último cigarrillo'. Eso me dio la fuerza necesaria para superarlo. Si cree que va a realizar algo y le cuenta a los demás que lo hará, la confianza de los demás lo respaldará".

Allen H. Neuharth, director y presidente de Gannet Company, Inc., una de las cadenas de periódicos más grande de los Estados Unidos, creía que su compañía necesitaba un estandarte para elevarse de entre sus competidores. La organización poseía muchos periódicos locales respetables, ganaba con regularidad premios a la excelencia y era lo suficientemente rentable como para mantener a los directivos y a los accionistas felices y contentos.

Pero Neuharth quería más. Vislumbró la idea de un periódico nacional, la cual había tenido éxito en otros países, pero no en Estados Unidos. *The Christian Science Monitor*, un periódico de circulación nacional que se publicaba cinco días a la semana, fue aclamado por un tiempo, mas nunca ganó atracción masiva. En los últimos años incluso ha luchado por mantenerse a flote. *The National Observer*, de Dow Jones, un periódico semanal editado con esmero en 1962, tuvo un brusco final en 1977.

Neuharth creía que podría alcanzar el éxito aun cuando los demás habían fracasado y, a fines de 1979, comenzó a investigar en forma intensiva acerca de esta idea. Su empresa evaluó el concepto en cuarenta mil hogares de todo el país.

Cuando el *USA Today* llegó a las calles, resultó ser toda una sensación. Esta organización del ámbito de las noticias se convirtió por sí misma en noticia, mientras los críticos se burlaban, dándole el apodo de "McNews", aludiendo al enfoque "comidas rápidas" del periódico y a su tendencia hacia los artículos cortos y positivos.

Neuharth se arriesgó mucho al perseguir esta meta, aunque fue sólo una de las tantas en su carrera. Cuando era un reportero novato de Associated Press en Sioux Falls, Dakota del Sur, comenzó con un periódico semanal de noticias resumidas, el *SoDak Sports*, que fracasó. Perdió 50,000 dólares perteneciente a los inversionistas, la mayoría amigos y familiares.

Desde ese flojo comienzo, Neuharth se unió a la organización Knight (en la actualidad Knight-Ridder) como reportero para el *Herald* de Miami, ascendiendo hasta llegar a ser nombrado director ejecutivo adjunto del *Detroit Free Express* seis años más tarde. Gannett lo reclutó para dirigir sus periódicos en Rochester, Nueva York, y en 1966 lo envió a dirigir las operaciones de la compañía en Florida. Dijo a sus amigos: "Volveré a Rochester como mensajero de la empresa o como presidente".

En Florida lanzó el periódico al que llamó *Today*, dirigido a lectores de un área próspera en la región este central del estado. El éxito de la publicación lo ayudó a cumplir la promesa que había realizado ante sus amigos y en 1970 fue nombrado presidente y director en jefe de operaciones. Tres años más tarde asumió como presidente y director ejecutivo, y en 1979 fue elegido presidente de la compañía.

A pesar de que existen muchas personas que están en contra de *USA Today* y otras que no le vaticinan un buen futuro, el periódico parece haber encontrado un público de rápido crecimiento. En la actualidad, esta publicación ostenta un público lector de 5 millones 541 mil personas. En mayo de 1987 se informó que la primera ganancia mensual fue de más de 1.1 millones de dólares. Las típicas cajas de monedas para la venta de periódicos se esparcen por todo el país y no es raro que por estos días le ofrezcan una copia del *USA Today* al registrarse en un hotel de cinco estrellas o al abordar un avión.

Neuharth, Monaghan, Carlson y muchos otros son ejemplos vivientes de otro gran beneficio de la Firmeza de Propósito: cuando usted tiene el deseo ardiente de alcanzar su meta, tiene la perseverancia, la determinación de continuar trabajando hasta alcanzarla.

El Royal Bank de Canadá, en una de las cartas inspiradoras que la firma publica, dice: "Muchas veces, el éxito puede depender de saber cuánto tiempo llevará lograrlo".

Si lee las biografías de los más destacados hombres y mujeres, descubrirá que alcanzaron sus logros no por su personalidad brillante, sino por su energía y perseverancia. Gregor Mendel, el monje australiano que descubrió los principios de la herencia, fracasó tres veces en sus exámenes con su maestro, pero indiferente a eso, continuó con sus experimentos en cultivos de plantas.

"Cruzó veintiún mil plantas durante más de diez años, realizando detallados análisis estadísticos de sus observaciones, hasta que, finalmente, logró revelar los secretos de la genética. Mendel fue de aquellos que debieron conformarse con la satisfacción espiritual de haber realizado algo perdurable; su trabajo fue completamente ignorado por la comunidad científica hasta mucho después de su muerte".[9]

---

9 "A Sense of Achievement", *The Royal Bank Letter*, The Royal Bank of Canada, volumen 65, número 6, noviembre-diciembre de 1984.

Un autor anónimo estadounidense lo expresó de la siguiente manera: "Nada en el mundo puede reemplazar la perseverancia. No lo hará el talento; no hay nada más frecuente que una persona talentosa, pero fracasada. No lo hará el genio; el genio no anunciado es casi un proverbio. No lo hará la educación; abundan en el mundo delincuentes educados. La perseverancia y la determinación son supremas".

La Firmeza de Propósito le da la fuerza para perseverar hasta alcanzar la meta, sin importar los riesgos, sin importar los obstáculos, puesto que podrán ser superados; sin importar las contrariedades temporarias que inevitablemente se interpondrán en su camino hacia el éxito.

Capítulo 4
Hacer Siempre Un Poco Más

Steve Mecsery es el propietario de Cos Cob TV, una curiosa tienda en la que se mezclan la venta de televisores, los servicios y la renta de videocasetes. Los atestados pasillos exhiben una amplia gama de televisores que va desde los modelos costosos hasta diminutos televisores portátiles que se conectan al encendedor de los automóviles. En una esquina del local se encuentra una estantería con videocasetes para la renta. El salón del fondo está cubierto de carcasas de televisores en reparación.

La tienda refleja el área de mercado que abarca Mecsery. Cos Cob es el sector próspero de Greenwich, Connecticut, donde deciden vivir algunas de las personas más adineradas de Nueva York, para escapar de las multitudes de Manhattan. A la misma distancia, pero en dirección opuesta, se encuentran los complejos habitacionales para personas de bajos recursos de Stamford. Mecsery posee entre sus clientes a algunas de las personas más adineradas como también a algunas de las más pobres. Vende los modelos más costosos a los ricos, repara los artículos que ellos cambian y se los vende usados a aquellos que no son tan afortunados. La renta de videocasetes es para todos.

Mecsery trata a ambos grupos de igual manera, con una cálida hospitalidad, brindando un servicio amable y ofreciendo

95

productos de calidad, incluso modelos reacondicionados, por los que otorga una garantía de noventa días. Mecsery recuerda a una clienta que vivía en el complejo de viviendas de Stamford. El televisor usado que había comprado sufrió un desperfecto dos días después de vencidos los noventa días de garantía. Él pudo perfectamente haberse justificado, comprendiendo la situación, y nada más; después de todo, la garantía había vencido.

Pero Mecsery no trabaja de esa manera. Tomó el televisor y le dio a la clienta otro televisor reacondicionado. En el transcurso de los días siguientes, cuatro nuevos clientes del mismo complejo de viviendas fueron a comprarle televisores reacondicionados. La clienta de Mecsery les había comentado a todos sus amigos acerca del hombre honesto de Cos Cob TV que había hecho más de lo establecido para satisfacer a su cliente.

"En mi negocio, la publicidad que va de boca en boca es más efectiva que la publicidad impresa", dice Mecsery. "Los clientes les comentan a sus amigos y vecinos de qué manera se los trató bien o no tan bien. Sólo haga lo que crea correcto para todos sus clientes, y con esto me refiero no sólo a que sea justo y honesto, sino también a que haga siempre un poco más. Antes de que pueda notarlo, será comentario popular que su comercio es el lugar donde la gente quiere ir y comprar. ¡En verdad funciona y gratifica!"

W. Clement Stone dice que "ésa es la manera en que funciona el principio". Define el Hacer Siempre Un Poco Más como "brindar más y mejor servicio que por el que le pagan". Es precisamente esta actitud la que hace que los clientes sigan viniendo y trayendo a sus amigos; es lo que hace que su jefe y sus compañeros de trabajo cuenten con usted; es lo que le asegurará promoción tras promoción en su carrera.

Stone dice que "para que la vida le dé más, primero debe ser usted quien dé más. La esencia del principio hallado en *The Magnificent Obsession (Una espléndida obsesión)*, de Lloyd C. Douglas, un libro que tuvo gran influencia en mi vida, es que cuando uno hace el bien por el solo hecho de hacer el bien a los demás, sin esperar ninguna clase de reconocimiento o recompensa, los esfuerzos vuelven multiplicados; inclusive, uno llega a conocer las verdaderas riquezas de la vida. Esto es inevitable; lo sé, por mis años de experiencia. Hacer Siempre Un Poco Más es un concepto bíblico que lo aplica la gente exitosa en su vida personal, familiar y comercial".

Una empresa que tenga la reputación de Hacer Siempre Un Poco Más en cuanto a calidad y servicio se ganará la lealtad de sus clientes, lealtad que sólo puede envidiar la competencia que no siga esta práctica. El principio funciona en toda clase de negocios, pero para que los empleados mantengan la actitud de hacer siempre un poco más, el ejemplo deberá provenir de sus directivos, afirma Robert D. Nicholas, gerente regional de The Glidden Company.

Nicholas dice que "la gerencia debe demostrar por medio del ejemplo que, de acuerdo con las circunstancias, la compañía hará más de lo esperado. Si uno de nuestros clientes debe detener una línea de producción a causa de un producto defectuoso provisto por nosotros, nuestro cliente tendrá que enfrentar la pérdida de una importante suma de dinero. Hacemos un gran esfuerzo por evitar que eso suceda".

Nicholas cree que es posible inculcar el hábito positivo de hacer siempre un poco más mediante buenos ejemplos brindados por la dirección, como también mostrando a los empleados la relación directa que existe entre el hecho de ofrecer a los clientes ese esfuerzo adicional y el propio logro personal. Ayudar a otros a alcanzar esta realización no sólo es beneficioso para los empleados y para la compañía, sino que además es un gran beneficio para el gerente. Nicholas afirma que "no existe mejor recompensa que el orgullo de saber que, como gerente, has ayudado a que un empleado común —o un fracasado— se convierta en una persona exitosa".

Además de dirigir dando el ejemplo, otra excelente manera de institucionalizar la actitud de hacer siempre un poco más es publicar un código de ética que sirva de guía a todos los que integran la compañía. Así lo afirma E. Morgan Massey, presidente de A. T. Massey Coal Company, Inc., una millonaria compañía minera y exportadora con sede en Richmond, Virginia.

Al momento de incorporarse en la empresa, todos los empleados de Massey deben firmar un detallado código de ética; esto garantiza que nunca exista duda acerca de si un comportamiento es aceptable o no. El código abarca asuntos tales como contribuciones ilegales ofrecidas a políticos o sindicatos obreros, coimas o cualquier otra actividad que tenga el fin de obtener privilegios especiales o favoritismo dentro de la compañía.

El código además prohíbe prácticamente todas las actividades relacionadas con fondos reservados, recursos ocultos, (dar o recibir) pagos o regalos inapropiados, así como también revelar información interna para beneficio personal y conflictos de intereses.

Massey declara que cuando ingresó al negocio, los abusos eran muy comunes. "Hemos sido líderes en cambiar eso. Creo que es necesario tener un código de ética impecable, al punto de la exageración. Todo lo demás es autodestructivo. He visto a personas arruinar sus brillantes carreras por agregar unos pocos dólares a sus cuentas de gastos."

Johnson & Johnson lleva la idea del código de ética incluso más allá, explicando la filosofía de la compañía en unos pocos párrafos. Según Robert Andrews, vocero de J & J, fue esa política escrita lo que simplificó la decisión acerca de la respuesta que debía dar la compañía durante la crisis del Tylenol mencionada en el capítulo 1.

El credo fue escrito hace más de cuarenta años por el hijo de uno de los fundadores de la compañía. "Es un documento que siempre tiene validez", dice James E. Burke, presidente y director ejecutivo de J & J. "Las metas propuestas son ideales, pero, además, es pragmáticamente efectivo cuando se ponen en práctica sus principios. Su autor, el general Robert Wood Johnson, demostró, a mediados de la década de 1940, tener una visión asombrosa para prever la extrema necesidad que tendría nuestra empresa de cumplir con sus responsabilidades en todas las comunidades del mundo en las que vivimos y trabajamos."

Aquí se reproduce el credo, que ha sido actualizado periódicamente acorde con el paso de los años. Andrews comenta que los principios se enumeran de acuerdo con el orden de importancia.

Nuestro credo

Creemos que nuestra responsabilidad principal es hacia los médicos, enfermeras y pacientes, hacia las madres y hacia todos aquellos que utilizan nuestros productos y servicios. Todo lo que hacemos debe ser de la mejor calidad para satisfacer sus necesidades. De manera constante debemos intentar reducir costos con el fin de ofrecer precios razonables. Los pedidos de nuestros clientes deben ser atendidos en tiempo y forma.

Nuestros proveedores y distribuidores deben tener la posibilidad de obtener ganancias.

Somos responsables de nuestros empleados, hombres y mujeres que trabajan con nosotros en todo el mundo. Todos deben ser considerados como personas. Debemos respetar su dignidad y reconocer sus méritos. La remuneración debe ser justa y adecuada, y las condiciones de trabajo limpias, ordenadas y seguras. Los empleados deben sentirse libres de hacer sugerencias o reclamos. Debe haber igualdad de oportunidades para obtener un puesto, para el desarrollo y promoción de aquellas personas calificadas. Debemos ofrecer una dirección competente y sus acciones deben ser justas y éticas.

Somos responsables de las comunidades en las que vivimos y trabajamos, así como de la comunidad mundial. Debemos ser buenos ciudadanos, brindar apoyo a las obras de bien y a las organizaciones benéficas, y pagar los impuestos que nos corresponden. Debemos apoyar a los progresos civiles y a los progresos en salud y educación. Debemos conservar las instalaciones que tenemos el privilegio de utilizar, protegiendo el medioambiente y los recursos naturales.

Nuestra responsabilidad final es para con nuestros accionistas. La empresa debe dar buenas ganancias. Debemos experimentar nuevas ideas. Se deben realizar investigaciones, desarrollar programas innovadores y pagar por los errores. Se debe invertir en nuevos equipos, proporcionar nuevas instalaciones y lanzar nuevos productos. Se deben guardar reservas para utilizar en tiempos adversos. Al funcionar según estos principios, los accionistas deberán notar un buen rendimiento.

Otra de las compañías que se enorgullece de hacer siempre un poco más para servir a sus clientes es American Express. En una sección especial de la revista *Fortune* acerca de la calidad, el presidente Louis V. Gerstner dice: "El servicio superior que ofrecemos a nuestros clientes de todo el mundo no es un simple eslogan que recitamos ni una antigua tradición que veneramos. Es nuestro mandato diario, que debemos cumplir a la perfección generalmente en circunstancias impredecibles".[10]

Según *Fortune*, la compañía es una de las que utiliza tecnología avanzada para brindar calidad y un servicio altamente personalizado. "El año pasado [1985], más de veintidós millones de usuarios de la tarjeta de crédito American Express compraron productos y servicios por un valor de 55,000 millones de dólares en más de ciento cincuenta países. Para poder tener control de semejante cantidad de dinero, American Express actualmente opera con dieciséis importantes centros de procesamiento de información, diez redes de tiempo compartido y de datos de todo el mundo, noventa sistemas de computadoras centrales, cuatrocientos sistemas de minicomputadoras y treinta mil terminales de trabajo individuales."

"La tecnología es solamente parte de nuestro tejido, no toda la tela", dice James D. Robinson III, presidente y director ejecutivo. "Tenemos un doble compromiso con nuestros clientes: en primer lugar, prometer sólo lo que podemos cumplir; y en segundo lugar, cumplir con lo que prometemos. Y brinda-

---

10 Jerry G. Bowles, "The Quality Imperative", una sección especial de publicidad, *Fortune*, 29 de septiembre de 1986.

mos nuestros servicios haciendo una cosa por vez. Son nuestros empleados altamente capacitados los que hacen funcionar esta tecnología y quienes, después de todo, cumplen con lo que nosotros prometemos."

La compañía reconoce la labor de sus empleados, que brindan un servicio superior a través del programa de incentivo Los Mejores Empleados. American Express supera las expectativas de los clientes en situaciones mucho más extremas. Su gente estuvo presente para ayudar a los pasajeros del vuelo 847 de TWA secuestrado, cuando fueron liberados en el Líbano. También estuvieron presentes para ayudar a los pasajeros del *Achille Lauro* y para asistir a los viajeros y residentes locales, luego del terremoto que sufrió la ciudad de México.

Hacer Siempre Un Poco Más puede tomar la forma de pequeñas cosas que significan mucho. Pocas semanas después de que unos clientes de una agencia concesionaria de automóviles compraran un Lincoln Mark VII, recibieron un paquete de T. J. Wagner, vicepresidente y gerente general de la división Lincoln-Mercury de Ford. Dentro del paquete había una carta escrita por Wagner —en papel y sobre personales— indicando los beneficios de poseer un Lincoln nuevo y prometiendo asistencia total por parte de la compañía. El paquete contenía además un informe con los beneficios del "Compromiso de calidad de Lincoln", un número de teléfono gratuito para realizar todas las preguntas necesarias y una llave y un llavero especialmente diseñados, que debían ser registrados en la compañía para poder reemplazarlos en caso de que alguna vez se extraviaran.

Comparada con el precio de venta del automóvil, superior a los 25,000 dólares, la llave no significa demasiado gasto. El concesionario le puede vender una por 15 dólares, pero no tendría el mismo efecto que recibirla en su casa y que se la haya enviado el vicepresidente de la compañía. Es un condimento adicional que hace que los clientes sientan que, con estos detalles, la compañía en verdad disfruta de tenerlos como clientes.

Durante años, los vendedores de automóviles han sido muy criticados (¿le compraría un auto usado a este hombre?); sin duda, en ocasiones, las críticas estaban justificadas, pero también es cierto que en otras ocasiones han sido falsas acusaciones.

Después de varios años de disputas entre clientes, fabricantes y vendedores, y de ocasionales batallas en los tribunales, la Better Business Beareau —BBB (la Comisión para el Progreso Comercial), estableció lo que llamó Autoline, un programa para resolver dichos conflictos. Diecinueve fabricantes, desde Jeep hasta General Motors y Rolls Royce, participaron en él.

Funcionó según lo esperado. Diane Skelton, del Consejo Nacional de la BBB, dice que de los 199 066 casos surgidos en 1985, casi 90% correspondía a diferencias de opinión que se solucionaron con mediación y no requirieron arbitraje.

Uno de los vendedores que no tiene este tipo de inconvenientes es Jack Rowe, propietario de Precision Toyota en Tucson, Arizona. "Si alguno de nuestros clientes hace un reclamo ante la BBB, los empleados de allí, debido a nuestra reputación, siempre preguntan primero: '¿Le ha planteado esto a Jack Rowe?'. En cuanto eso ocurre, sin importar la situación, tomo el tiempo que sea necesario y hago lo que se debe hacer.

"Siempre pude negociar con clientes insatisfechos. La actitud lo es todo. Si desea hacerlo, puede lograrlo. Como resultado de este esfuerzo, en mis treinta y un años de experiencia no hemos tenido ningún expediente negativo en los Tribunales, no tenemos ningún caso en la oficina del Tribunal Supremo y apostaría que tenemos el expediente más pequeño que se haya jamás registrado en toda Arizona.

"Pero vale la pena. No tenemos gastos de abogados, porque nunca fuimos a juicio. Nuestra filosofía es evitar los tribunales, porque incluso si se gana, se pierde. Ese cliente lo odiará por siempre y se lo dirá a todas las personas que conozca.

"No tiene sentido gastar 25,000 dólares en publicidad, para evitar gastar 250 en buenas acciones. Prácticamente dos tercios de nuestro negocio se mantiene gracias a los mismos clientes o por nuestra reputación. Nos gusta eso y está en nuestros planes seguir así.

"En nuestra tienda tenemos la política de que el cliente siempre tiene la razón. En realidad no hay ninguna clave mágica en eso; simplemente nos ponemos en lugar del cliente. Hoy en día, los clientes pagan mucho dinero por tener un medio de transporte confiable y eso es lo que esperan; incluso de los automóviles usados. Y eso es lo que les damos."

Hacer Siempre Un Poco Más es en realidad un concepto simple. Como dice Rowe, no es más que ponerse en el lugar del cliente. Entonces, ¿por qué nos resistimos a dar ese paso que nos generará grandes ganancias? Tal vez se deba a nuestro ego, en nuestro interior sentimos que, si hacemos más de lo que nos piden, de alguna manera estamos sometiéndonos a la voluntad de los demás.

Tal vez sea consecuencia de la presión de nuestros pares. De niños aprendemos que si hacemos más de lo que nos exigen nuestros padres, nuestros hermanos nos acusarán de ser los favoritos a expensas suyas. Si hacemos más de lo que nos exigen los maestros, nuestros compañeros nos acusarán de "hacer la barba" o de ser "el preferido del maestro."

El resultado es que mucha gente se crea el hábito, desde una edad temprana, de no hacer nunca un poco más. Con el paso del tiempo, esos patrones negativos de comportamiento están tan asimilados, que son extremadamente difíciles de cambiar. Reaccionamos como siempre lo hemos hecho, sin siquiera pensar.

El problema es que a los únicos que engañamos es a nosotros mismos. Arruinamos las relaciones que tenemos con otras personas, nos privamos de aprender cosas nuevas y no nos permitimos sentir la satisfacción de saber que lo que hicimos, era lo correcto, y más.

Thomas Corson dice haber aprendido las características comerciales más importantes siendo repartidor de periódicos y realizando trabajos eventuales, mucho tiempo antes de comenzar su carrera en el mundo de los negocios. Corson dijo: "La gente aprecia el servicio y la actitud amigable. A los clientes les agrada que los atiendan con una sonrisa, sin importar si usted es repartidor de periódicos o el gerente ejecutivo de la compañía más importante".

En 1964, Corson tuvo la oportunidad de poner a prueba su teoría cuando, junto a dos de sus hermanos, fundaron Coachmen Industries, Inc., en Middleburry, Indiana. Comenzaron en un edificio de 460 metros cuadrados, con poco más que "el sueño de brindarle a Estados Unidos casas rodantes de buena calidad y un estilo de vida más divertido". El primer año, con tres empleados, Coachman Industries produjo doce casas rodantes, una caravana y ochenta techos para camionetas. El monto bruto de ventas fue de 23,653 dólares.

En 1985, Coachmen declaró ventas por más de 350 millones de dólares. La compañía había soportado los cambios abruptos de la industria de los vehículos recreativos en los Estados Unidos y pudo sobrevivir y prosperar, según Corson, porque "desde el primer día nuestra filosofía fue aplicar la Regla de Oro con todo nuestro público". Tanto en los buenos como en los malos momentos, la compañía ha hecho todo el esfuerzo posible para ser franca con sus empleados, accionistas y clientes. "La única manera que conozco de hacer negocios es poniéndome en el lugar de los demás, evaluar la situación y tratarlos conforme a eso".

"Intento dar un ejemplo a mis empleados buscando una oportunidad en cada situación a la que estoy expuesto; luego procedo a hacerlo. Nunca alcanzan las horas del día para hacer todo lo que se requiere. Una persona que sólo hace lo que se le asigna puede requerir de unas cuarenta horas semanales, pero si mira el caso de los empresarios exitosos a través de los años, verá que trabajaron de sesenta a ochenta horas semanales. Ése es el tiempo que toma.

"Me gusta pensar que mientras más energía gasto, más se benefician mis clientes, ya sea mediante productos mejorados o mediante mejoras en la dirección de los empleados que atienden a nuestros clientes. Ambas partes de una relación laboral se ven afectadas por un compromiso adicional con el servicio. El credo que he predicado por años es que el negocio va donde lo llaman y se queda donde lo cuidan. Tanto usted como yo vamos a comprar donde nos sentimos invitados y si, mediante el servicio y la atención, logran convencernos de que se preocupan por nosotros, continuaremos comprando allí. Si no lo hacen, buscaremos otro lugar".

Una compañía que ha impregnado su organización con la filosofía de Hacer Siempre Un Poco Más con los clientes es Quill Corporation, oficina de venta de productos ubicada en Lincolnshire, Illinois. La compañía se dedica exclusivamente a la venta telefónica y por correo, atendiendo a más de medio millón de clientes de todo el país.

Gerard Barber, director de Atención al Cliente, dice: "A los propietarios de Quill, Jack, Harvey y Arnold, les apasiona brindar un buen servicio al cliente. Lo respaldan con compromiso, fomento y recursos. Además, han proporcionado un sólido modelo de roles al cual recurren todos los miembros de la compañía en busca de orientación. El compromiso de Quill es tal, que publicamos en un boletín semestral nuestras opiniones básicas acerca de cómo deberíamos llevar adelante el negocio. Por aquí se le conoce como la 'Declaración de Derechos de los Clientes de Quill'.

"Hace algunos años, cuando comenzamos a adjuntar a todos los pedidos un formulario preautorizado de devolución (por el cual el cliente no necesitaba llamar o venir para recibir un comprobante que le permitiera devolver los productos) como parte del contenido del paquete, muchos de nuestros adversarios pensaron que esto nos traería problemas".

Por supuesto, no fue así. Berber dijo: "La razón fue una sola: esto reforzó el hecho de que somos serios en cuanto a las garantías que ofrecemos. Nuestros clientes comprenden con exactitud cuándo, dónde y cómo devolver los productos y aprecian la simpleza de la devolución. Además, le da a Quill información más detallada acerca de las devoluciones, como el número de cuenta del cliente, su nombre, número de orden y datos por el estilo, ya que todo esto se encuentra impreso en el formulario. También ha permitido que se reduzcan los gastos destinados al servicio al cliente, debido a que no manejamos tantas solicitudes de autorización. Lo mejor de todo esto es que las devoluciones no aumentaron como resultado de la utilización de este formulario".

Quill utiliza una amplia gama de incentivos y controles internos para garantizar un servicio sistemático y de calidad. Los auditores de la compañía realizan pedidos anónimos e informan a la dirección acerca del tratamiento que se les dio a los mismos. Los supervisores de atención al cliente controlan las llamadas de los agentes de venta y ayudan en las áreas de dificultad. El equipo de control de calidad investiga los productos con alto porcentaje de devolución.

Hay muchos empleados involucrados. Quill mantiene doce grupos de calidad que se reúnen semanalmente para resolver problemas relacionados con el trabajo. Éstos han mejorado la eficacia de muchos sectores con el total apoyo y colaboración de los empleados involucrados. Además, Quill posee un departamento activo de capacitación interna y una generosa política de reintegro por asistir a cursos. "Se alienta a los empleados a tomar cursos en la universidad que estén relacionados con su trabajo y a asistir a seminarios para profesionales, y se les reintegra el monto de dinero que utilicen con esos fines", declara Barber.

La meta es la promoción interna. Muchos directores y supervisores trabajan para progresar desde dentro de la organización, afirma Barber, y agrega: "La cultura de 'Nos Importa' de servicio al cliente se nutre y extiende por toda la compañía. Quill cree en que hay que ayudar a los empleados a ser lo mejor que puedan. A cambio, la compañía espera que los empleados la ayuden a ser lo mejor que ésta pueda ser. Ambas partes deben estar alertas y hacer todo lo posible por alcanzar las mismas metas".

En el mundo altamente competitivo de los productos de oficina, donde es difícil percibir la diferencia que existe entre los competidores, Quill ha ganado reconocimiento por hacer siempre un poco más. Promocionándose como "La vendedora independiente de productos de oficina que lidera el mercado mundial", en 1985, la compañía completó un programa de expansión "agresivo" que agregó 9 300 metros cuadrados a su espacio existente, para tener una superficie total de 41 106 metros cuadrados. Actualmente cuenta con 875 empleados, número que según Barber se doblará en los próximos años, como resultado del crecimiento del negocio. Sin embargo, la gran fuerza laboral de Quill podría resultar en que, dice Barber, "todos y cada uno de los nuevos empleados sean influenciados por la cultura de 'nos importa' que existe en la compañía".

Napoleon Hill estudió a muchas personas durante gran parte de su vida, intentando determinar las razones por las que algunas son muy exitosas, mientras que otras con mayor capacidad y más estudios sólo han logrado carreras mediocres. Él dijo: "Parece tener algún significado el hecho de que cada persona que observé que había aplicado el principio de Hacer Siempre Un Poco Más tenía una mejor posición y un mejor salario que aquellas que simplemente habían hecho lo suficiente como para sobrevivir.

"El hecho de practicar este principio no sólo proporciona una recompensa monetaria, sino también la recompensa personal de felicidad y satisfacción que nada más consiguen aquellos que ofrecen ese servicio. Si el único pago que recibe es su salario, recibe menos de lo que debería, sin importar la suma de dinero que perciba. Ninguna suma podría remplazar la felicidad, la alegría y el orgullo que le pertenece a la persona que logra hacer una venta 'imposible', que construye el mejor puente o que gana un caso difícil.

"Cuando usted ofrece el mejor servicio posible, empleando todas sus fuerzas en sobrepasar sus esfuerzos anteriores, ejercita y acrecienta esas fuerzas de la mente que usted puede utilizar. Si sigue este principio y permite que Hacer Siempre Un Poco Más sea un hábito en usted —haciendo siempre más de lo que se le paga—, antes de que lo note, verá que el mundo le pagará más de lo que hace".[11]

Hace algunos años, Elbert Green Hubbard dijo: "Los que nunca hacen más que por lo que les pagan, nunca reciben más que por lo que hacen".

---

11 "Napoleon Hill Revisited: On Going The Extra Mile," *PMA Adviser*, febrero de 1983.

Capítulo 5
Aprender del Fracaso

Cuando el conductor del programa de entrevistas Larry King sale al aire, millones de estadounidenses escuchan su aterciopelada voz en su programa de radio o lo ven entrevistar a las personalidades más conocidas del mundo en su programa de cable, que se transmite por News Network TV seis noches a la semana.

Lo que probablemente no sepan es que hace sólo unos años, el Larry King a quien ven y escuchan tan calmo y seguro de sí mismo estuvo en la ruina total, endeudado y luchando por cicatrizar las heridas provocadas por dos matrimonios que fracasaron. Para empeorar la situación, Louis Wolfson, hombre de Miami relacionado a las finanzas, le entabló una demanda penal (que finalmente fue anulada) a la estrella radial, alegando que lo había estafado con 5,000 dólares, dinero que King debía entregar a un tercero.

King perdió su empleo y durante los tres años siguientes sobrevivió gracias a la generosidad de sus amigos. Le comentó a la revista *Sucess*: "Lo que me ayudó a recuperarme fue el hecho de escuchar y mirar entrevistas de radio o televisión y decirme a mí mismo: 'yo lo puedo hacer mejor'. Finalmente, me di cuenta de que la única razón por la que ya no estaba en el aire era porque yo mismo lo había echado todo a perder. Nadie me hizo nada a mí. Yo me lo hice solo. Me dije: 'De alguna manera voy a regresar'."[12]

Dejó atrás su elevado nivel de vida, su costumbre de gastar sin límites y consiguió trabajo como gerente de relaciones públicas en un hipódromo de Louisiana. Pronto se convirtió en la voz de los Steamers de Shreveport en la Liga Mundial de Fútbol Americano y, en el transcurso de un año, lo volvieron a contratar en la estación de radio de Miami.

Poco tiempo después firmó un contrato con Mutual Broadcasting System para conducir el primer programa nacional de radio que saldría al aire todos los días. Derivó sus finanzas a su representante, quien paga las cuentas y da a King una asignación mensual.

La adversidad por la que pasó le dio la sabiduría necesaria para resolver sus problemas, como también la determinación de resurgir.

Es notable, pero real, que el punto de inflexión en la vida de muchas personas esté marcado por alguna forma de derrota o fracaso, por lo general, del mismo grado que su último éxito. Ver al fracaso como una simple prueba para medir su fuerza interior le permite aceptarlo como lo que es: temporario. Según afirma W. Clement Stone, *"fracasar* no es lo mismo que *ser derrotado*, a menos que se lo considere así. No utilice la palabra *derrotado* sin la debida atención. Si usted lleva consigo la verdadera semilla del éxito, un poco de adversidad y de fracaso temporal le servirá para nutrir esa semilla y hacerla estallar y florecer. El éxito, y toda la responsabilidad que éste conlleva,

---

12 William Hoffer, "The King of Conversation", *Success*, julio de 1983.

siempre atrae a las personas que no aceptan el fracaso temporario como una derrota permanente".

Uno de los ciudadanos más importantes de los Estados Unidos, hombre adorado y venerado en todo el mundo, nació en una humilde cabaña del condado de Hardin, Kentucky. No tenía ninguna de las ventajas que nosotros disfrutamos hoy en día y la mayor parte de lo que sabía lo había aprendido por cuenta propia, leyendo libros a la luz de las velas.

Intentó dedicarse a los negocios, pero quebró. Cuando vendió sus acciones, el comprador no cumplió con el pago. Cuidó mucho el dinero durante los quince años siguientes, para cancelar las deudas de su sociedad. Intentó dedicarse al derecho, pero atrajo pocos clientes. Su carrera militar tampoco tuvo mucha repercusión; vio poca acción y su contribución más importante quizás haya sido la de salvar a un anciano indígena que estaba a punto de ser ahorcado bajo el cargo de espía, porque sus papeles no estaban en regla. Parecía que todo lo que tocaba terminaba mal.

Como si los fracasos en su trayectoria no fueran suficientes, la mujer que amaba, falleció. Pero fue precisamente tanta adversidad que soportó la que llegó a lo más profundo del alma de Abraham Lincoln y despertó al gran emancipador de los Estados Unidos. A veces se requiere de mucho valor, fe e imaginación para quitar las capas de la adversidad que cubren la semilla de la prosperidad, pero siempre está allí. Si permite que germine, la nutre y la cuida adecuadamente, esa diminuta semilla se convertirá en la flor de la prosperidad. El doctor Henry Viscardi, Jr., ganador del Premio al Logro Meritorio de la Fundación Napoleon Hill en 1984, nació sin piernas. "Los primeros siete años de mi vida los pasé en una sala del hospital de Harlem. A los siete años salí del hospital y me las arreglé lo mejor que pude. Vivíamos en un apartamento sin agua caliente en la zona oeste de Nueva York, donde crecer era cuestión de supervivencia", recuerda.

"Cuando cumplí doce años, nos mudamos a una zona semirrural de Long Island, donde asistí a una escuelita humilde. Iba en un carro parecido al de Porgy en el musical *Porgy and Bess*. Hace poco tiempo, al ver la ópera, sentí que Porgy me representaba cuando, al final, canta 'I'm Off to the Promised Land' ('Voy camino a la Tierra Prometida') en busca de Bess, que había partido a la gran ciudad. La mayor parte del público cree que nunca la encontrará, pero yo sí, porque yo encontré mi destino en el mundo."

Viscardi tenía veintisiete años cuando logró tener sus primeras piernas ortopédicas. Dice que "hasta ese entonces, siendo adulto, mi altura había sido de sólo 1.10 metros. Sé todo lo que hay que saber acerca de la lástima, el dolor y el ridículo. Hasta que un día me encontré de pie, alto y erguido, con la necesidad de bajar la cabeza para mirar a mi madre a la cara, para ver el reloj que estaba sobre el hogar, para ver los techos de los autos por la calle, para sostenerme del pasamanos del metro, para pararme frente a un teléfono que nunca antes había alcanzado. Fue el comienzo de una vida totalmente nueva y la finalización de otra.

"De niño me preguntaba: '¿por qué a mí?, ¿por qué había sido elegido yo para pasar por esto?'. Mi madre, una mujer sencilla que había inmigrado desde Italia, me respondía desde su simple sabiduría: 'Cuando Dios y Su Consejo se reunieron para decidir dónde nacería el próximo niño cojo, decidieron que la familia Viscardi sería una buena opción'. ¡Ésa es una buena razón a la cual aferrarse de por vida, mientras enfrentas la adversidad!

"Lo más importante, pienso, es que jamás me sentí un niño diferente, a pesar de saber que lo era. Siempre consideré que era igual al resto de las personas y que se me otorgaban las mismas oportunidades de ser un hombre culto que podía triunfar en la vida. Sinceramente, no lo considero una discapacidad, simplemente fue algo que me hizo desear ser exitoso con más fuerza. Me di cuenta muy rápido de que, desde pequeño, uno debe comenzar con el juego de tener una actitud mental positiva y estar dispuesto a trabajar muy duro para triunfar".

Nadie hubiera culpado al joven Viscardi si se hubiera dado por vencido. De hecho, la mayoría de la gente no esperaba demasiado de él. Pero tenía metas más altas para sí. Durante la Segunda Guerra Mundial fue oficial de batalla en la Cruz Roja. La mayor parte de su enrolamiento la pasó en el hospital Walter Reed, trabajando con soldados con heridas graves. "Vi a miles de hombres mutilados, hombres terriblemente desfigurados que venían, primero, de accidentes en los campos de entrenamiento, luego de las invasiones en el norte de África y, más tarde, de los enfrentamientos sucesivos que nos condujeron al oeste europeo.

"Tuve una experiencia terriblemente aleccionadora con esos hombres, tratando de levantarles la moral, diciéndoles que existía un mundo allí afuera. Regresé de la experiencia de la guerra sintiendo que ya había tenido suficiente. Ya no quería que me identificaran como una persona discapacitada."

Viscardi se volcó al mundo de los negocios para construir una carrera e iba directo a la vicepresidencia en una gran compañía textil, pero había algo que todavía le preocupaba. "Seguí viendo a algunos hombres que había conocido en la guerra. Ellos eran héroes. Había desfiles, etc., pero no contaban con la dignidad de un trabajo productivo. Supongo que comencé a darme cuenta de que el éxito en el mundo de los negocios no significaba tanto para mí. Lo que me llamaba era el desafío de servir a esos hombres, de ayudarlos a encontrar un lugar en donde pudieran trabajar y producir, y de buscarles una vida que fuera dignificante en lugar de vivir de las pensiones y subsidios que el gobierno les ofrecía."

En 1947, Viscardi fundó una organización para ayudar a los veteranos lisiados y, en los años subsiguientes, inauguró centros de entrenamiento para discapacitados que actualmente funcionan en sesenta ciudades de todo el mundo. Ha recibido honores de organizaciones que representan a casi todas las naciones y ha sido asesor de todos los presidentes, desde Franklin D. Roosevelt. Mediante su propio ejemplo, Viscardi inspiró a millones de personas con diferentes discapacidades a recuperarse de sus propias adversidades y a encontrar niveles más altos de éxito.

Agrega: "Para mí, el éxito no es monetario. Es la realización en la vida, el hecho de hacer, aunque sea en una pequeña medida, lo que uno desea hacer. Es entregar parte de la vida mediante el compromiso hacia otras personas. Es ser capaz de levantarse cada mañana y agradecerle al Señor por un nuevo día. Es vivir la vida intensamente, dedicándose a satisfacer las necesidades de otros, haciendo feliz a aquellos que están cerca de uno. Haciendo esto, se hace algo por uno mismo".

La semilla del éxito que parece acompañar siempre a la adversidad, a veces toma extrañas formas. La Compañía Minnesota Mining and Manufacturing (3M) ha estado muy cerca de institucionalizar el proceso de convertir un defecto en una virtud.

En su libro *The 100 Best Companies to Work For in America (Las 100 mejores compañías en las que se puede trabajar en los Estados Uni-*

dos), los autores, Robert Levering, Milton Moskowitz y Michael Katz escribieron: "Dos dichos representan el trabajo de investigación de 3M. Uno es 'Nunca descarte una idea, simplemente ajústela'. Y el otro, conocido como el Décimo Primer Mandamiento, es: 'No matarás una idea sobre un nuevo producto'. Esto está dirigido a aquellos que quieren detener las investigaciones, ya que la compañía generalmente encuentra la manera de aplicar ideas, para muchos, bizarras".[13]

Tomemos el caso de los Post-it, esos papelitos adhesivos que actualmente son tan comunes en muchas casas y oficinas, como lo es la Cinta Scotch de 3M.

Post-it fue el resultado de una mala preparación de adhesivo 3M y de un ingeniero inteligente que encontró la manera de aplicar este producto. Según un informe de la revista *The Washington Times Insight*, un domingo, mientras estaba en la iglesia, Art Fry pensó primero cómo podía utilizar un adhesivo experimental que no había resultado como esperaba. Siendo miembro del coro de la iglesia, Fry se sentía frustrado, porque los señaladores se salían del himnario.

"Fue en ese momento cuando se me ocurrió la idea de un señalador que se pegara a la hoja, pero que al mismo tiempo se pudiera despegar sin dañarla. El adhesivo creado por accidente parecía ser perfecto para este fin."[14]

Al comienzo, el producto tenía un problema de *marketing* debido a que los consumidores no comprendían el uso de los Post-it, hasta que comenzaron a utilizarlos. Una vez que lo hi-

---

13 Robert Levering, Milton Moskowitz y Michael Katz, *The 100 Best Companies to Work For in America*, Reading: Addison-Wesley, 1984.
14 Phoebe Hawkins, "Noteworthy Success from Bad Glue," *Insight*, 21 de julio de 1986.

cieron, dice la compañía, "se convirtieron en adictos". Ahora, los cuadraditos amarillos, rosas y azules se utilizan con cualquier finalidad. Los utiliza desde un escritor, para hacer sus anotaciones, hasta un ama de casa, para recordar qué debe comprar en el mercado.

Otra persona que supo ver una buena idea fue Brian Graves. Durante la última depresión del negocio de bienes raíces, cuando la mayoría de las personas del rubro apretaban sus manos sin esperanzas o buscaban otra clase de trabajo, Graves decidió ingresar a ese negocio. Pensó que debía existir una posibilidad en el descomunal número de viviendas sin dueños que había en el mercado.

Recuerda que, cuando dos de sus asociados, que habían sido administradores de viviendas en una pequeña ciudad de Washington, le dijeron querían crecer, pero no estaban seguros de cómo hacerlo, "se encendió un foco en mi cabeza. Había descubierto un nicho en el mercado, una oportunidad de servicio especializado. La suma de todas mis experiencias me había preparado para esto a la perfección. Sabía que podría hacerlo funcionar".

Lo que Graves creó, finalmente, fue la Administración de Viviendas de los Estados Unidos, una compañía con sede en Redmon, Washington, que ofrece un servicio organizado y profesional para vendedores de viviendas y condominios desocupados. En su tercer año de operaciones, la firma esperaba obtener una ganancia neta de 100,000 dólares. Es un acuerdo en el que todos ganan. No se cobra ningún cargo a los dueños y las personas que habitan la vivienda pagan una tarifa mensual de tan sólo 150 a 200 dólares más los servicios, por viviendas por las que normalmente abonarían una renta superior a los 1,500 mensuales.

Graves describe a sus clientes como "buena gente que espera ahorrar algo de dinero y no les importa vivir un poco de aventura". Se investiga a todos los posibles ocupantes de las viviendas; deben ser confiables, ofrecer garantía y estar asegurados (la compañía mantiene un seguro de responsabilidad de arrendamiento). Graves los busca por referencias de iglesias, universidades, agentes de bienes raíces y otros administradores de vivienda.

Las personas que cuidan las viviendas protegen la inversión de los dueños manteniendo el lugar de la mejor manera y minimizando el riesgo de daños que pueden producir el vandalismo o las tuberías dañadas o congeladas que no se detectan, pérdidas que no están contempladas en las políticas de muchos de los dueños de las viviendas si éstas han estado desocupadas por más de treinta días. Dice Graves: "Sabía por experiencia propia en el negocio de bienes raíces que una vivienda ocupada se vende más rápidamente que una que no lo está".

Graves no tiene reparos en admitir que la idea de la administración de viviendas no fue un concepto innovador. Es sólo una idea antigua con un nuevo matiz. "Tampoco hay nada nuevo sobre las hamburguesas, pero miren lo que hizo McDonald's con ellas", comenta Graves.

Graves encontró una oportunidad equivalente cuando el mercado de bienes raíces era adverso. Señala también, sin embargo, que reconocer una oportunidad no es garantía de éxito; usted debe entrar en acción, tomar ventaja. "Puede leer todos los libros de motivación que desee para mantener una Actitud Mental Positiva, pero tendrá que arremangarse y comenzar."

Y agrega: "Puede leer todo lo que se haya escrito alguna vez acerca de la natación, por ejemplo, pero tarde o temprano tendrá que tirarse al agua si tiene la esperanza de aprender a nadar".

Todo esto es muy bueno, estará pensando usted. Es magnífico leer acerca de personas que tuvieron experiencias temporarias de fracaso y terminaron alcanzando niveles elevados de éxito. Intelectualmente, estoy de acuerdo. Pero la derrota es algo muy personal y emocional. ¿Cómo me recupero cuando mi ego está destrozado y mi autoestima está en su punto más bajo? ¿Cómo me propongo un cambio con buen ánimo cuando siento que estoy en el momento menos oportuno para enfrentar el tema?

No existen respuestas sencillas. Probablemente su único recurso de fortaleza sea su fe en usted mismo, la que se consigue por medio de la experiencia. Todos cometemos pequeños errores día a día, pero no permitimos que nos derrumben de manera permanente. Identificamos los problemas y los corregimos. Aprenda de esos errores para que cuando lleguen los grandes fracasos —que probablemente llegarán—, pueda estar seguro de que los superará.

Vea cada fracaso temporario como un peldaño para conseguir cosas mejores y más importantes. Cada problema que resuelva, cada obstáculo que logre pasar, simplemente lo acercan a la concreción de su meta final. Si intenta anticiparse a cada problema, si se preocupa por todo lo que podría salir mal antes de siquiera comenzar, nunca conseguirá nada.

La vida es muy parecida a escalar una montaña. Si espera llegar a la cima en unos pocos pasos y que todo sea fácil, enseguida se sentirá desanimado y se dará por vencido. Pero si está preparado mental y físicamente para llegar a la cima, lo conseguirá. Cuando tropiece y caiga, se levantará y volverá a escalar hasta llegar al lugar donde tropezó, y lo pasará. Seguirá haciendo lo mismo hasta llegar a la cima. Luego buscará escalar nuevas y más altas montañas.

El ya fallecido doctor Kenneth McFarland, uno de los mejores oradores de la historia, alguna vez comparó la vida con un viaje en automóvil. Si piensa en el peligro de hacer un viaje largo, si piensa en el hecho de que va a encontrar muchos automóviles viajando a alta velocidad, muy cerca de usted, nunca tendrá el valor de salir de su casa. Pero uno no vive así. Usted recorre un kilómetro por vez, una hora por vez y un día por vez.

De esa misma manera debe tratar los contratiempos temporales. Superarlos de a uno por vez y aprender de la experiencia, para no volver a cometer los mismos errores.

A pesar de que debe ser difícil reconocer la causa de los fracasos temporarios cuando todavía las heridas están abiertas, dichos contratiempos generalmente son el resultado de una de estas tres cosas:

- pérdida material; por ejemplo, de riquezas, posición o propiedad
- pérdida personal, como la muerte de un familiar o amigo, o la ruptura de una relación
- pérdida espiritual, cuando los fracasos surgen de su interior y usted se deja vencer

Podemos recuperarnos y aprender de alguna o de todas estas situaciones. Sin duda, usted ha conocido personas que han perdido su empleo y terminaron siendo inmensamente exitosas en otra compañía o en sus propios negocios. Los fracasos materiales tienen una manera particular de hacernos replantear cuáles son nuestras prioridades, de hacernos decidir lo que es realmente importante para nosotros, de hacernos establecer nuevas metas y de hacer que no nos distraigamos con cosas que nos causaron problemas anteriormente.

El hecho de tener relaciones problemáticas con otras personas, ya sea en el ámbito laboral o en el familiar, nos obliga a analizar qué cosas de las que hicimos contribuyeron a llegar a esa situación y nos obliga a modificar nuestro trato con los demás. Incluso, en el caso de la muerte de un ser amado, muchos han encontrado la manera de redirigir sus penas ayudando a otras personas y, en el proceso, han descubierto que se sienten mejor con ellos mismos.

Una pérdida espiritual, cuando el desaliento nos ha superado o hemos perdido contacto con nuestras creencias religiosas, nos obliga a ser más introspectivos, a encontrar consuelo en nuestra propia alma. En esta búsqueda puede encontrar fuerza y paz interior que nunca hubiera descubierto de no haber sido por el fracaso.

La línea que divide el éxito del fracaso es tan ínfima, que muchas veces se ignora la verdadera causa del fracaso. No es nada más que actitud, cómo enfrenta los fracasos que se presentan o los que usted mismo provoca.

El intérprete de música *country* Merle Haggard, toda una leyenda, recuerda vívidamente el momento en que su vida cambió. Siendo joven, siempre había estado en problemas, hasta que finalmente reaccionó en la prisión de San Quentin.

Escribe en su biografía: "Diría que, a diferencia de otras prisiones, Quentin ofrece una oportunidad. Uno podía postularse para hacer algún trabajo, trabajar duro y conseguir tener un buen registro, o podía quedarse tirado en el patio todo el día.

Yo elegí la última opción. Podíamos hacer que nuestro tiempo valiese o simplemente verlo pasar. Hice un poco de ambos".[15]

Su primera oportunidad para solicitar libertad condicional tuvo lugar luego de dieciocho meses de prisión, pero su falta de motivación no atrajo la atención del consejo. No sorprendió a nadie que su primera solicitud fuera rechazada.

Haggard continuó poniendo muy poco de sí para mejorar su situación. Él y un amigo recluso comenzaron su "propio negocio, una operación de juego con la que venderían cerveza". Esta empresa le costó el aislamiento.

"A veces se necesita una cosa más para que la balanza se incline hacia uno u otro lado. No sé si fue la ejecución [de un amigo recluso], los siete días de aislamiento o la muerte [de un prófugo], o la suma de todo, lo que marcó el cambio.

"Cualquiera haya sido el motivo, volví del aislamiento decidido a hacer algo positivo por Merle Haggard."

En la siguiente oportunidad, Haggard consiguió la libertad condicional y, aunque no fue sencillo, persiguió su meta hasta convertirse en una estrella de música *country*. Actualmente existen pocas personas en ese campo que superan su popularidad.

La "celda" de Abe Widra era un espacio de 2.70 por 3 metros, delimitado por bloques de cemento, dentro del Centro Médico de Chicago en la Universidad de Illinois, y funcionaba como su oficina y laboratorio. Fue en ese inusual escenario que el profesor adjunto de micología clínica (la ciencia que estudia los hongos) desarrolló el StraCor, una piel artificial biodegra-

---

15 Merle Haggard con Peggy Russell, *Sing Me Back Home: My Story*, Nueva York: Simon & Schuster, 1981.

dable que puede utilizarse para tratar quemaduras o heridas importantes.

A diferencia del transplante de piel o de otros métodos de piel artificial, StraCor actúa como sustituto de la epidermis. Es flexible, adherente y absorbente. Permite el paso del aire y del agua, pero detiene a las bacterias. El material es fácil de aplicar y funciona en los procesos naturales de cicatrización, permitiendo que los linfocitos atraviesen la sustancia y que las células de la piel migren y crezcan sobre ésta.

StraCor está hecha de materiales que se consiguen con facilidad, es de aplicación sencilla y no deja cicatriz. También puede utilizarse para introducir drogas en el cuerpo, tratamiento que Widra cree tendrá importancia en cirugías de implantes y de *bypass*.

La primera vez que a Widra se le ocurrió la idea de semejante sustancia fue hace veinte años, cuando realizaba investigaciones básicas en hongos. Fue entonces que se le presentó una sustancia viscosa que pensó que podría ser útil para el tratamiento de quemaduras y otras lesiones, pero debido a su compromiso con otras investigaciones, postergó la idea hasta 1978.

Resolvió la mayoría de los problemas por sí solo, prácticamente sin fondos, improvisando a medida que avanzaba. Cuando necesitó recipientes para darle la forma de láminas al material, compró moldes de pasteles en el supermercado local a quince centavos cada uno. "Cumplieron con el propósito", comenta.

Después de cuatro años de trabajo activo sobre el StraCor, se experimentó con un paciente humano. Actualmente, el producto está en la mira de una compañía de Boston; la FDA lo está analizando, pero aún no ha sido aprobado. Widra se encontró con nuevas adversidades cuando solicitó la patente, pero al concentrar sus energías en superar los obstáculos legales para poder patentar su revolucionario producto, finalmente logró su meta.

Widra gozó además de cierto éxito con otro invento al que llamó Crudaway, una pomada antimicótica que mejora las lesiones de la piel producidas por casi cualquier tipo de micosis. Diferentes facultades de medicina la han probado en cincuenta personas con diversas variedades de infecciones micóticas y, "en todos los casos", dice Widra, "el problema se solucionó". "Va a ser mi pensión", agrega riendo. "Cuando me jubile, voy a viajar por todo el país vendiendo el producto a los vendedores locales. Es en verdad maravilloso".

Widra dice que para enfrentar de manera constante el hecho de intentar, fracasar e intentar nuevamente, situación que tanto atormenta la existencia del investigador, "uno debe estar completamente empecinado. Debe investigar cada posibilidad de manera exhaustiva. Si hay algún camino por el que nunca haya pasado, busque a alguien que lo haya hecho. Sea flexible, colabore con aquel que tenga recursos diferentes de los que usted posee. Siempre existe una red de personas que pueden ayudar".

Tal como W. Clement Stone y Napoleon Hill escribieron en su curso de estudio PMA Science of Success (AMP, La Ciencia del Éxito) hace veinticinco años, "todas las formas del fracaso se resisten con facilidad a la acción amistosa y cooperativa. El secreto de la fórmula por la que usted puede convertir el fracaso en recurso yace en su capacidad de mantener una Actitud Mental Positiva a pesar de su fracaso.

"Cómo y dónde dar ese primer paso es un problema que parece insuperable para la persona que atraviesa una situación de fracaso o derrota, debido a que las heridas que deja la desilusión muchas veces son profundas y llegan a tocar la fe. Pero así nos son revelados los recursos por medio de los cuales los escollos del fracaso se convierten en escalones al más colosal de los éxitos. Ésta es la perla de la esperanza que brinda su más preciada ayuda en los momentos de mayor oscuridad".

Segunda parte
Principios personales

Pregúntele a cualquier persona exitosa el secreto de su éxito y probablemente obtendrá una respuesta como: "Bueno, contaba con la formación necesaria: educación, experiencia y cosas por el estilo. Me esforcé mucho, no cometí demasiados errores y sucedió que me encontraba en el momento justo y el lugar indicado".

Esto es cierto. Sin embargo, la verdadera razón es que, en la mayoría de los casos, estas modestas personas generaron su propio cambio. Se convirtieron en personas indispensables para la compañía o para sus clientes, porque tenían las características personales correctas. Les agradan tanto a la gerencia como a los clientes; confían en ellos y les retribuyen generosamente por el privilegio de hacer negocios con ellos.

Así son las personas que toman la iniciativa, las que asumen los roles de líderes, los que se ofrecen para cumplir tareas complicadas o no muy agradables, porque saben que alguien debe hacerlo. Tienen la confianza de que harán el trabajo correctamente, a tiempo y dentro del presupuesto. Y por lo general, lo consiguen.

El resto de las personas admira a estos exitosos. Parecen contar con una mayor capacidad para comprenderse a sí mismos que el resto de las personas. Les gusta trabajar con otros, pero solos, lo hacen igualmente bien. Tienen el entusiasmo necesario para inspirar a los demás y la autodisciplina de seguir con el trabajo hasta que esté terminado.

Estos exitosos, tan ocupados, parecen encontrar siempre un momento para un amigo o compañero que necesita consejos, o simplemente para hablar de algún problema en particular. Son generosos al contribuir con causas justas y siempre parecen tener sus asuntos financieros en orden.

Sin importar la cantidad de horas que hayan trabajado en los últimos días, no se sienten cansados. Si tienen problemas personales, uno nunca se entera. De alguna manera, parecen estar siempre en buen estado físico y mental. En esta sección analizaremos los principios personales para lograr el éxito: Iniciativa, Entusiasmo, Una Personalidad Agradable, Autodisciplina, Administración del Tiempo y del Dinero y Conservar la Salud Física y Mental.

Además, conoceremos las vidas de algunas personas que alcanzaron el éxito y que son particularmente adeptas a la aplicación de estos principios.

Capítulo 6
Iniciativa Personal

Stone y Hill definen la iniciativa como "esa extraña cualidad que incita sobremanera —es más, que obliga— a una persona a hacer lo que se debe, sin necesidad de que se lo digan." Es, agregan, "el poder que da comienzo a toda acción y que provoca que uno continúe hasta terminar el trabajo". La Iniciativa Personal es la fuerza motora que transforma sus metas e ideas en realidad.

La Iniciativa Personal es esencial para lograr el éxito en cualquier área, sea ésta comercial, deportiva, política, de espectáculos o relacionada con el servicio a la comunidad. Probablemente cuente con las habilidades que se requieren y con la educación necesaria. Probablemente posea las mejores ideas del mundo, incluso, hasta ponga en práctica todos los demás principios para el éxito, pero, a menos que usted tome la iniciativa, nada sucederá.

Industrias enteras han sido creadas por empresarios que tuvieron la idea correcta en el momento justo, la iniciativa personal de seguir adelante, de enfrentar riesgos y la determinación de seguir con el plan sin importar cuán dura se torne la situación. Hemos sido testigos de éxitos increíbles en momentos en que todo estaba en su contra: Ray Kroc de McDonald's, Tom

Monaghan de Domino's Pizza, Steven Jobs y Steven Wozniak de Apple y Bill Gates de Microsoft son algunos de los ejemplos más recientes.

Pero el fenómeno no es una novedad. Muchas compañías tradicionales llevan los nombres de fundadores que revolucionaron o comenzaron nuevas industrias: Ford en la industria automotriz, Edison en la energía eléctrica, Wringley en las gomas de mascar y Marshall Field y Neiman Marcus en el sector minorista. Sin embargo, a menudo, los empresarios que cambiaron nuestras vidas para mejor eran personas comunes con ambición e iniciativa fuera de lo común.

Clarence Saunders fue una de esas personas. Era vendedor en una antigua tienda familiar de alimentos de Memphis, Tennessee, cuando tuvo la idea de que los clientes se sirvieran los productos directamente desde las góndolas y, de igual manera, se sirvieran ellos mismos en los restaurantes al entonces estilo de las cafeterías.

Cuando le presentó su idea a su jefe, fue despedido por perder el tiempo en "ideas tontas".

Sin sentirse desanimado, trabajó durante cuatro años con el fin de recaudar el capital suficiente para entrar en el negocio por cuenta propia. Su tonta idea se convirtió en la cadena de tiendas de alimentos Piggly-Wiggly y dio origen al concepto actual de supermercado. En el proceso, por supuesto, Saunders se convirtió en un hombre rico.

La idea por sí sola, sin embargo, no llevó a Saunders a lograr el éxito. Muchas personas, en lugares tan diversos como bares y vestuarios, son potenciales exitosos que sueñan en grande, pero que nunca llevan a cabo sus grandiosas ideas. Saunders tomó la iniciativa, se puso en acción, persuadió a otros para invertir en su idea y siguió adelante hasta lograrlo.

Elisha Graves Otis tuvo la excelente idea de un sistema de frenos para los elevadores, pero la idea por sí misma no transformó los edificios de las ciudades de los Estados Unidos. Los visionarios de mediados del siglo XIX sabían que las ciudades no podrían continuar con su crecimiento de propiedades horizontales en forma ilimitada, pero pocos vieron al elevador como una posible solución al problema. Otis tuvo que imaginar la manera de superar la autocomplacencia de aquellos que estaban contentos con las cosas tal cual se encontraban.

Los montacargas ya se utilizaban, pero la mayoría de las personas no los utilizaban, por temor a que se rompieran las correas. La altura de los edificios por lo general estaba limitada a cuatro o cinco pisos, y la gente podía subir por las escaleras sin inconvenientes.[16]

En 1852, Otis construyó un montacargas para la compañía Yonkers Bedstead Manufacturing, donde se desempañaba como mecánico principal, y le agregó un dispositivo simple de frenos. No fue un comienzo muy sofisticado para ser una idea que transformaría la forma física de las ciudades y cambiaría para siempre la forma de vida y de trabajo de millones de personas.

Sin embargo, Otis vio los beneficios que ofrecía el elevador y, un año después de fabricar el dispositivo de freno, dio inicio a su propia empresa para comenzar a fabricar elevadores. Para enfrentar la apatía del público con respecto a su invención, Otis tomó la iniciativa. En uno de los movimientos de relaciones públicas más extravagantes de la historia de los Estados Unidos, construyó una torre en la primera Feria Mundial, inaugurada

---

16 "Business Leader Who Helped Build America Remain Largely Unknown", *Commerce Today*, publicado por el Departamento de Comercio de los Estados Unidos, 7 de julio de 1975.

en Nueva York en 1853. Se puso de pie sobre la plataforma de un elevador e hizo que lo elevaran a gran altura por encima de la multitud en el Cristal Palace. Ordenó que cortaran las cuerdas y, en una sola jugada, Otis obtuvo su lugar en el mundo.

El freno evitó que cayera y las miles de personas presentes y las millones que leyeron acerca del acontecimiento asistieron al nacimiento del primer elevador seguro. No obstante, y a pesar de la publicidad (el diario *Tribune* de Nueva York utilizó las palabras *sensacional* y *audaz* para describir la iniciativa de Otis), los constructores no reconocieron de manera inmediata que los pisos más elevados, a partir de ese momento, podrían tener precios altos en lugar de ser desperdiciados o utilizados como lugar de almacenamiento. El primer elevador para personas fue instalado luego de tres años en un edificio de cinco pisos de la compañía E. V. Haughwout, un emporio de porcelana y vidrio, en Broadway, Nueva York. Tomó otros once años hasta instalar otro elevador para personas, y fue en un edificio de oficinas, dando origen a la era de los rascacielos.[17]

En la actualidad, la empresa Otis Elevator es parte de United Technologies, un conglomerado multinacional con sede en Hartford, Connecticut, que en 1985 declaró una ganancia neta de 636 millones de dólares por ventas de 15,000 millones. Otis es uno de los nombres más respetados de la industria, y la compañía continúa siendo precursora de nuevas ideas.

En una entrevista publicada en el Boletín Informativo Anual que United Technologies ofrece a sus accionistas, Francois Jaulin, presidente de Otis, declara: "Hace diez años, el elevador no contaba con partes electrónicas. En la actualidad,

---

17 *Stories Behind Everyday Things,* Pleasantville: The Reader's Digest Association, 1980.

la electrónica sola representa un tercio del costo total de un elevador. Sin duda, la electrónica está provocando cambios revolucionarios en la industria del elevador. Pero no la incorporamos por el simple hecho de hacerlo. Es más económica y más confiable que los dispositivos electromecánicos a los que reemplaza. Ocupa menos espacio en la sala de máquinas y le otorga flexibilidad para adaptarse a las distintas necesidades de los clientes. Otis ha hecho todo lo posible por integrar todos los aspectos de la electrónica en sus productos".

Probablemente, Elisha Graves Otis no hubiera comprendido de lo que hablaba Jaulin, pero, sin duda, hubiera estado orgulloso de saber que los productos que llevan su nombre son cada vez mejores, a medida que la tecnología de avanzada da lugar a nuevas iniciativas en la industria que él creó.

En un campo en el que la innovación es vital para sobrevivir, donde una compañía puede dejar atrás a sus competidores con la fuerza de una única idea, hace algunos años, Otto Clark le dio al mundo una lección sobre iniciativa personal.

Cuando comenzó a negociar con el gobierno chino para ayudar a ese país a construir doscientos mil fotocopiadoras que se venderían por casi 250 millones de dólares, pocas personas tomaron a Clark en serio. Su pequeña compañía de Illinois ni siquiera contaba con un modelo de esa fotocopiadora que estuviera funcionando.

Cuando se firmó el contrato en 1982, Clark Copy International Corporation sólo tenía catorce empleados y había estado en el negocio algo menos de cinco años. Los escépticos, que al comienzo dudaron que Clark cerrar el hacer trato con los chinos, comenzaron a preguntarse si sería capaz de hacerlo.

Clark ignoró las críticas y se concentró en crear un producto de calidad y un equipo de dirección. Según la directora de personal, Lin Stefurak, la iniciativa de Clark y su estilo de liderazgo atrajeron a otras personas exitosas a la compañía, cuya gerencia actualmente está conformada por lo que ella llama "personas que solucionan problemas inusuales".

Stefurak dice que se produjeron cerca de cuatro mil fotocopiadoras Clark y se enviaron a China. Para 1984, la compañía había cumplido con su objetivo de hacer que China fuera autosuficiente. Hoy en día, dicho país fabrica sus propias fotocopiadoras.

El espíritu empresario que Clark inculca en su compañía es un recurso definido en un campo que le debe tanto su existencia como muchos de sus avances en cuanto a ventas y tecnología a la iniciativa y a la perseverancia de sus primeros líderes.

El proceso de copiado en seco fue un avance revolucionario en sí mismo. Surgió del deseo del abogado especialista en patentes Chester F. Carlson por encontrar una manera mejor de hacer copias. Hasta ese momento —principios de la década de 1940—, la tecnología más novedosa para copiar los dibujos y especificaciones de las patentes era el no muy limpio proceso fotostático con tinta húmeda.

Para el año 1944, Carlson había desarrollado el proceso lo suficiente como para persuadir a The Battelle Memorial Institute de continuar con su investigación. Por su parte, Battelle intentó atraer a alguna compañía fabricante que tuviera el capital necesario para hacer que el producto se pudiera comercializar. Cuenta la historia que el proceso se ofreció a cientos de compañías líderes como General Electric, Kodak, Harris-Seybold, IBM, RCA, A. B. Dick y Bell & Howell.

El resumen de un artículo publicado en una revista comercial llamó la atención de la compañía Haloid, una pequeña fábrica de Rochester, Nueva York, y finalmente se llegó a un acuerdo. La combinación de la idea de Carlson con el talento para dirigir de Joseph C.

Wilson, Jr., presidente de Haloid, se involucró en una de las historias de mayor éxito de este siglo.

Haloid, por supuesto, siguió avanzando hasta convertirse en Xerox Corporation y el proceso que Carlson había sido diseñado en un laboratorio casero dio origen a una industria que actualmente realiza ventas millonarias a nivel mundial.

La iniciativa y la innovación que caracterizaron a la industria de las fotocopiadoras continuó para producir una nueva generación de máquinas más rápidas y de mejor calidad en una amplia gama de estilos y opciones. Las preferencias de los compradores van desde grandes máquinas de alta velocidad que copian, ordenan y abrochan las hojas en una sola operación, pasando por impresoras láser, hasta fotocopiadoras económicas y pequeñas, no mucho más grande que un maletín.

Cuando usted toma la iniciativa, ya sea para introducir una idea revolucionaria, para descubrir una manera más veloz de hacer alguna tarea común o para organizar mejor a su grupo, su vida cambia. Ya no es uno más entre muchos, es uno de los líderes.

Se dice que nadie puede motivar a otra persona; lo que puede hacer es motivarse a uno mismo y esperar que los otros aprendan por imitación. Aunque esta noción básica puede pasar por alto la capacidad de un buen líder de inspirar a otras personas a alcanzar niveles de éxito más altos, enfatiza la interdependencia de la iniciativa personal y el liderazgo. De igual manera que el liderazgo no puede surgir sin iniciativa, tampoco puede la iniciativa conseguir demasiado sin la colaboración de otras personas. En casi todas las situaciones, el mundo es demasiado complejo e interdependiente como para que alguien pueda conseguir algo solo.

Es responsabilidad del líder mostrar el camino a los demás. Cuando un joven postulante a oficial le preguntó al sargento a cargo del entrenamiento: "¿Por qué los oficiales siempre tienen que llevar a sus hombres a combate?", el canoso veterano le respondió: "Hijo, ¿alguna vez has intentado tomar el control?".

Una de las personas que se ha pasado la vida mostrándoles el camino a otros es Strom Thurmond, senador estadounidense de Carolina del Sur. A lo largo de treinta años, ha sido maestro, abogado, juez de la corte de distrito, gobernador y candidato a presidente. Un senador que tiene en su haber varias membresías y presidencias de comisiones senatoriales clave. El servicio que prestó durante la Segunda Guerra Mundial y en la Reserva lo hizo merecedor de dieciocho medallas, condecoraciones y premios. Aterrizó el Día D de la Segunda Guerra Mundial con la famosa División de Vuelo número 82. En su estado natal, más de siete edificios y establecimientos llevan su nombre y hasta colocaron una estatua de tamaño real en la plaza de Edgefield, ciudad en la que nació.

Los premios y honores que recibió cubren las paredes desde el suelo hasta el alto techo de una gran oficina que se encuentra frente al capitolio nacional de Washington, D. C. Una pared está destinada a los premios nacionales; otra, a los otorgados por el Estado; en otra están los premios relacionados con la educación y los títulos honorarios; una es para el servicio comunitario y otra —su pared presidencial— tiene fotografías de Thurmond con todos los presidentes con los que trabajó en sus casi tres décadas como senador, y con Franklin D. Roosevelt, a quien apoyó como Demócrata en la convención de 1932.

Hace treinta años, siendo un senador novato, Thurmond estableció doce normas para el liderazgo que él mismo debía cumplir y que aún hoy practica:

1. Un líder debe ser honesto. La honestidad es el centro del carácter. A menos que uno sea honesto, no podrá permanecer como líder. La gente aprende rápidamente a reconocer si puede o no confiar en lo que uno dice.

2. Debe tener capacidad. Algunas personas heredan más capacidad que otras, pero el hombre promedio puede entrenarse y desarrollar su mente al punto de obtener una capacidad superior al promedio.

3. Debe aprender a pensar, a tomar decisiones rápidas y precisas, a arribar a conclusiones certeras, ya que el buen juicio es el corazón del éxito y de la verdadera capacidad.

4. Debe esforzarse en su trabajo. Sin importar cuán honesto y capaz sea, si no está dispuesto a trabajar, no llegará muy lejos. Aquel que trabaja horas extra cuando los otros pierden el tiempo es el que generalmente llega a ser más.

5. Debe ser cortés. No conozco otras cualidades que brinden dividendos tan generosos como la cortesía y la calidez sinceras. Además de la falsedad, no existe otra característica más hiriente que la descortesía.

6. Debe ser valiente... hacer lo que es correcto según los patrones cristianos o caerá del otro lado, junto con aquellos que sirven con intereses egoístas.

7. Debe amar a las personas y desear servirles. Debe estar dispuesto a hacer sacrificios para ayudarlas.

8. Debe ser alegre, optimista y debe inspirar confianza en otras personas.

9. Debe aprender a reconocer y a utilizar las capacidades de otras personas. El tiempo y la energía de una persona serán limitados si pretende realizar todas las funciones por sí mismo y sólo utilizar sus propias capacidades.

10. Debe aprender a organizar. Los grandes líderes de este país que han alcanzado increíbles niveles de éxito han sido aquellos que han sabido organizar. Esto requiere visión y planeamiento, y ejecución de los planes.

11. Debe ser agresivo, sin llegar al punto de la ofensa. A muy pocos hombres de capacidad y visión agresivas los detienen los obstáculos y las dificultades que parecen insuperables para los demás.

12. Debe depositar su confianza en Dios. Ninguna persona que no haya depositado su confianza en Dios consiguió ser importante y conservar su grandeza. Esto implica que el líder deba hablar con Dios a través de la oración diaria y leer las Sagradas Escrituras con regularidad. Cuando el líder considera los diferentes problemas, generalmente se pregunta:

"¿qué es lo correcto?, ¿qué quiere Dios que haga?". No es difícil llegar a una decisión cuando uno intenta seguir a Dios.

Thurmond atribuye su filosofía de vida y liderazgo a sus padres. Cuenta: "Mi madre ha sido la mayor influencia en mi vida en cuanto a los asuntos espirituales y religiosos. Fue una cristiana devota, consagrada de todas las formas posibles. Mi padre, el juez J. William Thurmond, me ha influenciado en cuanto a mi vida pública y en mis ambiciones políticas. Me enseñó la abogacía —aprobé la carrera sin haber asistido a la facultad y competí por el primer puesto con un graduado de Harvard—, pero además me inculcó la simple verdad de que con honestidad, pensamiento claro y mucho trabajo se puede conseguir cualquier cosa".

Durante las décadas de 1960 y 1970, los dirigentes estadounidenses parecieron desaprobar muchos de los valores de liderazgo que Thurmond había condensado. Debe haber sido, como sugirieron algunos escritores, el resultado de la desilusión general que atravesaba el país, posterior a Vietnam y al Watergate, con los modelos políticos y militares en los que se basaban muchos de nuestros conceptos de liderazgo. O pudo haber sido que los dirigentes realistas, siempre en busca de soluciones rápidas, fueron más previsores y mejores administradores que los líderes.

Cualquiera sea la razón, parece que actualmente existe un resurgimiento popular del interés por el buen liderazgo que existía hace algunos años. La nomenclatura ha cambiado para ajustarse a los tiempos modernos y los pasos se han modificado para apelar a una fuerza de trabajo más sofisticada y con mejor educación, pero los principios son los mismos. Los buenos líderes establecen metas altas para seguir ellos mismos y para inspirar a otros a seguir su ejemplo.

El autor Tom Peters, en su exitoso libro *A Passion for Excellence* (*Pasión por la excelencia*), hace referencia al liderazgo mediante el entrenamiento y la enseñanza.[18] Escribe: "El buen desempeño lo logran todas las personas que prestan atención a su entorno, que transmiten los valores básicos inquebrantables y que desarrollan pacientemente las habilidades que les permiten hacer contribuciones importantes a las organizaciones a las que pertenecen. En una palabra, se cambia al dirigente frío y analítico por un entrenador entusiasta.

"El entrenamiento es el liderazgo cara a cara que agrupa a personas con experiencias, talentos e intereses distintos, las alienta a aumentar la responsabilidad y el logro permanente y las trata como a socios y colaboradores. El entrenamiento no consiste en memorizar técnicas o crear la estrategia perfecta. Consiste en prestar verdadera atención a las personas: creer realmente en ellas, cuidarlas, hacerlas participar. Bum Phillips, entrenador de los Santos de Nueva Orleans, comenta: 'Lo más importante es hacer que la gente juegue. Cuando piensas que es tu sistema el que está ganando, descubres para tu sorpresa que es el esfuerzo de esos jugadores el que lo está haciendo'.

"Entrenar es, en gran parte, facilitar, que literalmente significa 'hacer más fácil', no menos exigente, ni menos interesante, ni menos intensivo, sino menos desfavorable, menos asociado con controles y complicaciones excesivas. Un entrenador-facilitador trabaja sin cesar para liberar al grupo de restricciones de desempeño innecesarias, incluso cuando son autoimpuestas".

---

18 Tom Peters y Nancy Austin, *A Passion For Excellence*, Nueva York: Random House, 1985.

Los buenos entrenadores-líderes son buenos maestros, dice Peters, citando una encuesta realizada por el Centro para un Liderazgo Creativo de Greensboro, Carolina del Norte.

Cuando el Centro solicitó a algunos gerentes exitosos que hablaran de sus mejores maestros, en la mayoría de los casos resultaron ser ex jefes. Peters detalla cuáles fueron las características más mencionadas de aquellos jefes maestros:

- eran buenos consejeros. Brindaban consejos constructivos y respuestas a los gerentes más jóvenes.
- eran sobresalientes. Ya sea en las finanzas, en la producción o en el mercadeo, estos jefes eran los mejores en algún aspecto del negocio.
- daban publicidad. Se aseguraban de que el trabajo y los logros de los gerentes jóvenes fueran notados. Abrían puertas para ellos.
- daban libertad. Daban a los jóvenes la libertad de intentar y el valor de fracasar. Los involucraban en tareas importantes.
- eran encargados exigentes. Desafiaban; demandaban excelencia.

John Sculley, presidente y director ejecutivo de Apple, dice que los líderes actuales tendrán que "hallar nuevos modelos de conducta en cuanto a la manera en que queremos manejar nuestros negocios. Para las compañías e industrias más tradicionales significa que tienen que reelaborar la manera en que llevan adelante la conducción de la empresa.

"La mayoría de los que estamos en el ámbito empresarial —y me incluyo, porque durante la mayor parte de mi carrera he trabajado en una industria tradicional que maneja muchos empleados y grandes capitales (sólo durante los últimos años he trabajado en la industria de la alta tecnología)— hemos utilizado los modelos antiguos de la Iglesia Católica, con su jerarquía estructural y de procesos, y varios niveles de organización con claras autoridades que iban de arriba hacia abajo. Otro antiguo modelo era la organización militar; incluso, los términos utilizados por los militares se han abierto camino en documentos estratégicos; planes de ataque y programas de defensa, cuando intentamos flanquear a la competencia."

Sculley dice que "estos modelos pueden dejar de ser apropiados a medida que nos introducimos en la era informática. En Apple experimentamos con nuevos modelos que son semejantes a los de los equipos deportivos; el líder ya no es un soberano autocrático que decide desde arriba qué sucederá, sino que se convierte en entrenador. El líder tiene ahora la responsabilidad de crear un entorno en el cual las personas puedan hallar una calidad de vida que disfruten.

"¿Por qué el trabajar tiene que ser una experiencia tediosa? En Apple, la edad promedio de los empleados es de veintinueve años; en muchas compañías, veintinueve serían los años de servicio. En la actualidad, la gente joven busca algo más que un buen salario o escalar en su carrera. Buscan calidad de vida, un entorno donde poder crecer y disfrutar de lo que hacen. Esperan que sus gerentes les proporcionen esta clase de cultura del mismo modo que los empleados de las compañías tradicionales esperan que se les otorgue su jubilación.

"De hecho, en Apple no contamos con un sistema jubilatorio; aquí, el único que tiene la edad como para preocuparse por el tema probablemente sea yo. En su lugar, tenemos para nuestros empleados el más amplio programa de opción de compra de acciones de cualquiera de las compañías detalladas en *Fortune 500*, porque el hecho de ser propietario es muy importante para la gente joven. Desean adquirir participación mediante un rol auténtico dentro de la compañía. La razón por la que la gente joven busca incorporarse a una empresa como Apple es porque creen que es posible, en particular para la gente de su edad, hacer cosas que nunca se han hecho antes".

Sus líderes, dice Sculley, "tienen que inspirarlos con una visión que sea lo suficientemente entusiasta como para seguirla." Sculley conoce por experiencia propia la dificultad de hacer cambios en la cultura y en el entorno, "desde Pepsi en la costa este, a Apple en Silicon Valley, hay una distancia que supera los 4 500 kilómetros", dice, pero está alerta ante la dificultad de liderar en una sociedad que utiliza cada vez más tecnología.

Dice que "en una compañía como Apple nos encontramos con que se necesita estar en comunicación continua. Paso mucho tiempo caminando por las instalaciones hablando con los ingenieros, escuchando lo que piensan e intentando decirles que lo que tratamos de conseguir es ser más vendibles. Algunas veces, cuando hablo con ellos, veo miradas vidriosas y sé que mi mensaje no está llegando. Estoy seguro de que a veces, cuando ellos me hablan a mí, deben percibir una mirada vidriosa y se deben preguntar si su mensaje está llegando o no. Al menos, nos comunicamos de 'ojo a ojo'.

"Tal vez ésa sea una de las grandes diferencias entre las compañías modernas y lo que he visto en el pasado. La antigua manera de comunicarse con la organización era a través de memorándums o de alguna clase de discurso público. Hoy en día, eso no es suficiente. Uno tiene que salir y escuchar a la gente, hablarles e intercambiar ideas con ellos. Si no lo hace, puede meterse en serios problemas, en particular, en una industria como la nuestra. En esto incluyo a todas las industrias de alta tecnología, donde las cosas suceden tan rápido, que si uno pierde un minuto, puede perder toda la compañía".

Tal vez una de las observaciones más interesantes acerca del liderazgo provenga de Warren Bennis, profesor de gestión y organización en la Universidad del Sur de California. Luego de entrevistar y observar a noventa líderes de empresas, servicios públicos, deportes y las artes, Bennis llegó a la conclusión de que "todos los líderes no exitosos se parecen entre sí; todos los líderes exitosos son exitoso a su manera".[19]

Bennis dijo al diario *Chicago Tribune* que lo había asombrado la diversidad. "Me enfrenté con lo que llamo el síndrome Anna Karenina invertido", dijo Bennis, haciendo referencia a la sabiduría de Tolstoi acerca de las familias.

Sin embargo, el ex presidente de la Universidad de Cincinnati y asesor de los cuatro últimos presidentes de los Estados Unidos descubrió algunas similitudes entre los líderes.

Una característica común a todos es aquella que él y otros denominan *visión*. "No puedo exagerar esta diferencia. Es como si atrajeran la gente hacia ellos, pero no es necesariamente lo que todos pensamos como carisma. Cuando hablan de su visión, es como si alcanzaran la intensidad de un rayo láser. Cuando hablan de otra cosa, pueden ser tan aburridos como cualquier otra persona."

Bennis también descubrió que esta gente tenía la capacidad de comunicar sus ideas a otras personas. La habilidad de Ronald Reagan le dio su apodo "El Gran Comunicador", una capacidad que, según Bennis, Jimmy Carter nunca tuvo. Uno de los líderes estudiados por Bennis, Juanita Kreps, secretaria

---

19 Stevenson Swanson, "Leading question: What kind of people do others follow?", *Chicago Tribune*, 29 de noviembre de 1984.

de Comercio de Carter, le dijo que no sabía cuál era la finalidad del trabajo de Carter como presidente. "Era como mirar un tapiz por el lado de atrás. Todo era borroso e indistinto."

"Los buenos líderes también son perseverantes. El almirante Hyman Rickover le comentó a Bennis que nunca se habría construido el submarino nuclear si él no hubiera mantenido la idea viva. En palabras de Rickover, el esfuerzo requirió 'paciencia y valor', porque, al comienzo, como muchas ideas que luego funcionan, parecía disparatada. Según el 'filósofo de gestión', favorito de Bennis, Woody Allen, si usted quiere ser exitoso en la vida, sólo muéstrese 80% del tiempo."

La cuarta característica del liderazgo "es más difícil de definir, pero proviene del sano respeto por uno mismo, del cual nace un productivo respeto por los demás. Ellos descubrieron, generalmente a una edad temprana, cuáles eran sus puntos fuertes y los nutrieron.

"Estos líderes a menudo tienen la capacidad de extraer lo mejor de los demás. Saben ver el talento latente y lo alientan, escuchan a sus subordinados y reconocen que la falta de capacidad para hacer un trabajo no significa la incompetencia en todos los trabajos. Un ejecutivo de IBM se sorprendió de que la compañía no lo despidiese por una decisión que él tomó y que le costó a la compañía 10 millones de dólares. '¿Despedirte? —le dijo su superior—. 'Simplemente nos costó 10 millones de dólares educarte'.

Bennis resalta que todas las personas que estudió eran líderes, no gerentes. Definió la diferencia en un seminario patrocinado por la Facultad Nacional de Educación: "Un gerente es alguien que hace las cosas bien, pero un líder es alguien que hace lo correcto."

El almirante Grace Hopper lo dice de manera más concisa. En una entrevista televisiva reciente, el oficial de marina, que era una mujer, le dijo a Morley Safer en *60 Minutos:* "Uno dirige las cosas, pero lidera a las personas".

El antiguo proverbio "todo cambia, pero todo sigue igual" parece poder aplicarse bien al liderazgo. La tecnología podrá cambiar el mundo y nuestras costumbres podrán evolucionar, junto con nuestras maneras de hacer negocios, pero los líderes que puedan obtener resultados a través de la gente nunca pasarán de moda. Evalúe las vidas y carreras de gente exitosa en cualquier línea laboral y descubrirá que cuando una situación necesitaba de acción, fueron ellos los que tomaron la iniciativa. Hicieron el trabajo sin que se lo pidieran.

Capítulo 7
Entusiasmo

La gran mayoría de los autores de libros de motivación le dicen que sea entusiasta si quiere el éxito. Sin embargo, pocos le dedican más de uno o dos párrafos a este tema y casi ninguno brinda consejos prácticos acerca de cómo ser entusiasta. Este libro es una excepción. Le diremos por qué necesita entusiasmo y cómo generarlo.

Emerson dijo acerca del entusiasmo: "Los mayores y más imponentes movimientos en los anales del mundo representan el triunfo del entusiasmo. Nada importante fue logrado sin él".

¿Cómo puede usted lograr y mantener dicha sensación ante las tediosas tareas que forman parte del trabajo diario en cada profesión o en cada actividad? ¿Cómo transmitir entusiasmo a los demás cuando usted mismo no siempre se encuentra entusiasmado?

Todo comienza con su propia Firmeza de Propósito. Sus metas deberán estar tan firmemente consolidadas, que formarán parte de su psique, de su propia alma. Sin el valor de sus convicciones, resulta imposible vender sus ideas, sus productos o sus servicios a los demás con el entusiasmo necesario. El "Dios que está dentro suyo" es su confianza en usted mismo y en lo que hace.

El entusiasmo de Lee Iacocca por Chrysler se evidencia en sus comerciales televisivos, porque él cree en los productos de su compañía y en lo que dice sobre ellos. Aunque al principio se resistía a la idea de aparecer en comerciales, la agencia de publicidad de Chrysler, Kenyon & Eckhardt, agregó al final de un comercial unos segundos con la imagen de Iacocca dirigiéndose a sus concesionarios. Les gustó lo que vieron.

Finalmente, la idea de la agencia triunfó y Iacocca se transformó en uno de los hombres más exitosos y reconocidos en el lanzamiento de nuevos productos. Los comerciales se hicieron cada vez más agresivos y, según la biografía de Iacocca, evolucionaron hasta que su comentario final llegó a convertirse en "la famosa nueva frase en la que apuntaba mi dedo a la cámara diciendo: 'Si puede comprar un automóvil de mejor calidad, hágalo.' A propósito, ésa fue una frase de mi propia invención, lo que puede explicar la convicción que transmitía cuando la decía".[20]

No existen límites en cuanto a lo que puede lograrse cuando las cosas se realizan con Entusiasmo. A W. Clement Stone le agrada relatar la historia de Leo Fox, un hombre cuyo entusiasmo sin límites parecía atraer a los demás hacia él de la misma forma en que la miel atrae a los insectos.

Cuenta: "Conocí a Leo durante la Depresión, cuando respondió a un aviso que publiqué en el periódico. Se mostraba tan entusiasmado, que de inmediato lo contraté para trabajar como vendedor. No supe hasta cierto tiempo después que estaba en bancarrota, al punto de que su esposa temía salir de su habitación cuando él se encontraba afuera, por miedo a que el

---

20 Lee Iacocca con William Novak, *Iacocca, an Autobiography,* Nueva York: Bantam Books, 1984.

administrador no le permitiera entrar hasta que abonase una parte de la renta que adeudaba. Leo utilizó las comisiones de su primer día de trabajo para abonar la renta atrasada. Debió levantarse temprano la mañana siguiente con el fin de vender y obtener el dinero suficiente para comprar el desayuno de su familia.

"Hacía sólo algunas semanas que Leo trabajaba para mí, cuando un vendedor de su antigua organización vino a verme. Se había encontrado con Leo en la calle y éste parecía tan feliz y próspero, que se preguntaba si yo tendría algún puesto para él. Por supuesto que se lo ofrecí.

"Durante los dos meses siguientes contraté a cinco vendedores más de la anterior organización de Leo. Se presentaron a trabajar conmigo, porque también habían encontrado a Leo en la calle y le habían preguntado dónde estaba trabajando.

"Leo Fox es un hombre por quien tengo mucha estima. Tenía un problema personal, el mismo que ha arruinado a muchos hombres: era alcohólico. Por esa razón, me contó, su padre lo había echado de su casa. John Fox era dueño y presidente de First National Casualty Company, cuya oficina central se encontraba en Fond du Lac, Wisconsin. Leo me contó acerca de su problema un año después de unirse a mi empresa y me dijo: 'Voy a comenzar un tratamiento en el Keeley Institute de Dwight, Illinois, y voy a ganar esta batalla contra mí mismo'. Se marchó a Ddwight, y ganó su batalla.

"Si alguien le dice en una reunión social o en una convención: '¿Me acompaña con un trago?', Leo responde con entusiasmo: '¡Por supuesto!'. Al pedir las bebidas, no se disculpa, sino que pide con orgullo: 'Una taza de café bien caliente, por favor'. No ha bebido más desde el día en que ingresó al Keeley Institute.

"Leo y su familia fueron a Fond du Lac a visitar a sus padres antes de mudarse a Pennsylvania, donde sería mi gerente de ventas. Al ver la mejoría de Leo, su padre le dijo: 'Si eres tan bueno como para ser el gerente de ventas del señor Stone en Pennsylvania, eres también el hombre correcto para convertirte en presidente de First National'.

"Leo aceptó trabajar con su padre y finalmente se convirtió en presidente de la compañía. Tiempo después, y gracias a él, tuve la oportunidad de adquirir la First National Casualty Company. En la actualidad, Leo es un hombre rico y exitoso. Con frecuencia he relatado esta historia que ha servido de inspiración a miles de personas".

Stone recuerda también una conversación que mantuvo con el doctor Norman Vincent Peale acerca del entusiasmo. "El doctor Peale me dijo: 'Clem, su entusiasmo es más real y genuino que el de cualquier otra persona que conozco, y es del tipo que nunca acepta un *no* como respuesta. ¿Cuál es el secreto de su entusiasmo para resolver problemas de negocios y personales?'. Sorprendido por su generoso comentario, le respondí: 'Como usted sabe, las emociones no siempre están regidas por la razón, pero siempre están sujetas a la acción, ya sea mental o física. Más aún, la repetición del mismo pensamiento o de la misma acción física desarrolla un hábito que, repetido con frecuencia, se convierte en un reflejo automático' (ver el capítulo 18)".

Stone dice que, para ser entusiasta, usted debe actuar con entusiasmo. Si actúa de esa manera, las emociones vendrán por sí mismas y pronto se sentirá entusiasmado. Ofrece los siguientes consejos prácticos, tomados de su propia experiencia:

1. ¡Hable en voz alta! Esto es en particular muy efectivo si está preocupado o si siente "un nudo en el estómago" al pararse frente al público.

2. ¡Hable con rapidez! Su mente funciona más rápidamente que su boca

3. ¡Enfatice! Resalte las palabras que considera importantes para usted o para su audiencia, por ejemplo, la palabra *usted*.

4. ¡Utilice pausas! Hable rápidamente, pero realice pausas donde, en un texto escrito, aparecerían puntos, comas u otros signos de puntuación. Al emplear el grandioso recurso del silencio, la mente de quien está escuchando se pone a tono con los pensamientos que usted ha expresado. Una pausa luego de una palabra que desea resaltar acentúa ese énfasis.

5. ¡Exprese una sonrisa con su voz! De esa manera, eliminará el malhumor mientras habla rápidamente y en voz alta. Puede mantener una sonrisa en su voz manteniendo una sonrisa en su boca o en sus ojos.

6. ¡Module! Esto es importante si va a hablar durante mucho tiempo. Recuerde que puede modular tanto el tono como el volumen de su voz. Puede hablar en voz alta y, en oportunidades, cambiar a un tono más familiar, disminuyendo el nivel de voz a su gusto.

Stone señala que existe una diferencia entre *tener entusiasmo* y *ser entusiasta*. "El Entusiasmo", dice, "es una actitud mental positiva, una fuerza impulsora interna de emoción intensa, una energía que nos obliga a ser creativos o expresivos. Incluye siempre un objetivo o una causa que se persigue con devoción.

"El ser entusiasta es una expresión externa que impulsa la acción. Cuando actúa de manera entusiasta, usted acentúa el poder de la sugestión y de la autosugestión. Por lo tanto, el vendedor o gerente de ventas, el orador público, el ministro, el abogado, el docente o el ejecutivo que actúa de manera entusiasta y sincera al expresarse, desarrolla un entusiasmo genuino.

"La pequeña diferencia que hace la gran diferencia es la actitud, especialmente, en lo que concierne al Entusiasmo."

Probablemente haya visto al Entusiasmo hacer maravillas con sus conocidos, sus amigos y sus compañeros de trabajo. Cuando hablan de algún tema en el que creen —que en verdad creen— se expresan con una intensidad que no tiene par con ninguna otra cosa que realizan. Se expresan con más fuerza, su voz se hace tan firme y vibrante, que resulta difícil resistirse a ella. Usted comienza a sentirse involucrado emocionalmente con ellos, aunque sepa intelectualmente que está en desacuerdo.

El fervor que alimenta ese inextinguible fuego interior es contagioso e imbatible. Hill y Stone compararon el Entusiasmo con el motor de un automóvil. Decían que es la fuerza vital que nos mueve.

Si incorpora el entusiasmo a su trabajo, éste no parecerá difícil y monótono. El Entusiasmo brindará energía a su cuerpo, de tal manera que hasta podrá dormir la mitad de las horas de su sueño habitual y logrará realizar el doble de trabajo sin cansarse. El Entusiasmo recarga su cuerpo de energía y lo ayuda a desarrollar el tipo de personalidad dinámica que atrae a los demás. Es sencillamente imposible que no le agrade una persona entusiasta.

Algunas personas tienen la bendición de ser entusiastas por naturaleza. Mary Kay Ash, fundadora de Mary Kay Cosmetics, se considera una persona así. Cuenta que descubrió por primera vez que podía vender gracias sólo a su Entusiasmo cuando era ama de casa y madre.

Recuerda que un día una mujer llamada Ida Blake llegó a su puerta ofreciendo *The Child Psychology Bookshelf*, la Colección de Libros de Psicología Infantil. Cuenta Ash: "Si usted tenía algún problema con su hijo, sólo debía buscarlo en el índice y encontraba una historia relacionada con ese tema. Todas las historias incluían enseñanzas muy buenas y, cualquiera fuese el problema, había una historia que se correspondía con esa situación. Siendo una madre joven que intentaba enseñar a sus hijos la diferencia entre lo bueno y lo malo, simplemente pensé que ésos eran ¡los mejores libros que había visto en mi vida! Cuando la vendedora me dijo cuánto costaban, casi rompo en llanto. No tenía el dinero para comprarlos. Al notar mi interés, me permitió quedármelos durante el fin de semana.

"Leí todas las páginas del libro. Cuando vino a buscarlos, creí que mi corazón se partía. Le dije que ahorraría y que algún día tendría el suficiente dinero para pagarlos, ya que eran los mejores libros que había visto en mi vida.

"Cuando ella advirtió lo entusiasmada que yo estaba, me dijo: '¿Sabes qué, Mary Kay? Si vendes diez colecciones para mí, te regalaré una'. ¡Eso era maravilloso! Comencé a telefonear a mis amigas y a los padres de mis alumnos de la escuela dominical de la Iglesia Bautista del Tabernáculo. Ni siquiera tenía un solo libro para mostrarles, lo único que tenía era mi Entusiasmo."

En un día y medio, Ash vendió las diez colecciones y se convirtió en vendedora para Ida Blake. Mary Kay continuó vendiendo, mientras desarrollaba en su casa la propia línea de cosméticos que lleva su nombre. Ganó millones de dólares en el proceso. La canción de la compañía lo dice todo: "Tengo el Entusiasmo de Mary Kay" (con la melodía de un antiguo himno muy popular). Dice Ash: "Es tan parte de nuestra compañía, que se canta en todos lados".

Stone y Hill opinan que, aunque se haya nacido sin un entusiasmo natural, es sencillo desarrollarlo. Recomiendan que comience por la venta de un producto o servicio que en verdad le agrade. Aunque el dinero o las circunstancias requieran que usted haga durante algún tiempo algo que particularmente no disfrute, nada ni nadie podrá evitar que decida por usted mismo cuál es la meta principal en su vida. Nadie podrá evitar que desarrolle sus propios planes para convertir sus metas en realidad ni que inyecte entusiasmo en ellos.

La fórmula simple de Stone y Hill para desarrollar el entusiasmo es:[21]

- asóciese con otras personas entusiastas y optimistas.
- trabaje para construir el éxito financiero. El entusiasmo vendrá junto con él.
- domine y aplique los principios del éxito en su vida cotidiana.
- cuide su salud. Es difícil ser entusiasta cuando está físicamente enfermo.
- mantenga una Actitud Mental Positiva. Si se siente positivo con respecto a lo que está haciendo, los demás se contagiarán de su entusiasmo.

---

21 "Napoleon Hill Revisited: On Enthusiasm", *PMA Adviser*, agosto de 1983.

✑ ayude a los demás, ya sea mediante el producto o servicio que usted vende o mediante su propia generosidad y
bondad. Ayudar a los demás lo ayudará a mantener su
entusiasmo.

Vestirse para el éxito también lo ayudará a mantener su entusiasmo. Se han escrito muchos libros acerca de este tema y
muchas carreras se han desarrollado mediante el principio de
"vístase para el éxito"; por lo tanto, no ahondaremos en este
tema aquí. Simplemente queremos señalar que usted se sentirá
mejor y estará más entusiasmado si *sabe* que se ve bien y se encuentra vestido en forma adecuada para la ocasión. Por el contrario, si cree que no se ve próspero y profesional, será difícil
que proyecte su entusiasmo.

Capítulo 8
Una Personalidad Agradable

A la gente le gusta hacer negocios con personas que le agraden. Es un hecho. Si los factores de competencia como la calidad, el servicio y el precio son similares, es la naturaleza humana lo que influirá en nuestra decisión para comprarle a la persona que nos agrada, contratar a personas con un carácter similar al nuestro o elegir trabajar con gente agradable. A veces, incluso cuando existen diferencias pronunciadas entre los productos, los servicios o los trabajos que estamos considerando, desarrollamos todo un razonamiento para justificar el hecho de que le compramos a una persona o aceptamos un trabajo y no otro simplemente porque nos agrada la gente involucrada.

¿Es posible hacer que usted le agrade a otras personas? Seguro que sí. Hay una antigua película que, de vez en cuando pasan por televisión, en la que la madre le asegura a su hija que el secreto de un matrimonio feliz está en entrenar al esposo de la misma manera en que entrenaría a un cachorro. La madre llega al extremo de darle a su hija un manual para el entrenamiento de perros, para que le sirva de guía.

Al final de la película, la joven se da cuenta de que, mientras creía que entrenaba a su esposo, en realidad se estaba entrenando a ella misma. Para enseñarle a ser fiel, primero se tuvo que probar a ella misma que era fiel. Para recibir amor, tuvo que darlo.

A pesar de que la película no obtuvo ningún premio de la Academia, vale la pena tener en cuenta su mensaje: para entrenar a otras personas a ser agradables con nosotros, primero debemos aprender a ser agradables.

Todo comienza por el carácter. Dicen que la personalidad es lo que los otros piensan que uno es, mientras que su carácter es lo que uno es en realidad. Pero es difícil separar la personalidad del carácter, porque cada uno es un reflejo del otro.

Puede enmascarar sus sentimientos durante un tiempo, pero la mayoría de las personas enseguida identifican a un farsante. Si lo que lo motiva a ser atractivo para lo demás es una causa egoísta, si sólo utiliza su personalidad para aprovecharse de los demás, finalmente su verdadero carácter saldrá a la luz.

De igual manera si, sinceramente, usted es una persona positiva, agradable, otras personas se sentirán atraídas por usted. Si puede generar sentimientos de entusiasmo, alegría y amabilidad de manera sincera, la gente le responderá de igual manera. Es muy difícil que una persona entusiasta, divertida y considerada no sea agradable.

El grado en que exhibimos las características positivas puede variar en gran medida de una persona a otra, pero todos las tenemos o, por lo menos, tenemos el potencial para desarrollarlas. Si las estimulamos en lugar de reprimirlas, seremos expertos en evocar las características de nuestra personalidad que sean necesarias, que nos ayudarán a tener éxito en cualquier situación.

Donald J. Moine y John H. Herd, en su libro *Modern Persuasion Strategies: The Hidden Advantage of Selling (Estrategias modernas de persuasión: la ventaja oculta de la venta)*, hacen referencia al hecho de "adaptarse", lo que sería, según ellos, revelar aquellas características de la personalidad de uno que son similares a las de la persona que uno intenta influenciar. Adaptarse, dicen, es "una manera delicada de hacer corresponder o reflejar los aspectos clave de las preferencias de conducta de otra persona".[22]

Si bien ofrecen asesoramiento en ventas —profesión en la que se requiere de una personalidad agradable para alcanzar el éxito a largo plazo—, demuestran que el concepto se aplica a cualquier situación. Lo que proponen Moine y Herd no es esa situación en la que uno intenta caerle bien a alguien, de manera deliberada, y que la mayoría de nosotros considera desagradable, sino una manera auténtica de identificarse con los demás, de funcionar bien con esas personas.

Algunas personas lo hacen naturalmente, mientras que otras tienen que desarrollarlo, pero el resultado en sí es el mismo. Los autores dicen: "Usted se está adaptando cuando la persona a quien se dirige siente que usted y él (o ella) piensan de manera similar y ven los problemas de manera semejante. Cuando esto sucede, esa persona se identifica con usted y encuentra fácil y natural el hecho de estar de acuerdo con usted. Ambos parecen gemelos emocionales. El hecho de adaptarse funciona, porque los semejantes se atraen".

Otra razón por la que la adaptación funciona es que la venta, como la mayoría de las demás relaciones personales, es emocional. La gente no le compra a usted sus productos o sus

---

22 Philip M. Albert, "Something New in Selling", un estudio sobre *Modern Persuasion Strategies: The Hidden Advantage in Selling*, por Donald J. Moine y John H. Herd, *PMA Adviser*, enero de 1986.

ideas, ni patrocina sus proyectos, porque sí. Responden emocionalmente a una atracción bien pensada, lógica, persuasiva y emocional. Sin importar el grado de cultura de las personas, Moine y Herd creen que, hoy en día, vender es incluso más emocional que objetivo.

Mientras realizaban las investigaciones para su libro, los autores estudiaron a cien de los mayores vendedores del país, que dijeron que "no pueden describir conscientemente cuál es la magia de sus propias ventas". Después de estudiarlos en acción, repasar las grabaciones y probar las ideas innovadoras en la materia, Moine y Herd descubrieron que esta gente supervendedora se identificaba con tal facilidad con los clientes, que éstos instantáneamente se sentían atraídos por los vendedores y compraban sus productos y servicios. Enseñar a otros estas técnicas de adaptación produjo un incremento en las ventas de algunas compañías de hasta 232% en el plazo de un año.

Si bien es posible que usted se adapte con el fin de hacer corresponder los aspectos compatibles de su personalidad con los de otras personas, esto no significa que deba convertirse en un camaleón tan experto en imitar a otros que pierda de vista su propia forma de ser. El estilo y el talento de W. Clement Stone son parte de su personalidad. Otros pueden preferir un acercamiento más discreto. Cualquiera sean las características que lo hacen a usted único, utilícelas para su provecho.

Resalte los aspectos de su personalidad que a usted le gustan y que los demás consideran atractivos. Debido a que somos individuos complejos, que poseemos una amplia gama de sentimientos positivos y negativos, sería completamente irreal esperar que a todas las personas que conocemos les agraden todos los aspectos de nuestra personalidad. Pero usted puede controlar la clase de persona que desea ser dirigiendo sus pensamientos. Una persona que piensa en positivo se convierte en una persona positiva, en alguien de quien los demás desean estar cerca.

Cuando trate con otras personas, busque las cosas que tengan en común. Identifique los temas que les interesan a ambos, no sólo los que a usted le agraden o de los cuales tenga especial conocimiento. Cuando converse con alguien, no sólo debe esperar su momento para hablar, sino que además debe escuchar lo que dice la otra persona.

Otra técnica tomada del campo de las ventas es permitir que la otra persona hable, realizando preguntas profundas que permitan que el otro continúe hablando. El supervendedor Hank Trisler dice en su libro *No Bull Selling (Vender en serio):* "Un vendedor debe hablar 20% y escuchar 80% del tiempo restante, y ese 20% debe ser utilizado para hacer preguntas que hagan hablar más al cliente. La manera más rápida de establecer una relación es haciendo que la otra persona hable de sí misma. Cuanto usted más me permite hablar sobre mí, más me agrada", comenta.

Trisler cuenta una anécdota acerca de una joven mujer que conoció una vez, que lo deleitó tanto con su interés por él y por su empresa que, luego de dos horas y cuarto, "llegué a la conclusión de que ella era una de las personas más inteligentes, perceptivas y con mejor capacidad para conversar que había conocido. Para el final de la cena y luego de mucho hablar, estaba preparado para comprometerme para toda la vida. Estaba enamorado".[23]

_____

23 Hank Trisler, *No Bull Selling*, Nueva York: Bantam Books, 1985.

La historia de Trisler ilustra el antiguo axioma: cuando no se le ocurra nada para decir, pregúntele al otro acerca de sí mismo. Eso mantendrá la conversación en curso.

A menudo, la manera en que la gente reacciona frente a usted se establece durante los primeros minutos de conocerse. Las primeras impresiones pueden ser buenas o malas, pero, como dice el dicho, uno nunca tiene una segunda oportunidad de dar la primera impresión. Para resaltar la importancia de la primera impresión, el capacitador de ventas Lloyd Purves recomienda que traiga a la memoria a las personas que usted ya conoce.

"¿A cuántos de aquellos que se acercaron a usted ocultando su verdadera personalidad conserva aún como amigos? ¿Los nombres de cuántos recuerda? ¿Recuerda algo más acerca de ellos que no sea que lo irritaban o lo aburrían?"

En su libro, *Secrets of Personal Command Power* (*Los secretos del poder del dominio personal*), Purves dice que el hecho de crear una primera impresión fuerte comienza con el conocimiento de que la gente lo tratará como usted espera ser tratado. Agrega: "Esto siempre es así en el primer contacto. Si se muestra seguro de sí mismo y comienza a sobresalir, recibirá el respeto y la atención acordes a cualquier líder."[24]

Purves recomienda que, cuando lo presenten ante cualquier grupo, comience estrechándole la mano a todos, repitiendo el nombre de cada uno en voz alta y presentándose usted mismo. La primera vez, también puede dirigir la conversación preguntándoles a los miembros del grupo acerca de ellos, sus

---

24 Lloyd Purves, *Secrets of Personal Command Power*, Nueva York: Parker Publishing, 1981.

intereses, lo que les agrada y lo que no les agrada. Esto será una ventaja cuando se establezca, porque ya conocerá algo de cada miembro del grupo. El procedimiento funciona igualmente bien en todas las situaciones de contacto directo persona a persona.

No se sienta obligado a escuchar a aquellos que tienen poco para decir o que tienen una "lengua mecánica". Pierden el tiempo. No se deje atrapar, aconseja Purves. En lugar de eso, pase su tiempo con gente a quien necesite darle una buena primera impresión.

También es buena idea tener algún conocimiento acerca de todo grupo con el que se reúna por primera vez. Prepárese para un primer encuentro de la misma manera que lo haría para una entrevista laboral. Interiorícese acerca de su organización y conozca sus metas, programas y razones de su existencia.

Si debe realizar un llamado telefónico para conseguir una venta importante, preocúpese por conocer algo acerca del posible cliente para poder adaptar su mensaje a la situación de éste. A pesar de que pueda parecer bastante básico, es sorprendente la poca cantidad de personas que le dedican algo de tiempo y esfuerzo a la preparación previa. Muchos vendedores utilizan la misma técnica de acercamiento en todas las situaciones, esperando conocer algo acerca de la compañía a través de la persona con quien realizan el contacto.

Un vendedor de *telemarketing* que conocemos dio una terrible impresión en una presentación ofrecida a un grupo de ejecutivos de un depacho contable debido a que, continuamente, hacía referencia a "la fuerza de ventas de la compañía" y a cómo sus especialistas en *telemarketing* podrían complementar sus esfuerzos. Después de que el vendedor se retiró, el grupo debatió acerca de la presentación y se dieron cuenta de que cada uno por su cuenta había llegado a la conclusión de que el vendedor no se había tomado el tiempo de ver que el despacho no contaba con personal de ventas. Es una sociedad con socios responsables por las relaciones con sus clientes. Simplemente llevaría mucho tiempo poner a la compañía de *telemarking* al tanto de eso. Los ejecutivos no tenían demasiado interés en enseñarle al vendedor la manera de vender su producto. Tiempo después, el despacho contrató a otra compañía de *telemarketing*, cuyo representante demostró comprender la cultura del despacho contable y de qué manera los servicios que él ofrecía podían complementar sus esfuerzos. Hacer la tarea brinda una gran ventaja al momento de dar una buena impresión.

La manera de vestir también tiene un impacto importante sobre los demás. Si desea aprender más acerca de la materia, existen muchos buenos libros que aconsejan cómo vestirse para tener éxito, pero vestirse de acuerdo con la situación es una de las reglas básicas. Incluso si la invitación para algún evento determina cuál es la vestimenta apropiada para la ocasión, queda mucho sin aclarar. Para un grupo de gente de una agencia de publicidad, "vestimenta informal" puede significar *jeans* o bermudas, mientras que para un grupo de abogados, la misma frase significa pantalón y chaqueta o *blazer* deportivo. Si no está seguro, pregunte. No hay nada más incómodo que no estar vestido acorde a la ocasión.

Lo mismo se aplica a la vestimenta laboral. La vestimenta que es aceptable para una compañía puede ser totalmente inaceptable para otra. Si desea estar acorde a la cultura de cualquier organización, observe cómo viste el presidente y siga su ejemplo. Sin embargo, proceda con precaución si éste es un empresario que evita las corbatas y prefiere los zapatos informales. Puede pensar que es correcto para él vestir de esa manera, pero no sería apropiado que los vendedores vistieran así cuando tienen que realizar ventas en empresas conservadoras, y el vice-presidente de finanzas no inspiraría demasiada confianza en los banqueros si vistiera *jeans* en lugar de traje en un almuerzo de negocios. El tipo de trabajo que realiza y la clase de gente con la que tiene contacto en el curso normal de sus tareas laborales también tienen influencia en su atuendo. Una vez más, la clave es "lo apropiado".

Le guste o no, la voz es otro factor que ejerce gran influencia sobre la manera en que nos ven los demás. Para inspirar confianza, debe proyectarla por medio de sus modales, su vestimenta y su voz. Si su voz es muy suave, al punto de la timidez, podrá provocar compasión, pero es poco probable que despierte respeto.

Ejercite su voz de igual manera que ejercita sus múscu-los. Grábese para escucharse como lo escuchan los demás. Si su voz y sus gestos son una fuente de problemas, consiga una vi-deocámara y grábese en acción. Monte la cámara en un trípié, enciéndala y grabe su presentación. Cuando vea la cinta, sea extremadamente crítico de cada movimiento y trabaje para co-rregir sus debilidades hasta estar satisfecho con los resultados.

Esta técnica funciona, en especial, cuando desea prepa-rarse para una presentación ante un grupo o para un discurso cuyo entorno no sea tan cómodo como el de una reunión con una o dos personas. La impresión que deja en esos lugares estará regida por la manera en que muestre su personalidad. Ensaye su presentación ante la cámara y anote qué aspectos necesita mejorar. Observe sus expresiones faciales, sus gestos y su voz. Existen tres reglas para lograr una presentación exitosa, dijo un entrenador en discursos: ensayar, ensayar y ensayar. Si usted sabe lo que va a decir, cómo lo va a decir y cómo lo ve el pú-blico, los otros notarán la confianza que siente.

Lyndon Johnson es una de las personalidades más poderosas que este país haya conocido. Pocas personas pueden resistir las habilidades de persuasión que tiene por teléfono o en persona, aunque en televisión resultó ser una persona sin gracia. Nunca comprendió el poder que tienen las cámaras de televisión para resaltar la falta de animación o de expresión en un orador. Si usted es dinámico en un video, puede estar seguro de que lo es en persona. Utilice esta herramienta y el conocimiento que le otorga para su beneficio.

El poder de Una Personalidad Agradable es evidente en los trabajos de mayor exposición, como en el caso de los políticos, los gobernantes o en la televisión, pero funciona con igual eficacia en casi todos los trabajos. Pregúntele a cualquier miembro de la compañía The Carlos Corps.

Carlos Karas tiene una estación de servicio Texaco en la calle Westheimer 9503, al sudoeste de Houston. Cualquier día que pase por allí verá el proceso de captación que se aplica en Carlos Corps. Llega un cliente con una cortadora de césped que no funciona, obviamente irritado por el inconveniente, y sale con una sonrisa. Karas ha reparado rápidamente la máquina, "sin cargo", le dice al cliente, y lo saluda con su marca registrada: "Vuelva y conversemos un rato". Otra "captada" es una mujer a quien le repara el motor de su automóvil después de que la competencia de Karas intentara hacerlo dos veces, sin lograrlo.

"Esto no le costará ni un centavo", le dice Karas cuando la mujer vuelve para retirar su coche. "La próxima vez que necesite gasolina o tenga algún problema, venga a ver a Carlos". Después de que la señora se retiró, Karas dijo: "Ella nunca olvidará eso". Comenta de sus clientes: "Cosas como ésta ayudan al negocio. Es mi manera de publicitar. Ella regresará. Puedo asegurarle que regresará".

Chuck Campbell, responsable de *marketing* de Texaco, dice que lo que distingue a Karas de los demás en el negocio de las estaciones de servicio es su calidez y su simpatía.

Cuando abrió su estación de servicio en 1972, comenzó ofreciendo "el mejor servicio de la zona". "Quería que los clientes sintieran que les daba algo especial que no conseguirían en otro lado. Eso fue lo que les di.

"Específicamente, lo que les brindaba —y continúa brindando— era un servicio fuera de lo común, que se acercaba mucho a malcriar al cliente", dice el Texaco Marketer. "Los empleados limpian con entusiasmo los parabrisas de los automóviles que reciben servicio completo, siempre corroboran que tenga combustible y, si no hay otros coches esperando, se controla el aire de los neumáticos."[25] Karas se asegura de que el trabajo se termine en veinticuatro horas. Cuando dejan los coches, los empleados de Karas llevan a los clientes hasta sus casas y los van a buscar cuando el trabajo está terminado.

Pero el verdadero secreto del éxito de Karas es su irresistible personalidad. Sencillamente es agradable, decente, honesto, un comerciante amigable que agrada a sus clientes, quienes continúan yendo a su estación. Su consideración por los demás fue remunerada hace poco tiempo, cuando le otorgó un préstamo a uno de sus clientes que estaba pasando un mal momento. El cliente era un camionero de una compañía que trabajaba con una pequeña flota de camiones. "No sólo me devolvió el dinero, sino que convenció a su jefe de que cargara aquí el combusti-

---

25 "The Winning Ways of Carlos Karas Recruit Ranks of Loyal Fans", Texaco Marketer, 2/86.

ble de todos sus camiones", dice Karas. Toda la compañía fue "Carlificada".

Usted, también, puede Carlificarse, dice W. Clement Stone, si realmente así lo desea. Nos ofrece los siguientes consejos para desarrollar Una Personalidad Agradable:

- comience haciendo un inventario de sus características personales. Identifique la mayor cantidad posible —las buenas y las malas—. Pregúntese: en general, ¿le agrado a la gente?, ¿por qué?

- determine las cosas que a usted y a las demás personas no les agrada acerca de su persona y cómo planea modificarlas. Utilice los principios de la Fuerza Cósmica del Hábito y de la Actitud Mental Positiva para remplazar las características negativas por positivas.

- escuche sus propias conversaciones. ¿Le da a los otros la posibilidad de hablar o hace un monólogo de la discusión?

- sea considerado con los demás. Interésese de manera auténtica por los demás como personas. Utilice su curiosidad natural sobre las otras personas para aprender cuáles son los componentes de su carácter. Probablemente descubra que, una vez que los conoce, le agradarán. Mejor aún, usted le agradará a esa persona también.

- recuerde ser atento si desea dar una impresión favorable. Haga que la persona a quien se dirige se sienta la persona más importante del mundo.

- mire a los ojos a la persona con quien habla. Si no puede hacer esto, mire su frente. Su interlocutor no notará la diferencia y usted parecerá prestar profunda atención.

❧ de vez en cuando, asienta con la cabeza, inclusive si no está de acuerdo con lo que está escuchando. Esto alienta al hablante a ser más expresivo. Exprese su punto de vista cuando él o ella haya terminado de hablar.

❧ no interrumpa. Todos tienen derecho a dar su opinión. Primero escuche el punto de vista del otro y luego exponga el suyo.

❧ sea respetuoso de la dignidad de los demás. No intente quedar bien a expensas de otros.

❧ no minimice los logros y capacidades de otras personas, dele crédito cuando éste sea meritorio.

❧ no se vanaglorie de sus propios logros. Los hechos son más importantes que las palabras.

❧ dele a otras personas la oportunidad de ser el centro de atención. Todos tenemos la oportunidad. Sea modesto cuando llegue su turno.

❧ sea generoso a la hora de la victoria y cortés a la hora de la derrota.

❧ no sea adulador para congraciarse con los demás.

❧ respete a las demás personas y recibirá respeto.

❧ no intente impresionar a los demás con su inteligencia. Utilice palabras que comuniquen, no establezca un nivel de superioridad.

❧ sea discreto acerca de los temas que trata. No discuta sobre temas controversiales, como religión, política y razas, en lugares o momentos que no sean los apropiados.

❧ no divulgue chismes ni esté de acuerdo con la gente que lo hace. Si no puede defender a la persona de la que se está hablando, cambie de tema o retírese.

❧ tenga presente que todo conflicto siempre tiene dos versiones: usted está escuchando sólo una de ellas.

- ❧ no aburra a los demás contando sus desventuras, problemas o intereses personales.

- ❧ no permita que lo hagan enojar. Cuando usted pierde el control a causa de otra persona, está permitiendo que esa persona controle sus reacciones. No permita que esto suceda.

- ❧ siempre, pero siempre, siga la Regla de Oro: si trata a los demás como quisiera ser tratado, nunca tendrá que preocuparle si le agrada o no a los demás. Su mayor problema será encontrar la gran cantidad de tiempo que le requerirán sus amigos para que comparta con ellos.

Quizá deberíamos concluir este capítulo con una nota de advertencia: una Personalidad Agradable puede darle algunas o incluso todas las cosas que desea, por un tiempo, pero a la larga, debe haber algo sustancial. No podrá continuar así por siempre simplemente porque le agrada a la gente.

Su personalidad puede ayudarlo a conseguir un empleo, pero es importante saber cuándo dejar de venderse y comenzar a trabajar. La personalidad por sí sola no es suficiente. En algún momento, debe producir.

Capítulo 9
Autodisciplina

Según la filosofía del éxito promulgada por Napoleon Hill y W. Clement Stone, la Autodisciplina puede describirse como la contracara del Entusiasmo. En una oportunidad, Hugh Stevenson Tigner realizó la siguiente observación: "El Entusiasmo siempre exagera la importancia de las cosas y pasa por alto sus deficiencias". La Autodisciplina es el principio que canaliza su Entusiasmo y lo dirige en la dirección correcta. Napoleon Hill decía que el Entusiasmo sin Autodisciplina se asemeja a un rayo liberado durante una tormenta eléctrica; puede caer en cualquier lugar y llegar a ser destructivo. En términos simples, Autodisciplina significa tomar el control de su mente, de sus hábitos y de sus emociones. No podrá ser líder ni podrá alcanzar el éxito en ninguna actividad si no domina su Autodisciplina. Como dijo William Hazlitt: "Sólo aquellos que pueden estar al mando de sí mismos pueden estar al mando de otras personas".

Como muchos de los otros principios del éxito, la Autodisciplina debe practicarse de manera constante. Nunca se aprende por completo, sólo se hace más fácil con la práctica. Si se compromete con usted mismo a realizar cierto número de llamadas telefónicas de negocios por día, llueva o truene, tenga ganas o no; si se obliga a cumplir con las fechas de entrega que le exigen en su trabajo; si se obliga a continuar con un proyecto hasta finalizarlo; si reemplaza a conciencia los malos hábitos por otros positivos, estará en el camino correcto para desarrollar la Autodisciplina.

Si analiza la vida de personas exitosas en diferentes negocios o profesiones, encontrará que ellos tienen la disciplina necesaria de hacer lo necesario para completar un trabajo. Se concentran en sus metas con tal intensidad que logran eliminar lo trivial, y pueden concentrarse en la situación a resolver y mantenerse firmes en ello hasta alcanzar el éxito.

J. Peter Grace, presidente y director ejecutivo de W. R. & Grace Co., tenía casi setenta años cuando fue convocado por el presidente Reagan para encabezar una comisión de gastos del Estado, tarea que aceptó con gusto. Sin embargo, esa tarea voluntaria significaba que debería hacer malabares con una ya ajustada agenda para acomodarse a las presiones de tiempo inherentes a la labor de controlar el enorme presupuesto federal. No sólo presentó su informe en la fecha prevista, sino que también logró encontrar el tiempo para realizar dos avisos publicitarios en televisión y para recorrer el país con el fin de buscar el apoyo comunitario en su causa.

Al mismo tiempo, se encontraba ocupado en reorganizar la compañía. A principios de 1986 pagó 598 millones de dólares por acciones de la German Flick para adquirir nuevamente 26% de las acciones de su compañía, vendida más tarde por 227 millones de dólares, el negocio mayoritario de Grace en tiendas de productos deportivos Herman. También generó otros 500 mil millones en efectivo mediante la venta de otras empresas minoristas y restaurantes.

Al momento de escribir este libro, Grace se encontraba trabajando con un importante productor extranjero de cacao, con el fin de fortalecer la posición de la compañía Grace en el negocio de este producto.

En un artículo acerca de la tremenda reorganización de la compañía que realizó Grace, el columnista financiero Maxwell Newton escribió: "Así, Grace ha desembolsado 598 millones de dólares para los alemanes y ha movilizado unos 1,000 millones en efectivo, a través de varios movimientos espectaculares que ha realizado. A los setenta y cuatro años, Peter Grace ha transformado su compañía con un vigor y un entusiasmo tales, que podrían ser envidiados por hombres con la mitad de su edad. Dueño de una incalculable fuente de energía, es padre de nueve hijos quienes, a su vez, le han dado dieciséis nietos. Una vida extraordinaria".[26]

La labor de reducción del presupuesto federal le valió mucha publicidad —en algunos casos buena y en otros no tanto—, aunque ya era legendario en los círculos de negocios por su vitalidad sorprendente y su disciplina personal. Cuando se le preguntó qué principios del éxito practicaba en forma personal y admiraba en los demás, respondió sin dudar: "La dedicación completa. Usted debe realizar los sacrificios que sean necesarios para completar un trabajo. Si no es disciplinado, no lo podrá hacer. Si quiere beber un trago o mirar televisión, no podrá hacer lo necesario. Eso no es disciplina."

Grace no bebe alcohol, no fuma, ni mira la televisión. Prefiere destinar sus energías a cosas de mayor importancia en la vida. Su día normalmente comienza a las 6 de la mañana y no desperdicia ni un solo minuto desde que se levanta hasta que se acuesta, al finalizar el día. Toma su baño en la noche,

---

26 Maxwell Newton, Your Business, "Peter Grace at 72: amazing career continues", *New York Post*, 15 de mayo de 1986.

para ahorrar tiempo en la mañana, y durante el viaje desde su hogar en Long Island hasta su oficina en Manhattan, dicta la correspondencia a una de las seis o siete secretarias que tiene a su disposición. Almuerza en su escritorio, mientras lee el correo, y, en el viaje de regreso a casa, a menudo dicta más cartas y memos o realiza llamadas telefónicas con uno de los dos teléfonos que lleva en su automóvil. Luego de cenar con su esposa, generalmente dedica otras cuatro horas a revisar informes u otros papeles antes de terminar su día laboral.

Con el fin de controlar directamente sus operaciones comerciales remotas, Grace viaja constantemente en su "oficina con alas", un avión equipado con escritorios, teléfonos, máquinas fotocopiadoras y personal completo. Para cumplir siempre con sus horarios, usa dos relojes. El de su muñeca izquierda tiene la Hora Oficial del Este y el de la derecha, la hora local del lugar en que se encuentra en ese momento.

Grace ha elevado la Autodosciplina hasta una forma de arte que la mayoría de nosotros puede sólo admirar.

En su lista de éxitos *Creating Wealth (Generando riqueza)*, Robert G. Allen escribe: "En los vestidores y en los comedores hablarán acerca del éxito, de convertirse en exitosos y de la suerte. 'Algún día tendré suerte.' 'Algún día me haré rico.' Ni siquiera se detienen a pensar en los años de preparación que se necesitan para alcanzar el éxito. Los sacrificios. La planificación. La coordinación. Las noches sin dormir. El precio que se debe pagar".[27]

---

27 Robert G. Allen, *Creating Wealth*, Nueva York: Simon and Schuster, 1983, citado por Albert E. N. Gray, "The Common Denominator of Success", una conferencia ofrecida en la National Association of Life Underwriters, en forma de documento.

En su juventud, Don Miller parecía no tener el material necesario para tener éxito. Fue un estudiante poco brillante durante su paso por St. Petersburg, Florida, y mientras cursaba su primer año en la Florida State University, fue expulsado. Luego de dos años, a los veintidós, consiguió el puesto de asistente de la gerencia en el Lake Tahoe Sahara Hotel, pero parecía no tener rumbo. Luego, el Tío Sam hizo su llamado y Miller descubrió que su rumbo era Vietnam.

Ése fue el punto crucial en su vida. Como piloto de helicópteros, aprendió a disciplinarse y a confiar en sí mismo, lecciones que lo recompensaron luego de su regreso a los Estados Unidos. Cuando, durante la recesión de 1974, la compañía que le había prometido un gran futuro desapareció, no se afligió por la pérdida y salió en busca de nuevos horizontes.

Con un préstamo de 6,000 dólares, Miller y su esposa Lea Anna abrieron RainSoft de Denver, una compañía de purificación de agua. Su oficina era sólo una mesa de juegos en el sótano de su casa. No sabían nada acerca de cómo captar clientes. Así, comenzaron por buscar los nombres que empezaban con *A* en las páginas blancas de la guía telefónica y empezaron a llamar. Su primer cliente fue Karen Abbot y ése fue el comienzo de una franquicia que en la actualidad realiza ventas por más de 3 millones de dólares. La mesa de juegos de los primeros tiempos se convirtió en amplias oficinas y el equipo formado por marido y esposa creció hasta contar con un plantel de ciento diez empleados. Sus dos franquicias realizan más ventas que cualquiera de los otros trescientos distribuidores de la compañía.

Miller comenta: "Nadie atraviesa la escuela secundaria ni la universidad diciendo: 'No veo la hora de salir y vender sistemas de tratamiento de agua'." De hecho, muchos hubieran arrugado la frente ante esa idea, pero Miller aceptó el desafío con la misma disciplina y entusiasmo que había aplicado en las misiones en las que se jugó la vida en Vietnam.

Esa misma autodisciplina lo mantiene aún en su oficina entre doce y catorce horas por día, y lo ayuda a crecer y a aprender constantemente. Aprendió acerca del establecimiento de metas cuando, por ejemplo, se dio cuenta de que debía seguir su propio consejo, el mismo que le había brindado a un empleado que no avanzaba correctamente, por no establecer sus metas personales. Esa noche, Miller estableció una meta inmediata para incrementar las ventas de veinte a treinta unidades. La compañía alcanzó el objetivo inmediatamente, Miller entonces apuntó a cincuenta. Luego a cien. Ahora es de doscientos cincuenta y sigue aumentando.

El ascenso de Miller desde la pobreza hasta el éxito es un estudio sobre la autodisciplina necesaria para continuar sin importar las dificultades que se presenten. La Autodisciplina no es un principio del éxito que se aprende y se guarda para cuando se necesita. Es un hábito que se desarrolla con el uso constante y mediante el cual usted estará preparado para aprovechar las oportunidades que se le presenten.

El ya desaparecido Albert E. N. Gray lo expresó de la mejor manera, quizá, en un discurso brindado en la convención anual de la National Association of Life Underwriters en Philadelphia: "El común denominador del éxito —el secreto del éxito de cada hombre que ha sido exitoso en alguna oportunidad— reside en la formación del hábito de realizar las cosas que a los fracasados no les gusta hacer.

"Es tan cierto como suena y tan simple como parece. Puede ponerlo al trasluz, puede realizarle una prueba de acidez, puede darle vuelta hasta gastarlo, pero cuando haya terminado con todo eso, seguirá siendo el común denominador del éxito, nos guste o no nos guste.

"Las cosas que a los fracasados no les gusta hacer son exactamente las cosas que ni a usted, ni a mí, ni a los demás seres humanos, incluyendo los exitosos, naturalmente, nos gusta hacer. En otras palabras, desde el comienzo debemos darnos cuenta de que el éxito es algo que sólo logra una minoría. Por lo tanto, no es natural: no se logrará siguiendo nuestros gustos naturales ni guiándonos por nuestras preferencias y prejuicios naturales".

Jack y Gary Kinder, dos hermanos que dirigen una agencia consultora de seguros de Dallas inmensamente exitosa, han llevado la idea de Gray aún más allá. En un video de capacitación para el personal de ventas que se encarga de sus clientes, explican: "Todo propósito que fije o determinación que tome es simplemente una promesa a usted mismo que no vale absolutamente nada si no adquiere el hábito de hacerla y cumplirla. Y no conseguirá adquirir el hábito de tomar una determinación y llevarla a cabo a menos que, desde el comienzo, la ligue a un propósito definido que pueda ser alcanzado sólo si la lleva a cabo. En otras palabras, cualquiera sea el propósito que fije o la determinación que tome hoy, también deberá tomarla mañana, y el día siguiente, y el siguiente, y el siguiente y así todos los días. Además, la determinación no sólo debe tomarse cada día, sino que también debe defenderse cada día, ya que si deja un solo día de tomarla y defenderla, deberá volver al principio y comenzar todo de nuevo. Pero si continua el proceso de fijarse un propósito cada mañana y llevarlo a cabo cada día, finalmente se despertará una mañana convertido en una persona diferente en un mundo diferente, y se preguntará qué le habrá ocurrido a usted y al mundo en que vivía".

Este tipo de determinación y compromiso requiere de una enorme cantidad de autodisciplina y perseverancia. ¿Cómo desarrolla ese empuje tan personal? Wally Armbruster cree que proviene del hecho de tener un único competidor: usted mismo. Durante la mayor parte de su carrera, Armbruster fue director creativo en la oficina de St. Louis de una de las agencias publicitarias más grandes del mundo. Durante aquellos años, ganó varios premios a la creatividad en la industria de la publicidad; incluso, fue nombrado en dos oportunidades entre los 100 Creativos Notables de los Estados Unidos. En su libro *Where Have All the Salesmen Gone?* (*¿A dónde se han ido todos los vendedores?*), Armbruster dice: "Existe un único Competidor Verdadero. Lo tengo en tan alta estima que le he escrito un tributo —el cual coloqué en mi pared para que me recuerde su presencia. Parte del tributo dice así: 'Para mí', el Competidor Verdadero existe dentro de mí mismo. Usted puede encontrar el suyo en usted mismo.

"La diferencia entre este competidor y los otros radica en que nunca puede vencerlo. Siempre le lleva una pequeña ventaja. A medida que usted se hace más fuerte, él también lo hace. Cada vez que alcanza un nuevo nivel de excelencia, él le muestra un nivel superior que usted no había visto antes. En todo momento lo desafía a entregar más, a intentar con más persistencia, a llegar más alto, a cavar más profundamente, a hacer las cosas de un mejor modo que antes.

"No existe el resultado perfecto; ni siquiera para él.

"El Competidor Verdadero es tan exigente que puede llegar a ser deprimente o, por lo menos, una tremenda molestia. De todas maneras, es lo único que hace que El Juego valga la pena. Es muy divertido competir con él.

"Aunque si le gano alguna vez, sabré que he perdido".

Armbruster cuenta la anécdota de cuando dirigió a Joe Namath en un comercial: "Cuando llegamos al estudio de Nueva York, él ya había memorizado el libreto. Ensayamos algunas veces, le hice algunas indicaciones y realizamos la toma 1. Toma 2. Toma 3. Toma 4. Cada vez que yo sugería un cambio aquí o allá, él mejoraba un poco. Como actor, Joe era un excelente deportista. Luego de siete tomas, llegué a la conclusión de que eso era todo lo que le podía pedir, y todo lo que podía pretender de él, dadas las circunstancias. Dije: 'Eso es todo, Joe. Gracias'. Él dijo: 'Wally, ¿puedo hacer algunas tomas más? No estoy satisfecho todavía.'

"En la sala de control le comenté a su representante lo impresionado que estaba por su determinación de lograr la escena correcta, especialmente porque pensé que Joe Namath era algo así como un animal en celo: puro talento, pero más interesado en las mujeres y en la vida nocturna que en el trabajo.

"Su dijo representante: '¡Ajá! ¿Cómo demonios crees que Joe aprendió a arrojar la pelota tan bien? ¿Sólo con talento? Oye, todos los días realizaba cientos de pases al cesto, por su propio impulso, hasta que lograba hacerlo correctamente y quedar conforme'."

Resulta obvio, dice Armbruster, reconocer al Competidor Verdadero de Joe Namath. Y de Pete Rose. Y de Jonas Salk. Y de la Madre Teresa.[28]

---

28 Wally Armbruster, *Where Have All the Salesmen Gone?*, St. Louis: Piraeus Press, 1982.

George Washington Carver fue el científico más importante en el campo de la agricultura que los Estados Unidos haya dado. Se le atribuye la transformación del patrón de agricultura del Sur de ese país. Cuando llegó a la Tuskagee Alabama Normal and Industrial School en 1895, se había agotado gran parte de la riqueza de la tierra por tantos años de cultivar algodón. La rotación de cultivos para la recuperación de los minerales esenciales era desconocida hasta ese momento. Los granjeros simplemente talaban más árboles dejando que los suelos estériles se erosionaran. Era un ciclo sin fin. Sin vegetación, la capa superior de los suelos se erosionaba cada vez más.

Carver sabía que las plantas de maní y de batata tomaban sus nutrientes de la atmósfera y reponían nitrógeno y otros minerales esenciales a la tierra, los cuales la fertilizaban nuevamente. El problema yacía en que no existía un mercado para esas plantas. Se consideraba que el maní sólo servía como alimento para animales de circo y que las batatas se arruinaban rápidamente.

Carver se propuso cambiar las cosas. Elaboró harina, alcohol, vinagre y jarabe con las batatas, y tinturas, colorantes, queso, salsa Worcestershire y crema facial a partir del maní. En total, elaboró ciento dieciocho productos diferentes con las batatas y halló trescientos usos diferentes para el maní.[29]

Cuando en 1919, las United Peanut Associations of America celebraron su convención en Montgomery, Alabama, la producción de maní se encontraba en segundo lugar por debajo de la producción de algodón. Representaba un negocio de 80

---

29 Anne Terry White, *George Washington Carver*, Nueva York: Random House, 1953.

millones de dólares en los Estados Unidos, pero la mayoría de las personas que cultivaban el maní ni siquiera sabían que era Carver quien les había brindado tal prosperidad.

Para ellos era sólo un excéntrico anciano de color, aficionado a la investigación de la agricultura en el Tuskegee Institute. Sin embargo, un miembro del grupo insistió en que debían aprender tanto como pudieran sobre su producto, con el fin de educar al público estadounidense. Invitaron a Carver a asistir a su reunión, para que hablara sobre sus experimentos.

Cuando llegó al hotel, el portero no le permitió el ingreso, porque era negro. Pero Carver ya estaba acostumbrado a tales desprecios. Había llegado al Sur para ayudar a su gente y se prometió a sí mismo que traería prestigio a su raza, sin importar las humillaciones personales que tuviera que soportar.

Los cultivadores de maní estaban tan impresionados con sus descubrimientos, que uno de los miembros de la asociación, y, además, congresal, lo invitó a dirigirse ante la Congressional Ways and Means Committee, en Washington. Carver viajó en tren toda la noche, sentado en un incómodo banco de madera, en el coche destinado a las personas negras, con el fin de aprovechar la oportunidad de presentar sus descubrimientos ante la comisión.

La autodisciplina que le permitió a Carver ignorar todo prejuicio y trabajar incansablemente hacia el logro de sus metas le ganó el respeto de muchos de los hombres importantes de su época. Thomas Edison envió a un asistente a Tuskegee para convencerlo de que trabajara en sus laboratorios con una remuneración de seis cifras. Otros lo siguieron. Se dice que Henry Ford lo consideraba el científico más grande del mundo. Sin embargo, la respuesta era siempre la misma. Carver rechazaba las ofertas y devolvía los cheques. Sólo quería ayudar a su gente y mostrar a los Estados Unidos que un hombre negro podía realizar las mismas cosas que un hombre blanco.

En Tuskegee se inauguró un museo en honor a su trabajo y dieciocho escuelas llevan su nombre. Durante una cena en la casa de Theodore Roosevelt en Nueva York, ante un grupo de doscientos invitados, le fue entregada la Medalla Roosevelt, distinción por los servicios en el campo de la ciencia, como premio a un hombre que, siendo bebé, había sido vendido a Moses Carver a cambio de un caballo de carreras de 300 dólares.

Napoleon Hill escribió: "La Autodisciplina permite poner en funcionamiento la voluntad y seguir adelante cuando el camino es difícil y el fracaso parece encontrarse a la vuelta de la esquina.

"Existen dos momentos en la vida en los cuales necesita de los hábitos más refinados de autodisciplina para salvarse de la ruina. Uno, cuando lo alcanzan el fracaso o la derrota; el otro, cuando comienza a elevarse a los niveles más altos del éxito.

"La Autodisciplina le enseña que el silencio es con frecuencia lo más apropiado y le brinda más ventajas que las palabras inspiradas por el enojo, el odio, los celos, la avaricia, la intolerancia o el miedo. Es el medio por el cual usted desarrolla y mantiene el hábito inapreciable de pensar en el posible efecto de sus palabras, antes de transmitirlas".[30]

---

30 "Napoleon Hill Revisited: On Self-Discipline", asesor del PMA, julio de 1985.

Capítulo 10
Administración
del Tiempo y del Dinero

La Administración del Tiempo y del Dinero sería sin duda suficiente para llenar una gran cantidad de libros, escritos por expertos de casi todas las materias. No trataremos aquí en detalle todos los aspectos de estas áreas un tanto complejas. Por el contrario, vamos a considerar este principio de la manera en que lo hace W. Clement Stone: desde el punto de vista de la Administración del Tiempo y del Dinero como motivador, es decir, de qué manera lo puede ayudar a motivarse y a inspirar a los demás.

Sencillamente, tanto el tiempo como el dinero son factores de gran importancia en el momento de determinar cómo se siente usted consigo mismo. Cuando pasa su tiempo de manera sabia y administra su dinero con prudencia, se siente bien con usted mismo. Por el contrario, si toma la costumbre de perder el tiempo o de malgastar el dinero, comienza a rodar en una espiral que, en el peor de los casos, llega a manifestarse como un sentimiento de inutilidad y, en el mejor de los casos, como un sentimiento acosador que lo hace pensar que podría haber hecho algo más con su vida si tan sólo hubiera sido más prudente en la administración de sus recursos.

Al igual que los demás principios para el éxito, la Administración del Tiempo y del Dinero es un hábito que se expande de manera sustancial con la práctica. Cuanto mejor administra su tiempo, más consigue, porque no sólo utiliza su tiempo con mayor sabiduría, sino que también lo utiliza con mayor eficacia. Descubre maneras más rápidas y eficaces de realizar las tareas diarias y aprende a establecer prioridades. Descubrirá que puede dar curso a tareas que antes parecían aburridas y que le hacían perder el tiempo. Luego, puede seguir con las tareas más interesantes y desafiantes. En el trabajo voluntario existe un viejo dicho que dice: "si quieres conseguir que un trabajo se termine, busca a una persona ocupada para hacerlo".

De alguna manera, parece que aquellos que tienen que hacer más de lo que pueden cumplen con más cosas que aquellos que tienen bastante tiempo libre para terminar una tarea. Han aprendido que estar en acción facilita hasta los peores trabajos. Una vez que comienza a hacer el trabajo, no parece tan difícil como cuando se sentaba preocupado a pensar cuán difícil creía que iba a ser. La frase motivadora de W. Clement Stone: "¡Hazlo ya!", funciona aun más cuando se trata de la administración del tiempo. La falta de decisión para hacer las tareas que uno tiene pendientes lleva a la falta de autoconfianza, a la preocupación innecesaria y a más falta de decisión.

La buena administración del dinero también es un gran motivador. Aumentar sus ganancias netas, acumular riquezas para poder ayudar a otros y por las ventajas que le puede traer a usted y a su familia, son objetivos que valen la pena. Sin embargo, la mejor ventaja de administrar sus ingresos y sus gastos es que libera a su mente para poder concentrarse en alcanzar sus metas. Si usted sabe que los gastos están cubiertos y que no tiene que preocuparse por pagar sus cuentas, puede destinar todo su tiempo y toda su energía en alcanzar sus metas. Y alcanzarlas se torna más fácil. Sencillamente usted se siente mejor y más exitoso, atrae a otras personas, porque a ellos les gusta tratar con gente exitosa.

La seguridad económica también trae una tranquilidad mental que le permite organizar mejor su vida. Una cartera de inversiones próspera elimina muchas de las dudas asociadas con los problemas financieros. Ya no tiene que preocuparse por un gasto inesperado que pueda hacer que los fondos de su negocio o de su familia se venga abajo; ni le preocupa perder un buen cliente o incluso su trabajo. Puede tomar decisiones sobre su carrera y su negocio basándose en el mérito más que en la conveniencia y puede arriesgarse a seguir una idea que tiene gran potencial, si sabe que está protegido en contra de cualquier tipo de desastre. Una buena reserva de dinero es la mejor póliza de seguros para su carrera y su negocio.

A pesar de que la Administración del Tiempo y del Dinero están muy conectadas (como dijo Baron Lytton, "el tiempo es oro"), con el fin de debatir, analizaremos estos dos puntos por separado.

Legh Richmond, clérigo británico del siglo XVIII, dijo alguna vez: "Existe un momento para nacer y un momento para morir, dice Salomón —y es el impulso fundamental de un hombre realmente sabio—; pero existe un intervalo de infinita importancia entre esos dos momentos".

El eufemismo irónico de Richmond resalta el hecho de que podemos hacer lo que deseemos con nuestro tiempo. Pero el tiempo perdido no se puede recuperar. Se ha ido para siempre. Tal vez sea por esta razón que gran parte de lo que se ha escrito es negativo. Hemos llegado a ver al tiempo como algo más que una tiranía implacable. Walter John de la Mare describe al tiempo como "eras corriendo, río silencioso". Hay un proverbio inglés que dice "el tiempo y las mareas no esperan a nadie".

Un filósofo italiano dio una mejor definición del tiempo, al compararlo con un "patrimonio". Haciendo referencia a esta comparación, el Royal Bank de Canadá publicó en un boletín lo siguiente: "Es un patrimonio de magnitud considerable". Si considera que la expectativa de vida promedio es de setenta y un años, eso sería 25 915 días o 621 960 horas, según el cálculo del banco. "Dado que una gran proporción la debemos gastar en necesidades como dormir, comer y ganarnos la vida, igualmente nos queda una gran cantidad para gastar como deseemos.

"Sin embargo, el paralelo con el patrimonio sólo llega hasta allí. Si gastáramos una herencia financiera, siempre tendríamos al menos la posibilidad de recuperar una parte. Pero si vivimos hasta los cien años, a cada uno de nosotros se nos ha asignado una cantidad fija de tiempo y no tenemos la posibilidad de rogar, pedir prestado o robar más tiempo".[31]

Para la mayoría de nosotros, las veinticuatro horas del día que nos han sido asignadas pueden dividirse en tres partes:

- horas de sueño
- horas de trabajo
- horas de recreación

No hay demasiadas cosas que usted pueda o deba hacer para alterar las horas de sueño. Algunas personas necesitan

---

31 "Making the Most of Time", *The Royal Bank Letter*, The Royal Bank of Canada, volumen 67, número 1, enero-febrero de 1986.

más o menos horas que otras, pero a la persona promedio, por lo general, le alcanza con seis a ocho horas nocturnas (lea más acerca de este tema en el capítulo 11, "Conservar la Salud Física y Mental").

Con respecto a las horas de trabajo productivo, existen muchas variables que influyen en nuestra eficacia. Tal vez para la mayoría de nosotros la técnica de administración más difícil de adquirir sea el delegar. Comenzamos nuestras carreras "haciendo", siendo los responsables de realizar el trabajo o de completar un proyecto. Como resultado, desarrollamos un estilo de hacer las cosas que creemos es el correcto y tenemos problemas para aceptar el hecho de que existen muchas otras maneras de hacer lo mismo. Es natural creer que nosotros hacemos el trabajo mejor que nadie.

El problema es que, a medida que asciende, cuenta cada vez con menos tiempo para realizar el "trabajo", propiamente dicho. Su tiempo se ve consumido por el planeamiento, las reuniones, la administración y el hecho de guiar a sus empleados. A menos que aprenda a delegar eficazmente, su eficacia decaerá de manera drástica. En algún momento llegará al punto donde le será imposible hacer —o incluso revisar— todo el trabajo de sus empleados. Debe contratar buena gente, confiar en que harán el trabajo correctamente y crear un entorno de confianza mutua, donde se sientan libres de acercarle a usted los problemas, no para que les dé una respuesta, sino para discutir las alternativas. Su sabiduría y experiencia deben servirles como ayuda para que ellos tomen sus decisiones, no para que usted lo haga. Si usted resuelve todos los problemas por ellos, les estará quitando la oportunidad de crecer y madurar como directivos.

Naturalmente, existen cuestiones de política, gastos importantes y demás, que requieren de su aprobación como gerente, pero si alienta a sus empleados a acercarse con sugerencias, en lugar de preguntas, los alienta a pensar por sí mismos, y usted puede distribuir mejor su tiempo. Si ellos ya han pensado las alternativas, usted puede tomar una decisión rápidamente y no perder tiempo buscando soluciones que ellos deberían haber elaborado. Un gerente que conocemos siempre respondía de la misma manera cuando la gente le presentaba algún problema: "No me interesan los problemas, sino las soluciones".

Si está leyendo esto justo en el momento en que comienza su carrera, debe estar pensando: "todo es magnífico, pero no tengo a nadie a quien delegarle nada; tengo que hacer todo solo". Sin embargo, raramente es ése el caso. Puede ser que no cuente con empleados que le rindan cuentas, pero sí interactúa con colegas, gerentes y otros departamentos cuyos esfuerzos se complementan con los de usted y viceversa. Si los llama para pedirles ayuda con respecto a las áreas en que se especializan, compensará su tiempo. Se liberará para hacer más cosas de su especialidad.

Si, por ejemplo, usted es un vendedor especializado, para sus clientes usted es la compañía y la compañía lo sabe. También existen grupos que se encargan de la contabilidad, los créditos y las cobranzas, la relación con los clientes, la publicidad, las relaciones públicas y demás, que pueden colaborar con sus clientes. Comuníquese con esos sectores para que lo asistan o para que le proporcionen algunas ideas que puedan ayudar con sus esfuerzos de venta. Una ayuda muy valiosa es la que le puede brindar el departamento de Relaciones Públicas, difundiendo en alguna publicación comercial un artículo acerca de algo nuevo y diferente que esté haciendo un cliente suyo con un producto o servicio que usted le provea. Ésa es una forma de delegar: se resume en expandir su capacidad trabajando con y a través de otros.

Si su trabajo es tan especializado que sólo usted lo puede realizar, gane experiencia de gestión y coordinación realizando tareas voluntarias en comités y grupos de trabajo de asociaciones comerciales y sociedades profesionales de su industria. La mayoría de estos grupos cuentan con muy poca gente y seguramente le darán la bienvenida a un trabajador voluntario. No sólo obtendrá una invaluable experiencia en dirigir, sino que además incrementará su notoriedad. La gente de la compañía y las personas fuera de ella reconocerán su talento y dinamismo.

Otro problema común de la administración del tiempo es la trampa de la actividad. Si estamos constantemente ocupados, pensamos, debemos conseguir terminar muchos trabajos. La falla de esta suposición se encuentra en que la actividad no necesariamente produce resultados. Peter A. Turla y Kathleen L. Hawkins, en su libro *Time Management Made Easy (La administración del tiempo simplificada)*, comparan esto con cazar elefantes y pisar hormigas. "Una clave importante para ser exitoso en cuanto a la administración del tiempo es hacer que su prioridad más alta sea cazar elefantes. Esto significa ir detrás de sus metas más decisivas y grandes todos los días y minimizar el tiempo que pasa pisando hormigas, esos detalles triviales que llevan mucho tiempo.

"Siempre habrá hormigas y elefantes en nuestras vidas. Desafortunadamente, muchos cazadores de elefantes terminan pisando hormigas. El peligro está en hacer de esto una carrera."[32]

Por supuesto, estos autores apuntan al establecimiento de metas. "Primero usted debe identificar cuáles son sus elefantes, an-

---

32 Peter A. Turla y Kathleen L. Hawkins, M. A., *Time Management Made Easy*, Nueva York: E. P. Dutton, 1983.

tes de poder cazarlos. Si tiene el propósito definitivo de su vida identificado, luego será cuestión de decidir si dicha actividad lo ayudará o no a alcanzar su meta. Si es así, vale la pena que le dedique su tiempo. Si no lo es, es hora de volver a evaluar cómo utiliza su tiempo."

Para ilustrar este punto, Turla y Hawkins invocan la regla 80/20, que en líneas generales establece que 20% de sus esfuerzos generan 80% de los resultados. El principio se aplica a casi todas las actividades. Si realiza los quehaceres domésticos, por ejemplo, el 20% de la casa acumula 80% de la suciedad. Limpie con mayor frecuencia las áreas de mayor tránsito y deje que las demás habitaciones esperen unos días más.

Lo mismo ocurre con las ventas. Si su situación es como la de la mayoría, 80% de sus ventas derivan de 20% de los clientes. Turla y Hawkins aconsejan dedicarle más tiempo a las áreas que le darán mayor retribución. Puede aplicar la regla 80/20 en cada área de su negocio. Probablemente 20% de los empleados realicen 80% del trabajo; haga un reconocimiento de ello y retribúyalos de manera acorde. Esto no sólo motiva a 20% a apuntar a niveles más altos de logros, sino que la otra parte comprenderá que ése es el camino que hay que seguir. Usted entiende la idea.

Por supuesto que la clave es que todas las técnicas de Administración del Tiempo son técnicas de ayuda planificadas.

Cualquiera sea el sistema que utilice, el resultado final es que sólo usted decide de qué manera utilizará su tiempo. Estableciendo prioridades y fijando fechas límite, usted decide cuándo y cuánto tiempo le dedicará a una actividad determinada.

El control comienza con la planificación. Pero el problema con la mayoría de los planes es que los formulamos, los guardamos en un cajón y nos olvidamos de ellos hasta que llega el momento de actualizarlos al año siguiente. Por supuesto, los planes no deberían funcionar de esa manera.

Anna Lakein, asesora de administración del tiempo, compara la diferencia entre un planificador profesional y un aficionado en el campo de la fotografía. El aficionado toma algunas fotografías, espera ansioso a que sean reveladas y se decepciona cuando, de todo un rollo, sólo una o dos salen como él esperaba.

En cambio, el profesional saca varios rollos, desecha las fotografías que salieron con poca luz o que no salieron bien y se queda con unas pocas, con las que está contento. El profesional puede llegar a sacar mayor cantidad de fotografías malas que el aficionado, dice Lakein, pero dado que ha sacado tantas, no son pocas las que realmente le agradan. El profesional lleva el proceso incluso más allá, trabajando en el cuarto oscuro para revelar lo mejor de los mejores negativos. Alterando el tiempo de exposición, de sellado, etc., cuando logra imprimir lo mejor de lo mejor, termina ganando un premio a la mejor fotografía.

La misma clase de disparidad existe entre el planificador ocasional de tiempo y el formal. Lakein dice: "Aquel que planifica el tiempo de manera ocasional le apunta a su meta, pero puede llegar a errarle por completo al blanco. No está conforme con los resultados. Parece que no vale la pena el esfuerzo. Concluye enseguida que no es buen planificador y se rinde.

"Por el otro lado, el planificador formal analizará varias veces y con frecuencia sus planes. Lo que comienza como una jungla de conflictos desordenados y poco definidos, poco a poco se va aclarando. Un disparo al aire en realidad no representa una meta planeada de la cual nos deshacemos. Mientras más refinamos y elaboramos aspectos importantes del plan, mayor significado adquieren éstos.

"Revise a lo largo del día el seguimiento de sus planes. Busque los problemas, las suposiciones erróneas, las complejidades y las dificultades, y corrija aquello que estaba equivocado. Al igual que el fotógrafo profesional, hace algunos ajustes y es cada vez mejor en lo que hace".[33]

W. Clement Stone propone un último pensamiento acerca de la importancia de distribuir el tiempo. Recuerda que la primera vez que salió a vender seguros le habían enseñado a "intentar venderle a todas las personas que visitaba".

"Por lo tanto, me instalaba junto a cada posible cliente", dice. "Algunas veces lo cansaba, pero cuando me retiraba de su lugar de trabajo, yo también me sentía exhausto. Me parecía que en la venta de un servicio de bajo precio, como el que yo ofrecía, era necesario que consiguiera más ventas por hora de esfuerzo.

"Decidí no venderle a todas las personas que visitaba, si la venta iba a tomar más tiempo del que me había puesto como límite. Intentaría alegrar al cliente e irme rápido, aunque supiera que si me quedaba más tiempo con él, podría concretar la venta.

"El resultado fue increíble. Logré aumentar enormemente el número de ventas diarias. Más aún, muchas veces el cliente pensaba que iba a discutir, pero cuando me retiraba tan pacíficamente, venía a la oficina de al lado, donde estaba vendiendo, y me decía: 'No puedes hacerme esto. Cualquier otro vendedor hubiera sido más insistente. Vuelve y escríbelo'. En lugar de sentirme agobiado después de intentar concretar una venta, sentía entusiasmo y energía para presentarme ante la próxima persona.

---

33 Alan Lakein, *How to Get Control of Your Time and Your Life*, Nueva York: New American Library, 1973.

"Los principios que aprendí son simples: la fatiga no conduce a la realización del mejor trabajo. No reduzca sus energías al punto de consumir toda su batería. El nivel de actividad del sistema nervioso se eleva cuando el cuerpo se recupera con el descanso. El tiempo es uno de los ingredientes más importantes en cualquier fórmula exitosa de toda actividad humana. Ahorre tiempo. Inviértalo sabiamente".[34]

Así como debe elegir cuidadosamente la manera de utilizar su tiempo, debe elegir bien para quién trabajar y con quién pasar su tiempo. Elija una compañía cuya cultura y estilo cuadren con las metas que usted tiene y con su personalidad. Si le agrada y respeta la compañía y la gente con la que trabaja, tendrá más éxito que si realiza un trabajo que no le gusta o que si la compañía realiza actividades que usted no cree relevantes.

Si es de la clase de persona con iniciativa empresarial que prefiere realizar sus propias operaciones, elija una línea de negocios que valore y trabaje con clientes que le agraden. Contrate empleados que compartan sus metas y su estilo de trabajo. Elija a sus socios, compañeros de negocios y amigos, no permita que ellos lo elijan a usted. ¡Sea proactivo y no reactivo!

Aunque debe resultar imposible estimar la importancia de administrar las horas de trabajo que dedica a perseguir sus metas y objetivos, la manera en que utiliza sus horas de recreación debe tener mayor influencia en su carrera y en su eventual éxito que las horas que le dedica al trabajo. Si duerme de seis a ocho horas diarias y trabaja de ocho a diez horas, todavía le quedan de seis a diez horas diarias para hacer lo que desee.

---

34 W. Clement Stone, *The Success System That Never Fails*, Nueva York: Simon & Schuster, 1962.

Las horas de recreación son como el excedente de ingresos que queda luego de haber pagado todos los gastos básicos para vivir. Si invierte el excedente disponible de manera inteligente, aumentará y generará dividendos; lo mismo ocurre con el tiempo excedente. Le dará mayores recompensas a su inversión que las que le puede dar el dinero, siempre que lo invierta con sabiduría.

Napoleon Hill dijo que Andrew Carnegie le atribuía cada promoción que obtenía, mientras fue trabajador asalariado, a las cosas que hacía en su tiempo libre. En sus ratos libres hacía cosas por las que no le pagaban, y ésas fueron las cosas que lo convirtieron en el gran exitoso que fue.

Aunque es importante descansar y relajarse, también es importante dedicar parte de las horas de recreación a actividades que lo ayudarán a progresar. Mirar un partido de fútbol por televisión no le brindará el grado de satisfacción o preparación para el éxito que le puede dar leer un libro de autoayuda, trabajar para obtener un título de nivel secundario, terciario o universitario, o asistir a un seminario. Como mínimo, debería destinar una o dos horas diarias a realizar actividades que le permitan ascender al próximo peldaño en la escalera del éxito.

Stone recomienda dedicar de media a una hora diaria al pensamiento creativo. Busque un lugar tranquilo donde pueda estar solo con sus pensamientos, utilice las técnicas de relajación que se explican en todas las secciones de este libro y piense en sus metas y deseos; comuníquese con su ser interior. Desarrolle su capacidad de utilizar el poder de su mente inconsciente para resolver problemas, visualizar metas y volver a dedicarse a los hábitos para alcanzar el éxito. A la edad en que la mayoría de los hombres de su misma posición económica deberían contentarse con revivir sus días de gloria, Stone está en su estudio hasta la madrugada pensando y planificando las direcciones futuras de todos los intereses comerciales y organizaciones filantrópicas que supervisa.

Él cree que usted nunca tendrá éxito en nada a menos que esté dispuesto a dedicarle algunas horas de su tiempo "libre" al trabajo productivo y creativo. Y eso toma más de ocho horas diarias.

La gente más exitosa también dedica una porción de sus horas de recreación a brindar apoyo a sociedades profesionales, a organizaciones comerciales y a agrupaciones civiles y de caridad. El sentido de la responsabilidad debe ser parte de la razón, devolverle algo al negocio o profesión que los ha beneficiado o compartir sus conocimientos con gente más joven para ayudarlos a avanzar en sus carreras. La satisfacción que brinda el ayudar al menos afortunado constituye otra parte. Pero el gran beneficio de dicho compromiso es que brinda variedad, una ruptura de la rutina que, por su propia naturaleza, levanta el ánimo y revitaliza.

El dinero puede jugar diversos roles en la fórmula de su éxito personal. Cuando comenzamos nuestra carrera, la mayoría de nosotros hacemos grandes esfuerzos por amoldarnos y darnos unos pocos lujos a nosotros y a nuestra familia. Cada promoción es valorada en mayor medida por el ingreso adicional que proporciona que por el estatus y posición que ofrece. Más tarde, cuando nuestras necesidades básicas están cubiertas, comenzamos a concentrarnos en invertir y acumular riquezas, para brindarles educación a nuestros hijos, para nuestra jubilación y para construir una propiedad para que disfruten nuestros herederos. En algún momento, si acumulamos las riquezas suficientes —según la gente exitosa que entrevistamos—, el dinero se convierte en una tarjeta que mide el éxito. Dicen que llegamos a un punto donde el dinero ya no es un motivador, a menos que se trate de montos elevados que alteren nuestro estilo de vida de manera significativa.

Lo que nos ofrece la administración cautelosa del dinero, como ya fue explicado con anterioridad, es seguridad y una visión neutral y objetiva que nos permite realizar una carrera y tomar decisiones comerciales inteligentes.

Aunque los expertos difieran en sus métodos para acumular riquezas, existen algunos elementos básicos en los que la mayoría coincide, que son fuertes enfoques fundamentales. La primera regla es que la Administración del Dinero lleva tiempo. La mayoría de las actividades más simples —como planificar las compras y los gastos de la vivienda, pagar las cuentas, anotar los gastos y hacer el balance de su chequera— consumen más tiempo. Las transacciones más complicadas —como comprar una casa o alquilar una propiedad y administrar las inversiones— son más complejas y consumen aún más tiempo. El asesor financiero Allan Willey calcula que la administración del dinero requiere entre 10% y 20% del tiempo que uno dedica para ganarlo, y dice que eso es aplicable en todos los casos.[35]

Por supuesto, luego están los impuestos. Como dijo un cómico: "Las únicas cosas seguras en la vida son la muerte y los impuestos; la principal diferencia es que la muerte no empeora cuando el Congreso entra en sesión".

Esta declaración resalta el hecho de que la ley tributaria ha llegado a ser tan compleja, y en los últimos años ha cambiado tanto y tan rápidamente, que la gente común nunca llega a estar informada a profundidad. Incluso, si se mantiene

---

35 Allan D. Willey, *Making the Most of What You've Got*, Eugene: Harvest House Publishers, 1982.

actualizado sobre los anuncios de cambios de leyes y normas mediante periódicos y revistas, o si compra y estudia manuales y guías de autoayuda, no estará excluido de las normativas internas e interpretaciones de la organización recaudadora. A menos que presente una declaración estándar de las deducciones, probablemente necesite un buen contador especializado en el área impositiva. Prestan una ayuda valiosísima y, por lo general, le va a costar menos abonarles sus honorarios que abonar los impuestos de los que lo pueda salvar.

Incluso si presenta una declaración estándar, probablemente esté pagando demasiados impuestos y necesite un contador especializado que le aconseje estrategias de inversión que le permitan desglosar las deducciones y ahorrar más. Un asesor contable dinámico cuida sus intereses; intenta minimizar dentro del marco legal los impuestos que usted debe abonar. Después de todo, cuando esté solo contra miles de personas del organismo recaudador, necesitará de toda la ayuda profesional que pueda conseguir. Existe, además, un beneficio extra en el hecho de tener un asesor contable: si alguna vez la institución recaudadora de impuestos le realiza una auditoría, su asesor contable se presenta con usted como si fuera su abogado, explica su posición y protege sus intereses. Usted ya no tendrá que actuar como asesor contable ni como abogado.

Recuerde que ahorrar en impuestos puede ser útil para consolidar inversiones. Cuando reduce sus impuestos legalmente, se autoasigna un aumento de sueldo.

Como cualquier otro aspecto de su fórmula del éxito, si desea adquirir independencia financiera, primero debe establecer sus metas. Debe decidir cuánto puede ahorrar e invertir. Usted conoce mejor que nadie su situación económica; puede decidir solo cuánto y en qué debería invertir. Sin embargo, los asesores financieros coinciden en que, a menos que trabaje con el mismo esfuerzo para alcanzar sus metas financieras que para las metas de su carrera, nunca acumulará demasiado en el camino de las riquezas.

Venita Van Caspel, autora y asesora financiera reconocida a nivel nacional, dice en su libro *Money Dinamics for the New Economy (El dinamismo del dinero para la nueva economía)* que luego de buscar las razones del fracaso financiero, ha encontrado seis.

La primera es la falta de decisión, por lo general, producida por la falta de buenos hábitos relacionados con los gastos durante la niñez. "No postergue su futuro financiero", resalta, "haga que la frase '¡Hazlo ya!' sea su eslogan el resto de su vida".

La segunda causa de fracaso es el hecho de no establecer una meta. La diferencia que existe entre la gente exitosa y los demás es que los primeros saben hacia dónde se dirigen. Escribe: "Todos tienen una meta. Si algo les impide llegar a la meta o si algo no sale como lo planearon, sencillamente se recuperan y vuelven a tomar la dirección hacia su meta".

Tercero, la gente desconoce el papel que juega el dinero para conseguir una meta financiera. En gran medida, Van Caspel culpa al sistema educativo que se concentra en enseñar habilidades vocacionales, pero es deficiente a la hora de enseñar la administración contable. El mensaje es: si usted no sabe cómo administrar el dinero, deberá aprender. El doctor Norman Vincent Peale dice: "Si usted no controla su dinero, éste lo controlará a usted".

Cuarto, la gente no logra aprender a aplicar las leyes impositivas. "Aprenda las reglas del juego relacionadas al dinero y a los impuestos", dice Van Caspel. "Usted está involucrado en un juego serio de supervivencia financiera."

Quinto, asegúrese de adquirir el seguro de vida adecuado.

Sexto, y último, Van Caspel dice que la gente no logra desarrollar independencia financiera debido a que no logra desarrollar una mentalidad triunfadora. "La línea que separa el éxito del fracaso es a menudo ínfima. Se la puede cruzar si se estimula el deseo, si se cuenta con una guía competente y si se proporciona la cantidad suficiente de valor y de incentivo. Existen varias partes vitales relacionadas con la psicología del triunfo, pero algunas de las más importantes para conseguir independencia financiera son la actitud, el esfuerzo, la objetividad, la perseverancia, el entusiasmo, la capacidad para tomar decisiones y la autodisciplina."[36]

Parece que cuando nos encontramos a la mitad de la batalla para ganar el éxito, nos damos cuenta de que no existen caminos fáciles para alcanzar la cima. Administrar el tiempo y el dinero es difícil y requiere de mucho trabajo y autodisciplina. Pero ambos son necesarios.

Sin embargo, cuando usted tiene en cuenta las alternativas, el precio que hay que pagar no es tan alto.

---

36 Venita Van Caspel, *Money Dynamics for the New Economy*, Nueva York: Simon and Schuster, 1986.

Capítulo 11
Conservar la Salud Física y Mental

Hace algunos años, Napoleon Hill resaltaba la interdependencia que existe entre la mente y el cuerpo. Uno no puede tener un cuerpo sano sin una mente sana, ni tampoco puede mantener una actitud mental saludable o pensar en forma precisa si su cuerpo no se encuentra en buen estado. Si bien sus observaciones pasaron relativamente desapercibidas en aquel momento, excepto para sus leales seguidores, la ola de interés por la medicina holística desarrollada en los últimos años confirma muchas de las aseveraciones de Hill. El énfasis que se da en la actualidad a la medicina preventiva y la atención continua enfocada a las necesidades mentales y físicas del cuerpo, sin duda, hubiesen complacido enormemente a Hill.

Hill también recalcaba la importancia de una vida con un ritmo que esté en armonía con el entorno. Decía: "Nacemos en un mundo de árboles y montañas y cielos con astros, habitado por diversas formas de vida, y estamos sujetos a las mismas leyes naturales que gobiernan a todas las cosas, incluso, hasta al más pequeño grano de trigo. Si comprendemos esto, podremos nadar en el río de la vida sin agotar nuestras energías luchando contra la corriente.[37]

"Las olas del océano, los cambios de estación, las fases de la Luna, nos muestran que existen ritmos en la vida. Existe un ritmo en nuestra propia vida desde el nacimiento, pasando por la niñez y la adolescencia, luego la madurez hasta llegar a la edad anciana y finalmente, el renacimiento de una nueva generación.

"Nada que esté relacionado con la vida es estático o invariable. Parece existir un movimiento oscilante continuo en la vida que es en realidad la evolución de patrones rítmicos. Repase su propia vida. ¿Lleva usted una vida rítmica? ¿Busca el juego después del trabajo? ¿Realiza un esfuerzo físico luego de uno mental? ¿Ayuna después de comer? ¿Cambia la seriedad por el buen humor?".

En su libro *Quantum Fitness: Breakthrough to Excellence (Estado físico cuántico: el camino hacia la excelencia)*, el doctor Irving Dardik y el psicólogo Denis Waitley indican que el verdadero estado físico no consiste sólo en hacer ejercicio, comer correctamente o sentirse bien con uno mismo. Por el contrario, es una combinación de bienestar físico, nutricional y mental. Dividen el enfoque holístico del estado físico en cuatro fases:

- la fuerza cuántica (el poder de la mente)
- la nutrición cuántica
- el ejercicio cuántico
- el salto cuántico (cómo manejar su potencial interior oculto)

---

37 "Napoleon Hill Revisited: On Maintaining Sound Physical and Mental Health," *PMA Adviser*, octubre de 1984.

Los autores comparan también la física del cuerpo humano con la del orden del Universo: "Al igual que un átomo invisible, usted también es un microcosmos del Universo, compuesto de muchos sistemas diferentes". Afirman que, por medio del correcto ordenamiento de su propio universo mental y físico, usted puede mantener sus sistemas clave en "equilibrio dinámico". "Es este equilibrio lo que le permitirá liberar el potencial ilimitado de energía individual que sólo usted posee".[38]

Probablemente, la cualidad más importante y necesaria para conservar una buena salud mental es la Actitud Mental Positiva y todo lo que ella implica. Dos de las fuerzas más destructivas que existen en la mente humana son el miedo y su pariente cercano, la ansiedad. Ambos matan el entusiasmo, desalientan la fe, ciegan la visión y destruyen la armonía y la paz mental, cualidades necesarias para tener una Actitud Mental Positiva.

Larry Wilson, presidente de Wilson Learning Corporation de Minneapolis, empresa que capacita a ciento ochenta y cinco mil hombres y mujeres cada año, tiene un enfoque inusual con respecto al tratamiento de la ansiedad. Les pide a los ejecutivos que imaginen la peor situación por la que podrían atravesar y que luego decidan si podrían aceptar las consecuencias. Funciona de esta manera: imagínese atrapado en medio de un embotellamiento y llegando tarde a una cita de negocios muy importante. No existe manera de salir de allí ni de llamar al cliente. Su ansiedad comienza a aumentar y piensa: "¿Qué sucederá si falto a la cita? Mi cliente va a enojarse. Si se enoja

---

38 Irving Dardik y Denis Waitley, *Quantum Fitness: Breakthrough to Excellence*, Nueva York: Pocket Books, 1984, de "Building Blocks to True Fitness", *PMA Adviser,* octubre de 1984.

demasiado, probablemente no querrá verme nunca más. Si no quiere verme más, nunca realizará compra alguna. Si no consigo que realice una compra, me encontraré en apuros con mi jefe, quien podrá incluso despedirme. Si me despide, moriré de hambre". De esta manera, lo que usted está diciendo en realidad es que, si llega tarde a la cita, morirá. Por supuesto que eso es ridículo. Usted no morirá. Podrá explicar la situación, y probablemente el cliente lo comprenderá. Es posible que él también haya estado en una situación similar en algún momento. Si el cliente no desea cooperar, usted no perderá su trabajo por esa única causa. Saldrá a buscar otro posible cliente. Entonces, ¿por qué preocuparse por algo que no puede controlar?

¿A cuántas personas conoce que han sufrido un ataque cardiaco antes de darse cuenta de ese simple hecho? Sólo después de que sus vidas se vieron amenazadas, tomaron conciencia de lo tontos que habían sido al preocuparse por cosas insignificantes. De repente, se convirtieron en expertos en estrés, algo que deberían haber hecho mucho antes de que el problema tuviera consecuencias tan graves.

Según William D. Brown, doctor en psicología clínica, existen dos tipos de estrés. En su libro *Welcome Stress! It can help you be your best (¡Bienvenido sea el estrés! Podrá ayudarlo a extraer lo mejor de usted mismo)*, escribe: "El eustrés (de la raíz griega ἐυ, que significa 'bueno') es un tipo de estrés. El eustrés es la conversión interna del estrés, que ocurre cuando elige realizar lo correcto, aunque resulte difícil, en lugar de realizar lo incorrecto, aunque resulte más fácil; cuando está dispuesto a vivir como quiere ser, en vez de contentarse con lo que podría convertirse.

"El estrés transformado en energía positiva es un estrés que lo ayuda a extraer lo mejor de usted. Es lo que le ha permitido lograr muchas cosas en el pasado, alcanzar esas altas metas que había establecido y que contribuyeron en su reputación como persona confiable, aun cuando no se creería capaz de salir adelante. El eustrés es el estrés transformado y usado positiva y responsablemente, es decir, un resultado deseable del estrés.

"Lo opuesto al eustrés es el distrés (de la raíz latina *dis,* que significa 'malo'). El estrés se convierte en distrés cuando miente por primera vez, cuando engaña a alguien o cuando sabe que ha hecho algo incorrecto o ilegal, aunque los demás nunca se enteren de ello.

"El estrés que se convierte en distrés es aquel que hace que su vida empeore. Esto ocurre cuando no logra ser la persona que querría ser o vive de pensamientos que le causarán problemas más adelante. El distrés se genera cuando permite desalentarse y elige ser negativo. El pensamiento negativo no necesita justificativos, por lo cual es mucho más fácil ser pesimista que optimista".[39]

Brown señala, además, que carecer de estrés es tan perjudicial como padecerlo en exceso. Si en su vida no existiese el estrés, usted podría perder pronto su motivación. ¡Cuán tediosa sería la vida si no tuviese nada para hacer o si su trabajo no le ofreciera desafíos, fechas límites o presiones! La clave está en equilibrar la cantidad de estrés que usted mismo se genera para lograr el ritmo que es tan importante en su vida.

La mayor parte del estrés la producimos nosotros mismos. Por ejemplo, cuando intenta realizar más de lo humanamente posible en el tiempo permitido está generándose un estrés innecesario. También se genera demasiado estrés cuando tiene dos metas que están en conflicto, como el caso de un gerente con el

39 William D. Brown, *Welcome Stress! It can help you be your best*, Minneapolis: CompCare Publications, 1983.

dilema que le ocasiona la necesidad de reducir costos eliminando puestos de trabajo y el conocimiento de que dañará la vida y la carrera de sus empleados, si los despide.

¿Cómo manejar tales situaciones? Sin interiorizar los problemas. El gerente que sabe que debe despedir empleados, maneja esa situación de manera positiva; intenta hallar otras oportunidades para estas personas dentro de la organización o en otras compañías. Si no es posible, los tratará con la compasión y la generosidad que las circunstancias lo permitan. Sin embargo, una vez que la decisión está tomada, no deberá angustiarse a causa de eso. Debe continuar con su vida, sabiendo que trató a sus empleados en forma justa y que hizo las cosas de la mejor manera posible.

Brown afirma que una de las mejores formas de convertir el distrés en eustrés es evitar el juego del "si hubiera...". "Al decir 'si hubiera...', quedamos amarrados a aquello que podría haber sido si hubiera invertido en IBM a finales de los cincuenta, si hubiera comprado una casa años atrás, cuando los precios eran mucho más bajos, o si hubiera aprovechado cualquier otra oportunidad ya perdida.

"Reemplazar dicha frase por 'pero aún...' incrementa las posibilidades de lograr el éxito en cualquier tarea, ya que el énfasis se coloca en lo que puede realizarse ahora, en oposición a lo que podría haber sido. En su profundo libro *Reality Therapy (Terapia de la realidad)*, el doctor William Glasser enfatiza la idea de comenzar desde donde usted se encuentra y con lo que tiene. En lugar de volver al pasado, perdiendo el tiempo descifrando cómo llegó al lugar en que se encuentra, el enfoque terapéutico de Glasser es el de confrontarse con usted mismo en donde se encuentra ahora, de ayudarse a ver las opciones que tiene de manera realista y luego elegir el curso a seguir a la luz de dichas opciones. Sin importar lo que haya ocurrido en su vida, el distrés puede revertirse a medida que elige y que continúa desde donde se encuentra, en vez de estancarse en algún error o equivocación del pasado."[40]

La doctora Estelle R. Ramey, reconocida endocrinóloga estadounidense, ha estudiado durante mucho tiempo los efectos del estrés sobre la expectativa de vida tanto en seres humanos como en ratas de laboratorio. Descubrió en ambas especies que aquellos individuos con mayor control de su vida vivían más tiempo. Aquellos cuyas circunstancias estaban controladas por algún otro miembro de la especie, tenían mayores probabilidades de sucumbir ante una muerte inducida por estrés.

En una entrevista realizada por el *Chicago Tribune*, Ramey dijo: "De manera contraria a lo que todos creen o desearían creer, los hombres y mujeres exitosos, de mejor nivel económico, viven más tiempo que cualquier otra persona."

"Lo que mata no es trabajar mucho. No es la competencia ni tener que contar todo el dinero. Lo que mata es no tener el control sobre su vida".

Ramey cree que los gerentes intermedios son los que probablemente tienen los mayores problemas de estrés, porque no tienen tanto control sobre su vida como el que tienen los ejecutivos de mayor jerarquía.

Ramey expresó: "Los gerentes intermedios son las personas cuyas vidas están más alteradas. Son ellos quienes sufren la mayor cantidad de problemas cardiovasculares. Sufren de estrés, porque su vida no es predecible ni segura".[41]

---

40 *Ibidem.*
41 Carol Kleiman, "It's not being on top that's unhealthy —it's being in the middle", *Chicago Tribune*, 7 de marzo 1984.

La doctora encontró las mismas características en las ratas. Comentó: "Cuando los animales saben qué esperar, pueden manejar el estrés. Cuando la situación es impredecible y no tienen control sobre ella, comienzan a tener hemorragias internas y mueren".

Charles Mayo, quien junto con su hermano, construyó la famosa Mayo Clinic, en Rochester, Minnesota, dijo: "La preocupación afecta la circulación —al corazón, a las glándulas, a todo el sistema nervioso—. No he conocido un hombre que haya muerto por exceso de trabajo, pero muchos han muerto de duda".

Sin embargo, el mejor consejo con respecto a la preocupación por las cosas que no pueden controlarse provenga quizá de la escritora Alice Caldwell Rice: "No vale la pena abrir el paraguas antes de que llueva".

La relajación y el descanso son esenciales para una buena salud. Si la preocupación no le permite descansar o relajarse, recuerde que la mente consciente es un mecanismo de selección. Elegimos las cosas sobre las cuales nos concentramos. Si enfocamos nuestros pensamientos y energías en un pasatiempo o diversión, nos olvidamos de las preocupaciones del día y logramos relajarnos.

Napoleon Hill sugería la exploración de muchos y diversos entretenimientos. La naturaleza, las artesanías, la buena lectura, la música y hasta otras personas pueden ayudarlo a redireccionar su interés hacia algo que no sean los problemas con los que ha estado luchando. Nuevamente, es cuestión de saber encontrar un equilibrio y un ritmo apropiados. Si su trabajo requiere de gran esfuerzo físico, sus pasatiempos deben ser calmos y relajados. Si trabaja detrás de un escritorio, debe asegurarse de que sus entretenimientos incluyan ejercicios físicos. Jugar al golf o al tenis, trotar o realizar una simple caminata le puede brindar el ejercicio que su cuerpo necesita, mientras disfruta de una distracción interesante.

El doctor Herbert Benson, profesor adjunto de Medicina de la Harvard Medical School y autor del éxito de librería *The Relaxation Response (La respuesta de la relajación)*, fue uno de los primeros en presentar al público los efectos positivos de la meditación. Diez años más tarde, agregó otra dimensión: "el factor fe". En *Beyond the Relaxation Response (Más allá de la respuesta de la relajación)* expone su teoría, que explica cómo una fuerte creencia en algo, ya sea un sistema religioso tradicional, la fe en uno mismo o aun en el Estado, lograda por medio del ejercicio, puede, en gran medida, aliviar la tensión y la ansiedad, disminuir la presión arterial, aliviar el dolor, combatir el insomnio, disminuir el nivel de colesterol y reducir el estrés.

Benson es además director de la División de Medicina del Comportamiento y de la Sección de Hipertensión del Beth Israel Hospital de Boston. No es el tipo de místico que cree que la fe puede resolver todo, sino que cree que ésta debería aplicarse en forma conjunta con el cuidado médico apropiado. De todas maneras, agrega que la fe puede sanar y esto se encuentra documentado científicamente. Sus estudios lo han convencido de que la fe marca la diferencia al ampliar el potencial interior de la persona.

En *Beyond the Relaxation Response*, Benson describe en detalle sus estudios realizados en el Himalaya con monjes tibetanos, famosos por ejecutar proezas extraordinarias con su cuerpo mediante la meditación. Escribe: "Si en verdad cree en su filosofía personal o en su fe religiosa: si está comprometido en cuerpo y alma con su visión del mundo, usted también puede ser capaz de lograr las proezas extraordinarias de mente y cuerpo sobre las que muchos teorizan".[42] Benson no apoya ninguna idea o sistema en particular; dice que el simple acto de creer es lo que tiene poderes curativos.

El enfoque de Benson es que se debe permitir que el cuerpo y la mente trabajen juntos —sin la ayuda de fármacos—, para bloquear las acciones del sistema nervioso que causan el estrés, la tensión y el insomnio. La meditación no tiene efectos colaterales, dice, tan sólo brinda paz y tranquilidad. De acuerdo con dicho enfoque, los pasos a seguir para conservar una buena salud involucrando su fe son los siguientes:

1. si se siente enfermo, no dude en visitar a su médico.
2. intente hallar un médico en el que pueda confiar.
3. visite a un médico que enfatice lo positivo.
4. no espere recibir una prescripción médica en su visita.
5. si le prescriben fármacos o una cirugía, averigüe los motivos.
6. ejercite la relajación con regularidad.

Para combinar el factor fe con la relajación, Benson sugiere las siguientes técnicas:

    ✎ elija una frase corta o una palabra que refleje su sistema de creencia básico. Puede ser una frase como "Ave María, llena eres de gracia" o "Alabado sea el Señor". Si no tiene convicciones religiosas, elija una palabra neutra, como *uno*.

---

42 Herbert Benson, con William Proctor, *Beyond Relaxation and Response*, Nueva York: Times Books, 1984.

ﻊ elija una posición cómoda. Siéntese con las piernas cruzadas o en otra posición que le permita relajarse, pero no hasta llegar al punto de quedarse dormido, a menos que, por supuesto, medite para vencer el insomnio.

ﻊ cierre los ojos. No los fuerce de ninguna manera, sólo deje que sus ojos se cierren naturalmente.

ﻊ relaje los músculos. Comience con los de los pies y continúe hacia arriba hasta llegar al cuello y hombros. Realice una suave rotación de cabeza, encoja los hombros, estire y relaje los brazos.

ﻊ tome conciencia de su respiración y comience a usar la frase de concentración que eligió. Respire lenta y naturalmente. Inspire y, mientras expira, repita la frase en silencio.

ﻊ mantenga una actitud pasiva. Mientras permanece sentado en silencio repitiendo la frase de concentración, otros pensamientos invadirán su mente. No luche contra la distracción. Sólo diga: "Oh, bien", y retome la frase.

ﻊ continúe durante un periodo determinado. Benson recomienda de diez a veinte minutos. No programe una alarma o alguna otra cosa que lo sobresalte para medir este tiempo, pero asegúrese de contar con un reloj cercano para poder darle un vistazo ocasionalmente.

ﻊ practique esta técnica dos veces al día. La hora exacta, dice Benson, depende de usted, pero la técnica parece funcionar mejor con el estómago vacío. La mayoría de las personas utilizan este método antes del desayuno y de la cena.

Otro aspecto importante para conservar una buena salud es, por supuesto, la alimentación. Resulta obvio que la alimentación afectará su salud física en forma directa, pero sólo en los últimos años los psiquiatras han utilizado la terapia nutricional para tratar los desórdenes mentales.

De acuerdo con el doctor Stuart M. Berger, esto comenzó gracias al doctor Linus Pauling, ganador del Premio Nobel en dos oportunidades, quien explicó dos conceptos importantes: "Primero, que el cambio en el comportamiento y en la salud mental puede resultar de un cambio en las concentraciones de diversas sustancias que se encuentran normalmente presentes en el cerebro. Segundo, la idea de que algunas sustancias del medio ambiente pueden tener un efecto profundo sobre la salud mental y el comportamiento".[43]

El doctor Berger señala que las deficiencias alimentarias pueden afectar a cada tejido y órgano del cuerpo, incluyendo al cerebro. Si el cuerpo está mal alimentado durante un largo periodo de tiempo, el metabolismo funcionará de manera incorrecta, y esto, finalmente, conducirá a que la persona sufra de alguna enfermedad degenerativa.

"Cuando el metabolismo del cerebro se altera a causa de alguna deficiencia nutricional, las percepciones sensoriales del cerebro pueden modificarse, lo que resultará en una alteración del temperamento y del comportamiento de la persona", comenta.

"El alto consumo de carbohidratos refinados (harinas y azúcares), una dieta poco variada, un estrés emocional y físico prolongado, el consumo crónico de alcohol y de tabaco, conducen a una deficiencia alimentaria."

---

43 Stuart M. Berger, "Nutrition's the key to mental health", *New York Post*, 26 de agosto de 1986.

Berger afirma que cualquier sustancia que el cuerpo ingiere con frecuencia —incluyendo los alimentos— puede conducir a la adicción. Cita al doctor Theron Randolph, "padre de nuestra comprensión actual a la alergia a los alimentos", quien cree que "los síntomas que antes se diagnosticaban como psicosomáticos, en realidad, en casi 70% de los casos, se deben a una reacción de mala adaptación a ciertos alimentos, a productos químicos y a lo que inhalamos". Según el doctor Randolph: "Si exponemos al cuerpo al mismo tipo de comida frecuentemente, éste reconocerá a la sustancia como 'extraña', por lo que el sistema inmune montará un ataque para luchar contra el invasor, que, por su parte, producirá síntomas de incomodidad (abstinencia)".

En referencia a un estudio conducido por el doctor John Crayton del University of Chicago Medical Center acerca del efecto que produce la alergia a los alimentos en el cerebro, Berger comenta que Crayton descubrió que existe una "relación significativa entre los alimentos ingeridos y el comportamiento subsiguiente". Los alimentos utilizados fueron leche y trigo.

"Otro factor que produce un desequilibrio químico en el cuerpo y que puede afectar el temperamento y el comportamiento", agrega Berger, "son los 'mensajeros' bioquímicos conocidos como *neurotransmisores*. Si se produce un cambio en alguno de ellos, cambiará en forma correspondiente la manera de pensar y de sentir de la persona."

Nuevamente, los expertos parecen afirmar que en todas las cosas —incluyendo la dieta—, lo más conveniente es la variedad. Dardik y Waitley recomiendan que incorpore una amplia variedad de alimentos a su dieta. También, que evite el consumo de carnes y grasas en grandes cantidades y que, en cambio, concentre su alimentación en el pescado, las carnes de aves, las verduras, las frutas y los cereales.

En *Quantum Fitness (Estado físico cuántico)* analizan recientes investigaciones sobre el efecto de los ritmos del cuerpo y la teoría del *set-point* ("punto fijo"), que parecen influir de manera significativa sobre el peso corporal. Según afirman, el resultado es que los investigadores han descubierto que las personas se desenvuelven con más eficacia cuando consumen menor cantidad de alimentos, pero con mayor frecuencia, en lugar de los tradicionales desayuno, almuerzo y cena.

Dardik y Waitley sostienen que lo correcto es la ingestión de cuatro comidas diarias con igual cantidad de calorías. Dicen que dicho régimen de comidas asegura una digestión más rápida y fácil, un nivel de azúcar en la sangre más estable, una sensación de hambre más moderada y un nivel de energía más elevado y parejo, como resultado de un menor almacenamiento de grasas.

En lo concerniente a la teoría del *set-point*, Dardik y Waitley afirman que existe evidencia significativa que indica que nuestro cuerpo llega a un nivel de grasa corporal que es psicológicamente confortable. Aun si reducimos la ingestión calórica, la velocidad del metabolismo del cuerpo disminuirá para mantenernos en nuestro nivel de "equilibrio de grasas, dando como resultado un leve, o ningún, cambio en nuestro peso. El arma más efectiva para lograr un cambio en nuestro propio *set-point* es el ejercicio. Además, más allá de esta teoría, podemos y debemos ser responsables de elegir los alimentos que optimizan la salud, el desempeño y la longevidad".

Peter M. Miller, fundador del Hilton Head Health Institute, concuerda con el enfoque de las cuatro ingestas diarias. En *The Hilton Head Executive Stamina Program (Programa de resistencia para ejecutivos de The Hilton Head*) escribe: "Su cuerpo necesita su combustible en dosis moderadas durante el día, para mantener los nutrientes que brindan energía en un nivel óptimo dentro de las células de su cuerpo. Si habitualmente bebe sólo una taza de café y un jugo durante el desayuno y no almuerza hasta las 2 de la tarde, su cuerpo estará funcionando muy por debajo del nivel de resistencia necesario durante la mitad del día. Su mente y su cuerpo no pueden funcionar corectamente sin combustible."[44]

"Al repartir las ingestas diarias durante el día, estará también quemando calorías de manera más eficiente. Mis estudios sobre metabolismo para ayudar a las personas a perder peso han confirmado este hecho en reiteradas oportunidades. La razón de ello está relacionada con un fenómeno denominado *termogénesis dietaria*. Cada vez que come, su cuerpo comienza a quemar calorías a un nivel más alto de lo normal. En realidad, la comida estimula el proceso natural de su cuerpo de quemar calorías. Por supuesto que si come más de lo que su cuerpo puede quemar, aumentará de peso. Sin embargo, si realiza cuatro ingestas moderadas de comida por día, su metabolismo estará preparado para incrementar la tasa de consumo calórico de dos a cuatro horas después de cada ingesta."

Miller propone también una dieta baja en proteínas y grasas, pero alta en carbohidratos, como las verduras, los cereales, las pastas, los panes, las papas y las frutas. Al igual que la mayoría de los expertos de la actualidad, recomienda los alimentos con mucha fibra, como los cereales, los panes integrales, las

44 Peter M. Miller, *The Hilton Head Executive Stamina Program,* Nueva York: Rawson Associates, 1986.

papas, y las verduras y frutas, como el brócoli, las zanahorias, los frijoles verdes, las naranjas, fresas y otras frutas.

Desalienta enfáticamente la ingestión de azúcar refinado, pero para los golosos que nunca abandonarán los dulces, dice que si se conforman con sólo dos ingestas de dulces por semana, sus cuerpos podrán manejarlo.

Miller también descarta por completo la cafeína, las bebidas alcohólicas y la sal. Aconseja beber más cantidad de líquidos como el agua y las bebidas descafeinadas, y evitar el uso de estimulantes.

Sin duda, existen miles de libros sobre nutrición y dieta. Cada día aparece una nueva dieta de moda. Por supuesto, sería imposible tratar aquí ese tema en forma exhaustiva. Es suficiente decir que debe elegir su propia dieta junto con su médico, y que debe usar el sentido común en sus hábitos alimenticios. Si desea aprender más sobre la manera en que su dieta afecta su desempeño y su salud mental y física, los dos libros citados aquí, *Quantum Fitness* y *The Hilton Head Executive Stamina Program* son dos de los mejores que han llegado a nuestras manos.

Ambos libros ofrecen, además, muy buenos consejos en lo que refiere al ejercicio físico. Dardik y Waitley abarcan todos los temas, desde los ejercicios abdominales y el trote hasta los estiramientos exóticos y los ejercicios de resistencia desarrollados por entrenadores olímpicos. El método de Miller está diseñado para ejecutivos muy atareados que pasan gran parte de su tiempo en una posición sedentaria. Muchos de los ejercicios ilustrados pueden realizarse en la oficina.

Ya sea que siga dichas sugerencias o las de cualquier otro programa, lo importante es que necesita realizar ejercicios físicos para mantener un equilibrio en su vida. Adopte un programa de ejercitación adecuado a su edad, cuerpo, peso y estilo de vida y no lo abandone. De acuerdo con un estudio cuyos resultados aparecieron en el *New England Journal of Medicine* y que fueron citados en la revista *Newsweek*, el ejercicio moderado puede extender su vida hasta en dos años.

El estudio, iniciado a mediados de la década de 1960, incluyó a diecisiete mil graduados de Harvard de entre treinta y cinco y setenta y cuatro años. El doctor Ralph S. Paffenbarger, Jr. y sus colegas de la Stanford University School of Medicine pidieron a los participantes que completaran un cuestionario detallado con datos sobre su estado de salud general y sus hábitos de vida. Un estudio de seguimiento realizado en 1978 demostró que las personas que quemaban al menos 2 000 calorías por semana por medio del ejercicio físico "alcanzaron una tasa de mortalidad de un cuarto a un tercio más baja que aquellas que quemaban menos calorías".

"El nivel de actividad que prolonga la vida, citado en el informe, es el equivalente a cinco horas de caminata rápida, unas cuatro horas de trote o un poco más de tres horas de *squash*. De acuerdo con el informe, una mayor cantidad de ejercicio significaba la oportunidad de una vida más prolongada, pero hasta cierto punto. Un régimen de ejercicios en el que se quemaban más de 3 500 calorías tendía a causar daños que anulaban los beneficios derivados del mismo."[45]

Dicho estudio, que según *Newsweek* fue el primero en mostrar un efecto favorable sobre la mortalidad por cualquier enfermedad, mostró que incluso cuando existía una historia familiar de muerte a edad temprana, el ejercicio era de utilidad. Aun

---

45 Matt Clark con Karen Springen, "Running for Your Life, A Harvard study likens exercise with longevity", *Newsweek*, 17 de marzo de 1986.

entre fumadores, el ejercicio reducía el porcentaje de muerte en 30%. El ejercicio es, de hecho, bueno para su estado físico. Usted se siente mejor cuando se encuentra en buena forma.

Ningún análisis sobre cómo conservar la salud física y mental estaría completo sin la mención de los efectos nocivos del alcohol, el tabaco y los narcóticos. Cada sociedad decide si permite su uso libremente o no. Cada persona debe decidir por sí misma si los consumirá o no.

El alcohol y el tabaco son totalmente legales en nuestra sociedad y muchos creen que el fumar o el beber en forma moderada no es perjudicial. Sin embargo, la sociedad se ha tornado menos tolerante y ha incrementado la presión para prohibir el uso del tabaco y para reducir el consumo de bebidas alcohólicas. El clamor público en contra de las drogas ilegales también ha forzado a muchos a examinar su conciencia sobre el uso de los estimulantes legales que ingieren.

Es de esperar que el apoyo comunitario para la eliminación de la cocaína y de otras drogas perjudiciales tenga un efecto positivo sobre la actitud del público. Es ahora aceptable decir "no al uso de estimulantes" y llegaremos a ver el día en que las drogas ya no sean un problema en la sociedad. Sin importar lo que suceda en las calles o en el gobierno, estas cosas simplemente no tienen lugar en la vida de un exitoso. Cualquier cosa que cree un estado óptimo artificial es temporal y no se compara con el estado óptimo natural, al que se llega mediante el cuidado del mejor don que posee: una mente y un cuerpo saludables.

Como decía el antiguo proverbio árabe: "quien tiene salud, tiene esperanza; quien tiene esperanza, lo tiene todo".

Tercera parte
Principios de fraternidad

No tiene que viajar demasiado por los Estados Unidos para confirmar la exactitud de la observación que dice que "90% de la población vive en 10% del territorio". Grandes masas de personas se comprimen en reducidas áreas urbanas. Recorra los alrededores de Los Ángeles por cualquier ruta o viaje por la Autopista de Nueva Jersey, desde Nueva York hasta Filadelfia, y verá lo difícil que es reconocer en qué punto termina una ciudad y comienza la siguiente. Pero allá afuera, "en el corazón del territorio", los kilómetros y kilómetros de campo abierto son interminables.

Dicha concentración no es realmente necesaria en la sociedad tecnológica de la actualidad. Ya no dependemos de los centros costeros de pesca o de las estaciones de transporte de la región central para que los mercados adquieran bienes o para que los consumidores adquieran productos. Hoy en día, las redes de distribución y transporte de larga distancia, las computadoras portátiles y las telecomunicaciones económicas están al alcance de la mayoría de las personas. Podríamos vivir o trabajar en cualquier lugar.

Aun así, elegimos estar todos juntos. Tal vez sea un vestigio de nuestros instintos tribales, pero, en efecto, resalta nuestra creencia de que podemos lograr más cosas trabajando juntos de lo que podríamos conseguir cada uno por separado.

Como dice el viejo dicho: "dos cabezas piensan más que una". Aunque queda mucho por decir acerca de la introspección pasiva y de la generosidad discreta, no hay nada como el movimiento que acompaña a la Alianza de Mentes Creativas. Cuando dos o más personas que piensan parecido se conectan en un espíritu de perfecta armonía para trabajar con un propósito en común, el poder que se genera no es menos que extraordinario.

El otro principio de fraternidad, el Trabajo en Equipo, ha adquirido una importancia creciente en el mundo complejo e interdependiente de la actualidad. Hoy en día, no sólo la política engendra aliados extraños, algunas de las alianzas más cuestionables de los últimos tiempos se han producido en el ámbito comercial. Con frecuencia se forman empresas conjuntas, alianzas y sociedades estratégicas en un intento por unir las fuerzas de distintos miembros de grupos dispares en busca de alcanzar una meta temporaria común a todos los miembros.

El tiempo de vida de muchas de las fusiones y sociedades estratégicas está estipulado como parte de los contratos. Dichos arreglos comerciales reconocen con practicidad que el equipo bien puede ser una unidad en un estado de cambio permanente, pero, al menos por un tiempo, es mucho más fuerte que la suma de cada una de sus partes.

En esta sección se analizan los principios de la Alianza de Mentes Creativas y del Trabajo en Equipo, y se explica de qué manera usted puede aplicar estos principios en su vida.

Capítulo 12
Alianza de Mentes Creativas

El concepto existe desde hace mucho tiempo. Napoleon Hill escribió que Andrew Carnegie introdujo el término Alianza de Mentes Creativas para describir a su grupo de ejecutivos clave que combinaban sus talentos para formar un todo cuyo producto excedía en gran medida a la suma de los aportes de sus miembros, una especie de sinergia intelectual. Según un informe, Carnegie conocía poco la parte técnica del negocio del acero; su gran fortaleza yacía en su capacidad para hacer que otros trabajaran de manera conjunta en perfecta armonía para alcanzar una meta en común. Ese talento lo convirtió en un hombre rico.

Hill valoraba de tal manera el concepto de Mentes Creativas, que comienza su libro *Law of Success (Leyes del éxito)* con una extensa disertación acerca del tema. Según la explicación de Hill, gran parte del enorme éxito de Ford fue el resultado de su astuta aplicación del principio de Mentes Creativas, cuya dramatización desplegó en una sala de un tribunal de Chicago.

Según cuenta Hill, un artículo del *Chicago Tribune* que describía a Ford como un "pacifista ignorante e inculto" durante la Primera Guerra Mundial, indujo a Ford a demandar al periódico. Los abogados del *Tribune*, basando su defensa en la máxima que sostiene que la verdad no difama, intentaron probar que

Ford era en realidad una persona ignorante. Le hicieron preguntas acerca de temas que iban desde Historia hasta tecnología. Durante más de una hora, Ford contestó con paciencia todas las preguntas.

Finalmente, exasperado por lo que consideraba una pregunta particularmente tonta, dijo: "Si realmente deseara responder la pregunta tonta que acaban de hacerme o alguna de todas las que me han hecho, permítanme recordarles que en mi escritorio tengo una hilera de botones sobre los cuales puedo colocar mi dedo y, con ese simple acto, puedo llamar a la persona adecuada para que responda correctamente todas las preguntas que ustedes me han hecho y otras tantas que a ustedes no les alcanzaría la inteligencia ni para responderlas ni para preguntarlas. Ahora bien, ¿podrían decirme por qué debo preocuparme por llenar mi cabeza con un montón de detalles inservibles para responder a cada pregunta tonta que me hacen, cuando cuento con hombres que me pueden dar todos los datos que desee cuando los necesite?"[46]

El caso se prolongó por varios meses, creando agitación en el pequeño tribunal del condado de Macomb en Mt. Clemens, Michigan, donde se realizaba el juicio. Las palabras de Ford dieron la vuelta al mundo, mientras los periodistas enviaban informes diarios por telégrafo a quince mil periódicos de tirada semanal y dos mil quinientos de tirada diaria.

A pesar de haber demandado 1 millón de dólares por daños, Ford tuvo que conformarse con la victoria moral. El jurado falló a su favor, pero sólo le otorgaron seis centavos por daños

---

46 Napoleon Hill, "Master-Mind Alliance", *Law of Success,* Chicago: Success Unlimited, 1979.

y seis centavos por los gastos del tribunal. Sin embargo, causó una fuerte impresión en el abogado que lo interrogó, y dejó sentado en los registros su ardiente confianza en las capacidades de su equipo de dirección, su Alianza de Mentes Creativas.

Desde la introducción de la idea de las Mentes Creativas hace ya algunos años, el concepto ha tomado muchos giros y dado muchas vueltas, pero la esencia del principio sigue siendo la misma. Llámelo como quiera, cuando usted reúne a las personas indicadas bajo las condiciones correctas, los resultados son impresionantes.

Tal vez lo haya visto en su trabajo. En una reunión o en una sesión donde se implementa la tormenta de ideas, donde todo suma, las ideas elaboradas por cada uno con la contribución activa de todos los miembros, hasta que del grupo como un todo, surge la mejor solución posible para un problema, una fantástica campaña de *marketing* o la idea de un nuevo y revolucionario producto.

Tome ese concepto, la fuerza de una idea que representa el máximo grado de pensamiento de un grupo de gente preparada, cada uno contribuyendo de acuerdo con su propia capacidad, especialidad, experiencia y cultura; elévela a la décima potencia y simplemente comenzará a percibir la energía que se puede generar y sostener cuando un grupo de gente de mentalidad similar trabaja de manera conjunta en perfecta armonía por un mismo objetivo.

En los últimos años hemos visto la institucionalización de la Alianza de Mentes Creativas bajo diversos rótulos. Hemos visto asociaciones del área informática compartiendo investigaciones, fabricantes nacionales de automóviles fusionándose entre ellos y con compañías extranjeras para suplir fuerzas de fabricación y de *marketing*, empresas multinacionales formando sociedades con pequeñas compañías emergentes y despachos contables formando alianzas estratégicas con estudios de relaciones públicas y de *marketing*.

Tal vez, el más conocido de éstos sea Microelectronics and Computer Technology Corp. (MCC), un consorcio investigador de compañías informáticas y de semiconductores de los Estados Unidos, dirigido desde la sede de la Universidad de Texas, en Austin. Organizada en 1983, la sociedad fue producto de la imaginación de William C. Norris, fundador y director ejecutivo durante muchos años de Control Data Corporation, con sede en Minneapolis.

Las once compañías fundadoras originales se han convertido en veintiuna, incluyendo a empresas brillantes como 3M, Bell Communications, Rockwell, RCA, Motorola, Eastman Kodak y Honeywell. Cada una abona por acción aproximadamente 1 millón de dólares por el privilegio de participar en las áreas del programa que se concentran en el desarrollo de *software*, la tecnología semiconductora, los diseños con asistencia informática para sistemas a gran escala y la inteligencia artificial. El presupuesto de MCC para los diez años de vida que se espera que tenga el consorcio ronda los 700 millones.

En un país que se basa en los principios de competencia y libre empresa, dicha cooperación representa un gran cambio de actitud entre compañías rivales. Las firmas participantes aportan un tercio del personal; los dos tercios restantes del plantel de investigación fueron reclutados en forma directa por MCC. Todos comparten los resultados de los programas en los que participan.

En el momento en que se escribe este libro, resulta demasiado pronto predecir los resultados de este fondo de cerebros, pero el almirante Bobby Inman, quien hasta hace poco tiempo encabezó el consorcio, en 1986 declaró a la revista *Chief Executive* que MCC estaba produciendo informes sobre la tecnología avanzada en diversas áreas y que estaba "hablando con abogados de patentes en algunas áreas". El consorcio ya estaba preparado para transferir la tecnología a las compañías miembro, solucionando los problemas de los contratos para las licencias, anticipándose a los adelantos que llegarían.[47]

Abundan ejemplos de otras complejas alianzas. Recientemente, y con el fin de expandir sus intereses en la biónica y en la biotecnología —según algunos expertos—, el próximo *boom* en el área de la alta tecnología, W. R. Grace & Co ha concretado un emprendimiento conjunto con Cetus, compañía dedicada a la ingeniería genética, para desarrollar una variedad vegetal más resistente, y consolidó su alianza con Symbion de Salt Lake City, con una inversión de 5.3% en la firma. Symbion fabrica dispositivos relacionados con las medicinas, tan exóticas como el corazón artificial Jarvik-7, que fue diseñado por el doctor Robert Jarvik, fundador y presidente de la compañía, y un oído artificial con el que puede oír hasta una persona con problemas auditivos severos.

La comercialización de productos de alta tecnología ha generado varias alianzas inciertas. El propósito, por supuesto, es extraer beneficios de la destreza financiera y de *marketing* de grandes empresas multinacionales y, al mismo tiempo, de la flexibilidad y de la capacidad de rápida respuesta de compañías más pequeñas, que son llevadas adelante por medio de la tecno-

---

47 J. P. Donlon, "Technology Venturer Bobby Inman Nears the First Hurdle", *Chief Executive*, primavera de 1986.

logía. Una combinación efectiva puede llegar a ser una fuerza extraordinaria en el mercado.

Sin embargo, las nuevas versiones de la Alianza de Mentes Creativas no se limitan a las conocidas compañías de alta tecnología. A medida que la industria se fue convirtiendo en un espacio cada vez más competitivo, las alianzas entre fabricantes de automóviles se extendieron por el mundo entero. Fabricantes extranjeros ensamblan sus automóviles aquí, fabricantes estadounidenses lo hacen en otros países, y las alianzas han llegado a ser tan numerosas y tan exóticas, que uno nunca llega a conocer a todos los jugadores.

El cambio —profundo y doloroso— ha convulsionado a la industria y continuará así en los próximos años, tal es la opinión de la revista *Time Magazine*. Los tres grandes fabricantes de autos de los dos últimos años "han invertido cerca de 20 mil millones de dólares en plantas nuevas de alta tecnología y otras formas de modernización, para reducir costos e incrementar la eficacia. También han implementado nuevos contratos con los sindicatos de trabajadores, para aumentar la productividad, y han apuntado de manera decisiva a la ineficiente burocracia administrativa. Realizando cada vez mayor cantidad de pedidos de partes para autos al exterior, han renovado drásticamente sus redes de suministro tradicionales. Los grandes fabricantes de automóviles de los Estados Unidos han rediseñado muchos de los modelos que ofrecían, a veces de manera radical y a menudo con la ayuda de nuevos socios extranjeros, y se han comercializado con mayor agresión y un nuevo espíritu".[48]

---

48 George Russell, "The Big Three Get in Gear", *Time*, 24 de noviembre de 1986.

Una compañía de la antigua línea que tomó la sugerencia de su hermano de alta tecnología es Ore-Ida Foods Inc., filial de H. J. Heinz Co., con sede en Boise, Idaho. Ore-Ida incorporó el programa Compañeros, elaborado a partir de otro similar de IBM y Texas Instruments, cuyo objetivo es sacar provecho de las buenas ideas que se les ocurren a los empleados. La compañía le asigna un monto de 50,000 dólares a los empleados que se ofrecen como Compañeros, además de seguir con sus trabajos habituales. Los hombres y mujeres seleccionados como Compañeros son personas que los demás empleados conocen y con quienes todos se sienten cómodos. Con los 50,000 dólares de asignación, los Compañeros financian aquellas ideas de los empleados que piensan que tienen posibilidades, sin tener que pasar por los canales burocráticos habituales.

El programa ya ha dado grandes dividendos. De él surgieron la cáscara de papa congelada, que la compañía multimillonaria esperaba que fuera uno de los productos de mayor venta de la historia, las nuevas balanzas computarizadas (financiación: 15,000 dólares), que ya le ha ahorrado más de 2 millones de dólares a la compañía, y muchas otras medidas para reducir los costos y aumentar la productividad.

Fundamentalmente, el programa ha tenido influencia al efectuar un cambio significativo en la forma en que funciona la compañía. Paul I. Coddry, presidente y director ejecutivo, le dijo a *Business Week* que, antes de institucionalizar el programa de Compañeros, la firma estaba "utilizando un método bastante clásico para asignar un producto nuevo determinado a Investigación y Desarrollo, y luego distribuir diferentes aspectos del desarrollo a los especialistas. Para un nuevo producto elaborado a partir de papas, una parte se derivaba a una persona experta en frituras y otra a algún experto en recetas.

"Este sistema fragmentado fue reemplazado por un enfoque de equipo, en el que se coordinan las responsabilidades de cada uno y se genera compromiso grupal para completar el proyecto".[49]

Entre las grandes empresas, las alianzas de Mentes Creativas están barriendo el mundo con nuevas y emocionantes formas, trayendo consigo maneras totalmente innovadoras de producir y de vender productos. El principio de la Mente Creativa también funciona a la manera tradicional. Todo lo que necesita para formar una alianza de Mentes Creativas son dos mentes compatibles trabajando en armonía para conseguir una meta en común.

La alianza de Mentes Creativas de Dick y Jinger Heath tomó el control de BeautiControl Cosmetics Inc. (de Carrollton, Texas, suburbio de Dallas), con una pérdida de 65,000 dólares en 1981, llevándola a un ingreso neto récord en 1986 de 3.3 millones de dólares u ochenta y siete centavos por acción en ventas de 23 millones. Los resultados fiscales de 1986 superaron en 63% los ingresos netos presupuestados y en 43% las ventas estimadas para ese año.

El crecimiento de la compañía ha disminuido un poco en los últimos años, reflejando la mala situación económica de los estados productores de energía, que representan 36% de los ingresos de la compañía. Para mantener en alza las ventas y las ganancias, dice Dick Heath, la administración ha instalado programas de control de costos, ha iniciado un programa de desarrollo territorial agresivo para aumentar las acciones del mercado en estados fuera del cinturón de la energía y ha desa-

---

49 "Ore Ida's Crop of Homegrown Entrepreneurs", *Business Week*, 11 de junio de 1984.

rrollado un nuevo concepto de *marketing* que estará respaldado por una importante campaña publicitaria nacional.

El dúo dinámico que encabeza esta próspera empresa está formado por marido y mujer (lo cual Napoleón Hill considera ideal para el desarrollo de una Alianza de Mentes Creativas), que combinan sus fortalezas y energías en busca de su meta en común. Fue idea de Jinger ofrecer un análisis de color de cutis sin costo, respaldado por una línea de cosméticos con codificación de colores que sería vendida por una fuerza de ventas femenina especializada.

Su desarrollo más reciente y exitoso es un Perfil de Imagen Personal que proporciona un análisis preciso computarizado del tipo de cuerpo femenino, la forma de su rostro, el estilo de su vestimenta y maquillaje, y les enseña a las mujeres "cómo mostrar su mejor imagen". Es presidenta del comité, está a cargo del desarrollo de productos y conceptos, y del control de calidad de las líneas de cosméticos y vestimenta de la compañía.

Dick, presidente y director ejecutivo, trasladó a la sociedad su experiencia de veinte años en la venta directa. Fueron sus estrategias de *marketing*, reclutamiento y dirección las que convirtieron a BeautiControl en una de las cien compañías de mayor crecimiento público en los Estados Unidos en los últimos cinco años. Por sus esfuerzos, ambos reciben el mismo salario (de seis cifras), con un plan extra basado en las ganancias libres de impuestos y demás beneficios relacionados que poseen los cargos gerenciales.

Los Heath comienzan su día con una caminata por el vecindario en el que hace poco tiempo adquirieron una vivienda de 1 millón de dólares. Toman el desayuno juntos y, antes de ir a la oficina, Jinger lleva a los niños al colegio en su nuevo Mercedes.

La oficina es un edificio de 5 600 metros cuadrados ubicado en Carrollton, que aloja las oficinas de los ejecutivos de la compañía, como también las instalaciones de producción, distribución y depósito. Allí, BeautiControl fabrica su base de maquillaje en diecisiete tonos, lápices labiales en catorce tonos, lápices para cejas en once tonos y muchos otros productos cosméticos para el cuidado de la piel y artículos de tocador para la mujer.

Los productos son vendidos principalmente en "consultorios" hogareños por más de diez mil consultoras capacitadas por BeautiControl. Brindan su ayuda a las cuatrocientas diez mil clientas de la compañía, para que éstas puedan hallar los tonos justos que armonicen con el color natural de su piel.

En marzo de 1986, la compañía comenzó a cotizar en la Bolsa de Valores NASDAQ y en agosto del mismo año surgió la posibilidad de emitir diez mil acciones adicionales, para que las consultoras tomen como premio incentivo bajo el programa llamado Propietaria mediante el Liderazgo.

¿Cómo es posible que algunas personas posean una habilidad especial para formar alianzas o sacar el mejor provecho de las sociedades o de los grupos, mientras que otras siempre se quedan atrás? Algunos investigadores piensan que todo comienza en la niñez. En todo grupo de niños siempre parece haber uno que actúa como mediador en los conflictos, que de alguna manera ve ambos lados de las diferencias que llevan a la confrontación y que resuelve el conflicto de manera amigable.

Estos niños, dice un informe del *New York Times* respecto del tema, crecen para ser exitosos. "Una de las habilidades más importantes, muestra la investigación, se ve en la gente que tiene la capacidad infalible de comprender los motivos y deseos de los demás, sin importar lo que se diga o haga superficialmente."

Esta misma gente parece comprenderse a sí misma, saber hacia dónde se dirige, sin importar lo que diga en un momento determinado.

"La investigación sugiere que esta clase de empatía, combinada con autocomprensión, a menudo se junta con la autoconfianza y con un deseo de poder. El resultado es una persona capaz de conciliar sus inquietudes con las de otras personas para llegar a la solución de un problema que de hecho nunca fue expresado."[50]

El informe afirma que lo que esta gente parece tener al llegar a la edad adulta es una capacidad natural para identificar las intenciones ocultas de cada uno de los miembros y hacer que el grupo siga su camino productivo conciliando los motivos de cada uno con los objetivos generales del grupo.

Si bien parece ser una habilidad con la que algunas personas nacen o que adquieren intuitivamente de niños, según W. Clement Stone, se puede aprender. Nos ofrece las siguientes recomendaciones para desarrollar un grupo de Mentes Creativas:

1. comience por adaptarse a los demás miembros del grupo. Intente imaginarse cómo reaccionaría frente a una situación determinada si estuviese en su lugar.

2. preste atención al lenguaje del cuerpo. Algunas veces las expresiones faciales y los movimientos dicen mucho más acerca de lo que la persona siente, que las palabras que salen de su boca.

---

50 Daniel Goleman, "Influencing Others: Skills Are Identified", *New York Times,* 18 de febrero de 1986.

3. intente captar aquello que no se está diciendo. A veces lo que se omite en una conversación es mucho más importante que lo que se incluye.

4. asegúrese de que su Alianza de Mentes Creativas tenga un propósito definido y de que cada miembro del equipo comprenda en detalle el objetivo del grupo.

5. escoja a personas con la educación, la experiencia y la influencia necesarias para alcanzar las metas.

6. decida qué recibirá cada miembro del grupo en recompensa por su participación. Sea justo y generoso, y recuerde que en estas sociedades el principio de Hacer Siempre Un Poco Más es particularmente importante. Como líder, debería dar el ejemplo para que los demás lo sigan.

7. cree un entorno que no intimide. Explore todas las ideas con el mismo interés e inquietud que la persona que las originó.

8. sepa cuándo mover al grupo al siguiente punto. Cuando una persona comienza a monopolizar la conversación, resuma la discusión y siga adelante.

9. establezca hora y lugar determinados para las reuniones, infórmelo al grupo y mantenga una comunicación periódica.

10. establezca responsabilidades específicas y los pasos a seguir.

11. recuerde que es su responsabilidad como líder del grupo mantener la paz y asegurarse de que todos los miembros

trabajen en forma mancomunada e individual para alcanzar una meta en común.

12. limite la extensión del grupo al número de personas necesarias para terminar el trabajo, según su complejidad y magnitud. Por lo general, mientras más reducido es el grupo, más productivo resulta.

El doctor Sheldon D. Glass, profesor adjunto de psiquiatría y educación en la Universidad Johns Hopkins y autor de *Life Control (El control de la vida)*, brinda un consejo adicional acerca de los esfuerzos para dirigir un grupo: un estudio sobre la dinámica de grupo. Glass no intenta explicar por qué los grupos se comportan de la manera que lo hacen, sino que se concentra en el proceso que cualquier grupo experimenta (define que un grupo puede ser cualquier cosa, desde una pareja de esposos hasta las Naciones Unidas) en busca de una meta en común.

Existen cuatro fases. La primera es la fase introductoria: el tiempo en que se elaboran las metas nuevas y se llega a un acuerdo. Esta fase se caracteriza por el entusiasmo, incluso por la euforia. Sin duda, podrá recordar algún momento en el que usted u otra persona del grupo propuso una idea que pareció genial en ese momento, pero que más tarde fue postergada y, finalmente, descartada.

Glass teoriza que la segunda fase es la prueba de resistencia, cuando el grupo reacciona con ansiedad al cambio que requieren las nuevas metas. Intrínsecamente, el grupo puede resistirse al cambio o simplemente probar a los líderes para ver si están en condiciones de manejarlo. En todo caso, en la prueba de resistencia, los miembros del grupo (a veces bajo el pretexto de jugar al abogado del Diablo) cuestionan el costo, el tiempo, la voluntad de algún grupo mayor para aceptar la idea o presentan cualquier cantidad de motivos por los que la idea no va a funcionar.

En la tercera fase, o fase productiva, el grupo pone manos a la obra. Luego de superada la fase de prueba de resistencia, se establecen los horarios, se fijan las responsabilidades y se fija el día de la próxima reunión. Cualquiera sea la cantidad de pasos que se requieran para completar el trabajo, se completa en la fase productiva.

La última fase, de culminación, tiene lugar cuando el trabajo está terminado. Se desarman las comisiones temporarias o el proyecto se entrega a otra sección (por ejemplo, de Investigación y Desarrollo a Producción). A pesar de no parecer tan importante como las otras fases, Glass cree que sin la fase de culminación, el grupo se va con un molesto sentimiento de que algo quedó inconcluso, que nunca se ataron los cabos sueltos.

Por supuesto, esto es una simplificación de una materia muy compleja, pero el punto al que quiere llegar Glass es que la mayoría de los grupos atraviesan estas fases. Si el líder intenta pasarlas rápidamente (por ejemplo, de la fase introductoria a la de producción), seguro habrá alguien del grupo que caerá en la fase de prueba de resistencia. Para ser un líder efectivo de su Alianza de Mentes Creativas, debe aprender a interpretar al grupo y a guiarlo por las fases hasta que alcance el objetivo en común.

Comprender el proceso por el que atraviesa el grupo, aumentará su efectividad y le enseñará a ser más tolerante ante las objeciones. Sabe que una vez que finalice la fase de prueba de resistencia, el grupo se pondrá a trabajar. Por lo tanto, puede moldear al grupo en un todo coherente, con una armonía de propósito que se convertirá en la fuerza poderosa que le permitirá alcanzar los objetivos en común.

Sin duda, notará algunas similitudes entre los principios del Trabajo en Equipo y de la Alianza de Mentes Creativas. Puede ser posible combinar los dos principios en uno solo, pero hacerlo tendría el efecto de reducir algunas diferencias importantes que existen entre los dos.

El Trabajo en Equipo puede ser llevado a cabo por cualquier grupo, incluso por un grupo cuyos miembros tienen intereses dispares, porque todo lo que se necesita es colaboración. Napoleon Hill hizo una distinción entre la colaboración voluntaria y la forzada.

Dijo que la colaboración voluntaria "lleva a fines constructivos y asegura la permanencia del poder mediante la coordinación de los esfuerzos". Los integrantes del equipo que colaboran forzadamente, agrega Hill, "no continúan haciendo el esfuerzo más allá del tiempo necesario".

Fred C. Lickerman, director ejecutivo de la Federación Internacional de Keystone Youth Organizations y socio de W. Clement Stone durante muchos años, comenta que el trabajo en equipo debe ser voluntario o contratado. El trabajo en equipor voluntario puede darse por varios motivos, que no necesariamente tienen relación con la meta que se persigue. Las personas pueden colaborar sencillamente porque les agrada el líder, por ejemplo, o porque sienten la responsabilidad de hacerlo. Ejemplos de colaboración contratada hay por todas partes. Los equipos deportivos profesionales colaboran con un alto grado de habilidad y dedicación para ganar, pero pocos de los integrantes continuarían jugando si no se les pagara para ello.

Por otro lado, las Alianzas de Mentes Creativas están formadas por personas que tienen un profundo sentido de misión, un compromiso personal para alcanzar una meta. Un grupo de estas características se distingue por la unidad de sus intereses y la armonía con la cual sus miembros trabajan de manera conjunta para alcanzar la misma meta. Sus esfuerzos son creativos más que meramente cooperativos. En su máximo grado, un grupo de Mentes Creativas alcanza el nivel de intensidad que hace que dos más dos sean cinco. El efecto sinérgico de mentes compatibles trabajando en armonía es capaz de lograr resultados de proporciones inmensas.

Arthur E. Bartlett, fundador de la gigantesca Century 21 Real Estate Corporation, dice que el principio de Mentes Creativas fue esencial para que su compañía lograra el éxito. "Teníamos treinta directores regionales a lo largo de los Estados Unidos y Canadá. Muchos de ellos eran dueños de sus regiones; otros poseían gran cantidad de acciones dentro de sus regiones. No hace falta decirlo, deseaban tener éxito.

"Nos reunimos —todos— cada noventa días en lo que considero el arquetipo de un grupo de Mentes Creativas; treinta empresarios, todos trabajando para el mismo plan, con los mismo deseos, la misma dedicación, los mismos valores, trabajando para alcanzar el mismo objetivo: construir la organización de bienes y raíces más grande del mundo. Pero todos trabajamos en armonía. Por supuesto que no estamos de acuerdo en todo. A veces tenemos muchas diferencias. Pero nos respetamos los unos a los otros, nos preocupamos por el otro y el grupo se concentra en resolver problemas.

"En verdad, ésta fue una de las experiencias más memorables de mi vida, trabajar con esta gente, todos extremadamente inteligentes, todos muy directos, todos trabajando en armonía para lograr el éxito de la compañía. Sin ellos, Century 21 no hubiera sido posible."

Capítulo 13
El Trabajo en Equipo

En el mundo del béisbol, 1986 fue el año de los Mets. Apodados por los medios como "Los Mimados del Destino," el New York Metropolitan Baseball Club logró marcar innumerables tantos que parecían imposibles. En la temporada anterior habían quedado atrás, para luego vencer en no menos de ciento ocho oportunidades, ganando finalmente el campeonato de la Liga Nacional.

Para los Boston Red Sox, que competían contra los campeones de la Liga Estadounidense, la historia fue la misma. Con dos de cada tres partidos perdidos, ellos y los Mets empataron con tres partidos ganados cada uno, debiendo jugar el séptimo y último partido en el Shea Stadium de Nueva York, el 27 de octubre. Por detrás en el marcador una vez más al comienzo del partido, los Mets avanzaron en la quinta entrada empatando así tres a tres.

En la séptima entrada, el tercera base, Ray Knight pisó el plato. Al principio de la temporada, muchos dudaron acerca de que Knight jugase ese año. Había sufrido muchas lesiones y en los dos primeros años con los Mets no se había lucido demasiado. Sin embargo, ése fue su día. En dos oportunidades, se conectó con una pelota que voló alto y con gran velocidad, y cayó fuera del campo. Esto ubicó a los Mets cuatro puntos por delante. Por esta hazaña, Knight fue nombrado el Jugador Más Valioso de la Serie.

A la mañana siguiente, durante el programa *Good Morning America* de la ABC, el conductor David Hartman le pidió a Knight que describiera cómo se sentía ser el Jugador Más Valioso de la Serie Mundial, considerando las especulaciones previas sobre la posibilidad de su ausencia en los juegos de ese año.

Knight respondió: "Ha sido una gran temporada para mí. Tú sabes, David, puedes poner en duda el talento, pero no puedes poner en duda el corazón, y tengo un corazón muy grande y soy un ganador, y eso lo sé muy bien. Nunca he sido muy buen jugador, pero encuentro la manera de ganar y quiero ganar. Es fácil de explicar. Entras al campo de juego, juegas intensamente todos los días y haces las cosas lo mejor que puedes. Si lo intentas lo suficiente, las cosas resultarán de la mejor manera para ti, y ése es mi caso. Realizo el mismo esfuerzo que cualquiera, todos los días, tanto tiempo como sea posible y de la mejor manera posible. Es así que he logrado el éxito en el juego y es por esa razón que me dolía tanto no jugar, porque realmente amo este juego".

Otros días, en otros partidos, fueron otros los jugadores que compartieron la fama. Sin embargo, fue el esfuerzo colectivo de los miembros del equipo lo que hizo posible el triunfo de los Mets. En la misma transmisión radial, Tommy Lasorda, entrenador de Los Angeles Dodgers y corresponsal de la ABC durante la serie, describió a los Mets, ya Campeones Mundiales, de la siguiente manera: "Existen tres tipos de jugadores de béisbol, así como también tres tipos de equipos: los que hacen que las cosas sucedan, los que ven cómo suceden las cosas y los que se preguntan qué es lo que sucede. Los Mets hicieron que las cosas sucediesen".[51]

Aunque hace un tiempo que los estadounidenses han reconocido la importancia del trabajo en equipo en los deportes, no han sido tan rápidos en adoptar la misma práctica en otros ámbitos. Parte del problema es cultural. Las personas no se han liberado de la fascinación por el individualismo recio, que responde a la imagen del pistolero que ingresa cabalgando al pueblo, vence a los malos con su propio juego, y se retira al atardecer de la misma manera en la cual llegó, solo.

Eso está cambiando lentamente. Así opina Bob Bookman, presidente de Bookman Resources Inc., empresa consultora de Chevy Chase, Maryland, que se especializa en la enseñanza a nivel empresarial del trabajo en equipo.

Comenta Bookman: "Diez años atrás, lo habitual para conseguir que se finalizara alguna tarea en la mayoría de los ámbitos de trabajo, utilizando las palabras de George Bush, era dar 'un puntapié en algún trasero'. Esa norma está cambiando. Ahora se trata de participar, cooperar, innovar y facilitar. Eso es el trabajo en equipo".

Bookman atribuye gran parte de este cambio de actitud a la influencia japonesa. Agrega: "El innegable éxito de la idea de trabajo en equipo de la industria japonesa ha despertado un gran interés aquí, en nuestro mundo empresarial".[52]

Cuando la calidad y la productividad comenzaron a decaer durante la década de los setenta en los Estados Unidos, y las

---

51 "World Champion Mets", *Good Morning America,* Nueva York: American Broadcasting Company, 28 de octubre de 1986.
52 Don Oldenburg, "Teamwork on the Job Can Be Good Business", *Chicago Sun-Times*, 28 de febrero de 1985.

importaciones empezaron a ocupar más porciones del mercado, los directivos decidieron prestar más atención a aquellas cosas que las empresas japonesas realizaban correctamente: descubrieron el trabajo en equipo. Los empleados participaban en las decisiones que los afectaban y trabajaban con —no en contra de— los directivos. El resultado, por supuesto, era mayor productividad y productos de mayor calidad.

Según Roland A. Dumas, de Zenger-Miller, empresa consultora de San Bruno, California, los intentos de los directivos estadounidenses de copiar el estilo japonés han sido sólo ligeramente exitosos, pero el concepto es prometedor, si se implementa de la manera correcta.

Agrega Dumas que la idea de un círculo de calidad, por ejemplo, es suficientemente simple y práctica. En realidad, no es más que un equipo que soluciona problemas liderado por supervisores. De todas maneras, el concepto comienza a encontrar resistencia cuando intentan implementarlo en ese país.

Comenta que los japoneses emplean a capataces como líderes de los grupos. Su función es la de "ser el canal a través del cual los principales intereses de los trabajadores se funden con los principales intereses de la organización". En los Estados Unidos, la elección de los líderes de grupo es aún un tema que se encuentra en experimentación. Algunas organizaciones emplean a facilitadores que se convierten en líderes de facto. Algunas veces, el facilitador toma todas las decisiones, eliminando así la necesidad del grupo. "Se supone que ésa no es la forma en que debe funcionar", opina Dumas.

Dumas cree que existe otro motivo por el cual el método no ha sido adoptado por los estadounidenses: no forman parte de una sociedad acostumbrada a tomar decisiones de grupo. Dice: "Tendemos a considerar al gerente o a la persona encargada de tomar decisiones como héroe. Él es quien gana los laureles por los actos heroicos que realiza para la compañía. No recompensamos los créditos compartidos".

Según Dumas, una solución obvia para este problema sería, por supuesto, la entrega de incentivos, financieros o de otro tipo, al esfuerzo de grupo y de una mayor capacitación en temas como el liderazgo de grupo o la toma de decisiones. Sin embargo, no se tiende a eso, porque los estadounidenses buscan siempre las soluciones rápidas. Desean comenzar a emplear un método nuevo y ver los resultados al día siguiente.

Aquellos que quieren importar el círculo de calidad tampoco lograron prever que las personas elegidas como líderes de grupo son normalmente elegidas por sus habilidades naturales de liderazgo y tienden a elevarse en la organización, cosechando los frutos del buen funcionamiento del grupo. Esto deja al resto sin demasiado reconocimiento y con un líder nuevo e inexperto. El resultado es una disminución previsible de la contribución del grupo.[53]

Si bien los círculos de calidad para el trabajo en equipo no han sido correctamente utilizados entre los gerentes estadounidenses, su evolución, sin embargo, es un buen ejemplo de cómo las personas están reconociendo que las fórmulas de dirección de empresa antiguas ya no funcionan más. Finalmente, hemos comenzado a darnos cuenta de que algo está faltando, y ese algo es el trabajo en equipo. Las implicaciones son enormes a medida que nos alejamos de la orientación individualista y nos acercamos a la orientación de grupo.

---

[53] "Making Quality Circles Ring True for You", *PMA Adviser,* enero de 1985.

El reconocido autor Alvin Toffler cree que los cambios a efectuar de aquí en adelante son "al menos tan grandes como los cambios relacionados con la Revolución Industrial", y que amenazan y que probablemente cambiarán nuestras instituciones más básicas. Los directivos estarán forzados a aprender nuevas maneras de realizar las cosas. Deberán abandonar los hábitos de toda una vida, los mismos que los ayudaron a alcanzar el éxito en otro momento, pero que ahora se han convertido en contraproducentes.

Agrega Toffler: "Lo mismo ocurre con las organizaciones. Los mismos productos, procedimientos y métodos organizativos que los ayudaron a lograr el éxito en el pasado, ya no son efectivos en el presente. En efecto, la primera regla de supervivencia es clara: nada es más peligroso que el éxito de ayer".

El futurista Toffler prevé una cultura empresarial libre, de gigantes corporativos sofocados por sus propias jerarquías y estructuras burocráticas. Dicha cultura tendría en cuenta las "diseconomías de gran escala" que se originan en el crecimiento desmedido de una empresa. Así, resulta muy difícil el manejo efectivo y eficiente de ese tipo de empresa, en un ambiente de cambios rápidos y enormes, que están "creando una civilización totalmente nueva basada en la tecnología de punta, la información y las nuevas formas de organización con fines económicos.

"Se requerirá de un cambio básico que puede simbolizarse claramente mediante la comparación entre la Gran Pirámide de Keops y el móvil de Calder. La burocracia de las industrias clásicas tiene una estructura piramidal formada por un pequeño grupo de control en la cúspide y una serie de sectores funcionales y permanentes por debajo. La forma empresarial (adaptativa) consiste más probablemente en un 'esquema' delgado y semipermanente del cual se suspende una variedad de pequeños 'módulos' temporales. Éstos, al igual que las partes que forman el dispositivo de Calder, se mueven en función de los cambios. Pueden recrearse o reajustarse según lo requieran los cambios del mundo exterior."[54]

En ese ámbito, dice W. Clement Stone, "el trabajo en equipo será especialmente crítico. La cooperación y el trabajo en equipo entre las personas, entre las divisiones o unidades de la misma compañía y aun entre las empresas, serán equivalentes al éxito.

"En los deportes, en los negocios o en otras actividades de la vida, el equipo que empuje hacia el mismo lado, combinando el talento de cada uno de sus miembros para formar una totalidad poderosa, será el ganador. Se han acabado los días en que el recio individualista hacía todo a su manera y sin consideración por los demás.

"A menos que viva como un ermitaño en una isla tropical, necesita de los demás para alcanzar el éxito y los demás necesitan de usted. Por otra parte, aunque sea una persona adinerada y sin problemas económicos, o un gerente profesional con buenos resultados, si trabaja con la colaboración entusiasta de los demás, usted progresará y ganará aún más que aquellos que deciden hacer las cosas por sí mismos".

"Además", agrega Stone, "la persona cuya filosofía de vida se basa en la cooperación antes que en la confrontación, aprovechará de mejor manera los placeres de la vida y disfrutará de la paz y la felicidad que otros nunca conocerán. No quedarán

---

54 Alvin Toffler, *The Adaptive Corporation*, Nueva York: McGraw-Hill, 1985, analizado por Philip Albert en *PMA Adviser*, enero de 1985.

cicatrices en su mente si logra el éxito por medio de la cooperación armoniosa con los demás. Sin embargo, no puede decirse lo mismo sobre las fortunas adquiridas mediante los conflictos y la competencia desleal."

Una persona que reconoce la fuerza del trabajo en equipo y lo ha puesto en práctica es John Lux, presidente y director ejecutivo de AMETEK. Lux, doctor en ingeniería química, supervisa una compañía de más de 600 millones de dólares, que fabrica tanto productos de tecnología no especializada —maquinarias para la fabricación de vinos y tanques de almacenamiento de acero inoxidable— como productos de alta tecnología —instrumentos de precisión y vehículos sumergibles no tripulados—. En 1985, los submarinos no tripulados construidos por la división Straza de la firma localizaron las grabadoras de datos de un vuelo de la Air India que se estrelló en el Atlántico Norte. Además, en 1986, los submarinos fueron puestos en servicio para buscar y fotografiar los restos de la nave espacial *Challenger*.

La estructura organizativa de AMETEK se asemeja en gran manera a la visión de futuro presentada por Toffler mediante el "móvil de Calder". La compañía consta de unos cuarenta grupos. Cada uno de ellos está encabezado por un gerente general con sus propios departamentos de finanzas, producción, ventas y desarrollo. Lux comenta que cada gerente general es un empresario por derecho propio, ya que posee la capacidad de tomar las decisiones para crear una división de vanguardia.

Lux está orgulloso de la estructura descentralizada de la compañía. Dice: "Muchas compañías parecen tener una dirección descentralizada con gerentes de operaciones en constante movimiento, que reciben la motivación y el incentivo para aceptar las responsabilidades y tomar decisiones por sí mismos. Pero en AMETEK realmente lo hacemos posible, ya que conocemos a nuestros gerentes y conocemos su accionar casi tanto como ellos mismos. Confiamos en sus resultados diarios, semanales y mensuales.

"Al encontrarse ante decisiones financieras de importancia, un gerente de AMETEK no evade las responsabilidades completando miles de páginas de informes, y no se queda durante semanas o, peor aún, meses, a la espera de ayuda. Si no podemos manejarlo por teléfono, Bob Noland (el presidente) y yo estaremos allí, no el mes siguiente, sino la semana siguiente, como máximo.

"Así es como se dirige AMETEK, mediante un reducido grupo de expertos financieros, controles muy puntuales de las finanzas y un equipo de gerentes de operaciones expertos y altamente motivados, quienes se ocupan tanto de los resultados a largo plazo de las inversiones como de las ganancias a corto plazo. Está diseñada para ser una estructura de trámites burocráticos mínimos, con suficiente contacto personal como para ser una verdadera dirección y no una 'caja de sorpresas'."

Lux atribuye al Trabajo en Equipo el mérito del éxito en su carrera, la cual se ha extendido durante cuarenta años. Recuerda una época durante los años cincuenta cuando era ejecutivo de Shea Chemical. "Teníamos un proyecto en Tennessee, donde debíamos construir un horno de fósforo, cuya construcción iba a costar 4 millones de dólares, pero sólo contábamos con 2.5 millones. Para mantener la compañía solvente, debíamos finalizar la construcción del horno en la menor cantidad de tiempo posible. Para ello, cada miembro del grupo trabajó entre cincuenta y sesenta horas semanales durante muchas semanas. Compramos equipos usados y realizamos contratos para el futuro.

"Cuando finalmente el horno estaba listo y en funcionamiento, no teníamos el capital necesario para pagar sueldos y cuentas pendientes. De todas maneras, logramos poner el proyecto en marcha, ganar dinero y pagar todas las deudas, aunque eso llevó casi dos años. Fue un logro fantástico por parte del equipo.

"Lo mismo ocurrió en Haveg Industries, una fábrica de plásticos desarrollados mediante ingeniería en la que Lux se había desempeñado como presidente durante once años, previo a la venta de la misma a Hercules Inc., en 1964. Tomamos una compañía que daba pérdida y, en un periodo de un año, la convertimos en una empresa altamente lucrativa. Le agregamos otras más pequeñas, transformándola finalmente en una compañía de 40 millones de dólares. Dicho logro, realizado en ocho o nueve años a finales de los años cincuenta y principios de la década de los sesenta demandó el empeño de un gran equipo de trabajo."

Lux empleó los mismos principios de Trabajo en Equipo en AMETEK. Comenta: "Se requiere de un gran esfuerzo realizado por una gran cantidad de personas para transformar una compañía de 60 millones de dólares en otra de 600 millones en el término de dos décadas, mientras que, además, cada año se aumentaba el dividendo, hasta lograr un récord de treinta y nueve años consecutivos de incremento. El equipo no es sólo el grupo operativo. Está integrado también por las personas que desarrollan nuevos productos y los miembros de la junta directiva que han estado con nosotros durante veinte años. El equipo completo hace que las cosas funcionen. Sin él, yo no hubiera logrado nada."

Lux cree que para que un equipo alcance éxito a largo plazo, sus miembros deben apoyarse mutuamente y confiar unos en los otros, especialmente en los momentos difíciles. Explica: "No ganamos todos los partidos. Nos hemos encontrado con personas que nos decían: 'Esta división no crecerá y creemos que deberían retirar su dinero'. Como resultado de eso, desde 1970 hemos cerrado alrededor de veinte líneas de producción o empresas. La capacidad de reconocer los negocios no rentables y retirarse de ellos a tiempo es tan importante como saber cuáles son los que se encuentran en crecimiento y cómo mantenerlos en funcionamiento. Un directivo debe tener muchas agallas para retirarse de un mal negocio a tiempo.

"En 1982 teníamos un hombre en Texas involucrado en el negocio de la venta de accesorios para la industria del petróleo y de la gasolina. Él percibió que el negocio iba cuesta abajo; los precios habían alcanzado un pico muy alto y la baja del dólar había beneficiado la importación de dichos productos. Consideraba que debíamos cerrar la empresa y así lo hicimos. Vendimos la mercadería de *stock* con una buena ganancia y a partir de ese momento vimos a nuestros competidores caer como moscas. Ése es el tipo de razonamiento que esperamos de parte de nuestro equipo directivo".

La necesidad es a menudo la madre del trabajo en equipo. En la actualidad, es habitual que las compañías formen alianzas estratégicas, para tomar ventajas de las fortalezas de cada una; que las universidades formen sociedades con industrias, para comercializar productos de alta tecnología; e incluso que los sindicatos cooperen con los directivos, para superar los problemas económicos.

Esto no era tan habitual en 1982, cuando un insólito equipo formado por alumnos y profesores universitarios, obreros y personal de la fábrica de automóviles más grande del mundo unieron fuerzas para intentar salvar una importante fábrica, junto con sus empleados, en Tuscaloosa, Alabama.

Frente al incremento de la competencia extranjera, la recesión, las tasas de interés elevadas y la reducción de las ventas, General Motors, muy a su pesar, concluyó que la planta de ensamblado de carburadores situada en Tuscaloosa debería ser trasladada a las instalaciones de Rochester, Nueva York. Allí tenían lugar disponible y el traslado permitiría un importante ahorro en los costos mediante recortes de gastos y de personal.

La decisión no fue muy bien recibida por los líderes de la comunidad, los miembros de la United Auto Workers (UAW) y algunos de los ejecutivos de GM. Después de todo, la planta de Tuscaloosa era una de las plantas de GM más productivas, con una moral elevada, con bajo nivel de ausentismo y donde la UAW había tenido éxito en la aplicación de algunos programas inusuales de participación grupal.

Cuando las protestas llegaron a la oficina central de GM, en Detroit, los directivos decidieron anular la decisión bajo la condición de que la planta reduciría los costos operativos en 2 millones de dólares por año. Los directivos y los obreros trabajaron juntos, GM envió expertos en el tema, pero la mayor reducción de costos que alcanzaron fue de 1.53 millones por año. Finalmente, en un intento desesperado por ahorrar los 470,000 dólares adicionales, requeridos por la dirección de la GM, los directivos locales se acercaron a la Universidad de Alabama, el establecimiento empleador más grande de la zona, para ofrecerle la venta de 30 000 metros cuadrados del establecimiento, que luego ellos mismos rentarían.

Las autoridades de la universidad opinaban que una planta de carburadores no sería de mucha utilidad, pero el presidente Joab Thomas creía que la universidad debía involucrarse en los asuntos financieros de su estado. Con un desempleo que llegaba a 17%, Tuscaloosa no podía darse el lujo de perder doscientos empleos y casi 7 millones de dólares que la planta gastaba en sueldos y materiales. Thomas pensaba que la universidad podía y debía ayudar.

Finalmente se elaboró un acuerdo financiero. Los líderes de la comunidad ofrecieron 75,000 dólares como capital inicial para dar comienzo al programa. La universidad arrendó 4 650 metros cuadrados a un valor de 470,000 dólares anuales durante tres años, con la condición de que la renta se reduciría a una cantidad que serviría de ahorro. Los ahorros no podrían realizarse por medio de despidos de empleados, y todos los recortes deberían ser fijados mediante un acuerdo entre la UAW, GM y la universidad.

Unos cincuenta empleados asalariados y otros doscientos contratados debieron sacar dinero de su propio bolsillo, entregando un promedio de 53.50 dólares cada semana de su sueldo. El dinero sería depositado en un banco de créditos, hasta alcanzar el monto de 470,000, para ser utilizado en caso de que los esfuerzos de reducción de gastos no fueran suficientes. Los riesgos eran altos: si el equipo lograba el éxito, mantendrían su trabajo, si no, formarían parte de las ya largas filas de desempleados.

Los estudiantes involucrados en el proyecto reconocieron de forma inmediata su obligación de contribuir. Éste no era un caso teórico de estudio. El fracaso no significaba sólo una mala nota en un examen, era la vida de muchas personas lo que estaba en juego. Roger Sayers, vicepresidente de asuntos académicos de la universidad, dijo: "La clave era establecer la confianza mutua", entre los dispares miembros del grupo. "Barry Mason, profesor de administración de empresas que dirigía el equipo de tareas y encargado de desarrollar las ideas de reducción de gastos, tenía la determinación de llevar a cabo este emprendimiento como una sociedad igualitaria para todos los involucrados."

Por su parte, Mason se preguntaba si Joab Thomas se había puesto de repente un disfraz de jugador de casino. La reputación de la universidad, sin mencionar una gran cantidad de dinero, estaba en juego. Era desde todo punto de vista un "bautismo de fuego" para los principios del trabajo en equipo. ¿Funcionó?

Funcionó mejor y más rápido de lo que aun los miembros más optimistas del gremio hubieran predicho al comienzo. La escalofriante suma de 470,000 dólares se alcanzó a los ocho meses de comenzado el proyecto y, en 1983, se entregó a cada empleado un promedio de 1,600 dólares, como concepto de devolución por las contribuciones de 53.50 realizadas semanalmente.

En total, el equipo formado por GM, la universidad y la UAW alcanzó cerca de 1 millón al año, en ahorros por reducción de costos. Éstos incluyeron actividades tales como la compra, en lugar de la renta, de los equipos para copias y gráficos, el perfeccionamiento de los equipos mediante el uso de modelos más eficientes, la simplificación de los procedimientos y la instalación de un sistema de control de inventario computarizado.

Barry Mason dice que el proyecto GM alcanzó tanto éxito, que la universidad ha adoptado un proyecto similar con Stockham Valves & Fittings, Inc. de Birmingham. La compañía no se encuentra con problemas económicos, pero desea aprovechar la experiencia que la universidad ha adquirido en control de calidad, seguridad, manejo de materiales y planificación de procesos, es decir, medidas de reducción de costos que se pueden tomar, evitando la eliminación de puestos de trabajo. Además, se encuentran pendientes otras propuestas.

Mason cuenta que GM se entusiasmó de tal manera con este proyecto, que decidió invertir 14 millones de dólares en la automatización de la planta de Rochester, con el fin de que ésta no sólo arme carburadores, sino que también los fabrique. La UAW ha apartado algunos fondos para la capacitación de los obreros y está interesada en utilizar el programa de Tuscaloosa como prototipo para ser imitado por otras plantas.

Mason ofrece la siguiente fórmula para asegurar el éxito del trabajo en equipo:

1. no comenzar, si no se cuenta con el compromiso de los directivos de cada unidad participativa.
2. desarrollar un grupo amplio de personas que apoyen el proyecto, para asegurar la continuidad y cooperación, especialmente en caso de realizarse cambios de personal.
3. ser flexibles con los temas contractuales, los procedimientos contables de gastos, la participación en la información confidencial y en la aceptación de ideas no tradicionales.
4. buscar una reducción de costos rápida al comienzo, para establecer la credibilidad tanto de quienes apoyan la idea como de los incrédulos.
5. honrar las áreas "excluidas" de las medidas a tomar, concentrándose en propuestas de reducción de costos que no las amenacen.
6. utilizar un tercero (en el caso detallado anteriormente, la función de la universidad) como mediador y facilitador en las áreas que pueden conducir a conflictos entre obreros y directivos.
7. incluir las metas y las necesidades de todas las partes en un acuerdo escrito.

Mason señala que dicho enfoque permitió al grupo de trabajo formado por doce miembros (cuatro de cada organización) aceptar rápidamente la total responsabilidad para alcanzar el éxito en el proyecto. Todos los miembros del equipo adoptaron la actitud "estamos juntos en esto." Las ideas se convirtieron en "nuestras" propuestas, no de la universidad o de la dirección.

En el futuro, los equipos ganadores deberán adoptar un rol diferente al de hoy y, por cierto, los directivos deberán entrenarlos de otra manera para lograr el éxito. Dice Stephen L. Pistner, presidente y director ejecutivo de Montgomery Ward & Co., filial de Mobil Co.: "La idea tradicional del triunfo supone ganar a costa de los demás. Esa orientación conduce a una definición muy limitada de quién debería ser el ganador. Todos tenemos impresiones instintivas acerca de los 'elementos' que se supone poseen los ganadores: son muy desenvueltos, confían en sí mismos para dictar las reglas del juego, representan el nivel más alto de desempeño individual.

"Esta noción de ganador no reconoce la diversidad de caracteres, actitudes y habilidades que se requieren para manejar negocios importantes y complejos. Si se deben unificar las necesidades creativas de los negocios con las demandas humanas de nuestra cultura, los directivos deberán redefinir el concepto de *ganador* para lograr adaptarse a las necesidades de las variadas situaciones de las empresas. Ser ganador, más allá de lo habilidoso, ya no es sinónimo de comportamiento agresivo individual".[55]

De acuerdo con el punto de vista de Pistner, la labor de la dirección es la de ubicar a las personas en situaciones,

---

55 Stephen L. Pistner, "Savvy management utilizes every employee's best traits", *Crain's Chicago Business*, 18 de junio de 1984.

tareas y proyectos ganadores conforme a su capacidad individual, intereses y ambiciones. Las personas desean ser exitosas
y competentes. Pistner comenta: "Cuando se permite que surja
la excelencia de las habilidades individuales y de la química de
una persona, nos encontramos ante una situación ganadora.

"Muy a menudo, la parte empresarial de los Estados
Unidos ha intentado eliminar la diversidad entre sus empleados, como si fuera un defecto por superar. Nuestra labor como
directivos es la de darnos cuenta y motivar de manera que se
reconozca e impulse esa diversidad".

Podrá sorprenderse al saber que John Wooden, el más
exitoso entrenador del baloncesto universitario, estaría de acuerdo con eso. En un ensayo publicado por Panhandle Eastern
Corporation en el *Wall Street Journal*, Wooden escribió: "En mi
opinión, el éxito no se logra ganándole a alguien, sino adquirien-
do la paz mental que deriva de la satisfacción propia de saber
que hizo las cosas de la mejor manera. Eso es algo que la persona
debe determinar por sí misma. Puede engañar a otros, pero no
a usted mismo."

"Muchos se sorprenden al saber que, en veintisiete años
en la UCLA, jamás hablé de ganar. Por el contrario, les decía a
mis jugadores antes del partido: 'Cuando termine el partido,
quiero que se retiren del campo de juego con la cabeza en alto,
y hay una sola manera de lograr eso: si ustedes saben, no yo, que
dieron su máximo esfuerzo. Si lo logran, entonces el resultado
no tendrá importancia, aunque tengo la sensación de que si lo
hacen, el resultado acompañará sus esfuerzos'.

"Siempre enseñé a los jugadores que el ingrediente principal del estrellato es el resto del equipo. Es asombroso cuánto
se puede lograr si nadie se preocupa por saber quién se llevará
el crédito".

Wooden cuenta que se interesaba más por el carácter del jugador que por su habilidad: "Aunque puede ser posible alcanzar la cumbre de una profesión únicamente con habilidad, es imposible permanecer allí sin el esfuerzo y el carácter.

"Usted es en realidad su carácter. Su reputación es sólo lo que los demás piensan de usted. Realicé un esfuerzo muy grande para evaluar el carácter de las personas. Busqué jóvenes que jugarían de forma dura, pero limpia, y quienes siempre intentarían mejorar para ayudar al equipo. Luego, si su capacidad lo garantizaba, los triunfos vendrían por sí solos."

Puede interesarle saber que Wooden es el único hombre en la historia del baloncesto consagrado en el Basketball Hall of Fame como jugador y entrenador. Cuando se retiró, luego de cuarenta años de labor como entrenador, dejó un récord nunca superado en el deporte de los Estados Unidos. En veintisiete años en la UCLA, sus equipos nunca tuvieron una temporada de derrotas. En sus últimos doce años allí, ganaron diez campeonatos nacionales, siete de ellos en forma sucesiva. Y después de él, mantuvieron el récord por la más larga sucesión de campeonatos ganados en cualquier deporte masivo: ochenta y ocho partidos en cuatro temporadas.

De eso se trata el Trabajo en Equipo. Convierte a todos los miembros del equipo en ganadores.

Cuarta Parte
Principios intelectuales

"Uno de los problemas que he hallado con respecto a los libros de autoayuda es que le dicen muy a menudo qué debe hacer, pero no le dicen cómo hacerlo", dice W. Clement Stone. Este libro refleja la tendencia de Stone hacia la información sólida, práctica y activa. Nos hemos propuesto incluir en esta sección de Principios Intelectuales el tipo de información que puede tomar rápidamente y aplicar a su situación particular.

Al igual que con los demás principios para el éxito de Stone, los Principios Intelectuales poseen una inclinación pragmática. La Visión Creativa, la Atención Controlada y el Pensamiento Preciso se explican en términos de acción. Se proporcionan sugerencias específicas y técnicas probadas para ayudarlo a usted a desarrollar sus capacidades creativas y a aprender a pensar con mayor claridad.

Los Principios Intelectuales de ninguna manera deben ser interpretados como sustitutos de la educación formal. Ni siquiera toda la AMP del mundo le permitiría alcanzar un puesto que requiere un doctorado cuando lo único que obtuvo fue el título del colegio secundario.

Lo que estos principios harán por usted es ayudarlo a poner en acción el conocimiento que ya posee y el conocimiento que todavía tiene que adquirir. Cuando se aplican de manera conjunta con la educación formal, los Principios Intelectuales lo ayudan a ser una persona más concentrada, imaginativa, creativa y motivada.

Si necesita un título avanzado para progresar en su carrera y hace ya varios años que no estudia, esta filosofía lo ayudará a encontrar el valor dentro de usted mismo para hacer lo que debe para alcanzar las metas que se haya propuesto. Si nunca ha elaborado un plan para su vida, estos principios lo ayudarán a elaborar uno. Si su plan está oxidado por la falta de uso y de atención, estos principios lo ayudarán a volver al sendero del éxito.

Al combinar el poder contenido en los Principios Intelectuales con sus conocimientos académicos, puede crear una fuerza capaz de resolver cualquier problema o superar cualquier obstáculo.

Los principios funcionan. Han sido aplicados por muchas personas exitosas que alcanzaron altos niveles de éxito. Pueden hacer lo mismo por usted si tan sólo los utiliza.

Capítulo 14
Visión Creativa

En 1979, el Club de Roma, grupo *ad hoc* de voluntarios selectos que analiza importantes problemas mundiales y nacionales e identifica soluciones positivas, emitió un importante informe acerca del aprendizaje. Fue la culminación de un esfuerzo de dos años cuyo propósito era ayudar a la humanidad "a aprender a despertar su potencial latente y utilizarlo de ahora en adelante con determinación e inteligencia". El proyecto involucró a cientos de personas y grupos de educadores de tres países: Rumania, Marruecos y los Estados Unidos. Se llevaron a cabo seminarios en diferentes lugares del mundo y muchos de los educadores más sobresalientes a escala mundial aportaron sus ideas para el proyecto.

El producto final de esta impresionante aplicación de poder intelectual fue el convincente argumento de que el planeta del futuro depende de nuestra capacidad de aprendizaje. A través de éste, las naciones hambrientas se pueden alimentar, la economía de las industrias y de las empresas de servicios pueden adquirir mayor productividad y se puede minimizar la amenaza mundial de destrucción nuclear.

Un resultado adicional del estudio fue una mejor comprensión y clasificación del aprendizaje y la creatividad. El equipo identificó dos tipos de aprendizaje:

- **aprendizaje de subsistencia.** Consiste en encontrar la solución a un problema de acuerdo con la manera en que nos enseñan en el sistema educativo público. Nos "plantean" un problema y nos piden que hallemos la solución.
- **aprendizaje innovador.** Consiste en la "formulación y agrupación de problemas". Se trata de imaginar conceptos completamente nuevos y desafiar viejos supuestos, en otras palabras, de ampliar los horizontes.

Los estudiosos del tema descubrieron, además, que gran parte de nuestro potencial para el aprendizaje innovador se encuentra en nuestra capacidad de pensar en imágenes. El informe dice que "las imágenes preceden a las palabras. En el proceso de interacción y cognición, la mente humana utiliza imágenes que son básicas al razonamiento".[56]

Son esas imágenes las que a menudo conducen a innovaciones revolucionarias, dice el doctor James Botkin, uno de los tres autores del informe. "Mucha gente cree que la secuencia es: primero, la ciencia inventa el producto, luego se crea la tecnología y por último se crea el producto."

Botkin, escritor, investigador y asesor de gestión y aprendizaje de tecnología que reside en Boston, dice que "los empresarios de la alta tecnología aseguran que esto es al revés. Dicen

---

56 James W. Botkin, Mahdi Elmandjra y Mircea Malitza, *No Limits to Learning: Bridging the Human Gap, a Report to the Club of Rome,* Oxford: Pergamon Press, 1979.

que primero está la tecnología, luego el producto comercial y finalmente la ciencia descubre por qué fueron inventados. El punto es que la clave no son ni los científicos ni los tecnólogos sino los 'visionarios'. Y existen tan pocos visionarios tecnólogos (ver Steven Jobs) como visionarios científicos."

Botkin, autor de varios libros dedicados a temas de educación y tecnología y doctor en sistemas informáticos por la Harvard Business School, señala que la computadora puede almacenar y manejar información al igual que la mente humana. Lo que no puede hacer es generar la idea original que se visualiza en la imaginación.

"Una vez que tiene la idea, puede programarla en la computadora para que ésta pueda recrear la misma visión. Usted puede separarla en varias partes, manejar dichas partes con la computadora y recuperar la idea con modificaciones. Pero tiene que comenzar con la visión."

El *folklore* popular dice que fue la imaginación de Einstein, no su conocimiento sobre la física y las matemáticas, lo que lo condujo a la teoría de la relatividad. La historia dice que comprendió la teoría cuando se imaginó a sí mismo viajando sobre un haz de luz estelar por el espacio. Sólo cuando imaginó lo que hubiera sucedido si viajaba sobre el haz, pudo elaborar las fórmulas matemáticas que probaron la teoría.

Indudablemente, Thomas Edison fue uno de los inventores más grandes de la historia moderna, aunque básicamente su idea acerca de la luz eléctrica fue en realidad la combinación de dos principios reconocidos. Era sabido que si uno pasaba corriente eléctrica por un cable, éste se calentaría lo suficiente como para generar luz; el problema era que el cable se quemaría.

Edison realizó cientos de experimentos con materiales filamentosos, hasta que recordó que nada se quema sin oxígeno —principio comúnmente utilizado para hacer carbón— y pudo elaborar una luz incandescente que funcionara. Extrajo el aire de una bombilla de vidrio, calentó el cable con corriente eléctrica y puso en funcionamiento una fuerza que dio origen a industrias enteras y que erigió los pilares de la revolución tecnológica de la actualidad.

La visión creativa de Edison bien puede definirse como una combinación de imaginación e intuición. Esto fue puesto en práctica por hombres y mujeres de todos los grupos sociales que deseaban intentar algo diferente. Fue responsable de todos los grandes avances que la civilización ha tenido desde la invención de la rueda hasta la era espacial. Thomas Dewey dijo que "cada avance de la ciencia ha sido producido por la audacia de una nueva imaginación".

Cada vez que usted reorganiza la información combinándola u ordenándola de manera diferente, está utilizando su imaginación. Cada vez que fija una meta y se imagina a usted mismo habiéndola alcanzado, está utilizando su imaginación.

Al ya fallecido A. N. Pritzker, patriarca de una familia que controla billones de dólares dirigiendo las compañías Hyatt Hotel y Marmon Group, le gustaba relatar la historia de cómo ingresó en la industria hotelera.

"Hace aproximadamente veinticinco años, mi hijo Jay me llamó por teléfono desde el hotel en el que se alojaba, de nombre Hyatt House, ubicado en el aeropuerto de Los Ángeles", recordaba. "Me dijo: 'Papá, creo que deberíamos comprar este hotel. Debe estar generando mucho dinero'. Y yo le respondí: 'Está bien, cómpralo'.

"Durante casi diez años no hubo mucho movimiento. Compramos otros hoteles, pero tampoco funcionaban muy bien. Luego escuchamos algo interesante que había ocurrido en Atlanta. El famoso arquitecto John Portman había diseñado un hotel, pero el trabajo se estaba retrasando, porque la compañía aseguradora responsable del préstamo les dijo a las partes involucradas que tendrían que buscar un nuevo dueño."

El diseño de Portman estalló en la imaginación de Pritzker. Vio en los dibujos del arquitecto un nuevo concepto que "revolucionaría el mundo de los hoteles, con su atrio abierto en el *Hall* de entrada" (Pritzker sonreía recordando que solían llamar a ese lugar el "*Hall* Dios Mío", porque cuando la gente lo veía por primera vez, miraba a su alrededor y decía: "¡Dios mío!").

En minutos firmó un contrato que lo designaba propietario del hotel y el Hyatt de Atlanta se convirtió en el emblema de la cadena mundial de hoteles. El atrio se transformó en la marca registrada de Hyatt. Sin embargo, nada sucedió hasta que Pritzker vio en su imaginación las posibilidades que podría darle este diseño único y dio los pasos necesarios para poner su plan en acción.

Usted también puede desarrollar esa clase de Visión Creativa combinando los poderes de su mente consciente con los de su subconsciente —imaginación e intuición—, para convertirlos en una fuerza poderosa.

Para utilizar su imaginación en su máxima capacidad, comience por reunir toda la información disponible del tema de todas las fuentes posibles. Lea todo una vez de manera superficial, para tener una idea general de lo que consiguió. Luego vuelva a leer en detalle, lentamente y con toda su concentración. Anote y organice la información en el orden en que planea utilizarla.

Éstos son pasos de rutina que puede seguir cualquier persona; la verdadera prueba no es reunir información, sino aplicarla. El paso siguiente del proceso es fundamental. Revise los datos nuevamente, esta vez buscando cualquier cosa inusual que pudo haber pasado por alto anteriormente. SRI International, instituto estratégico de California, llama a esto "modelo de reconocimiento" y ha desarrollado un sistema que dice que puede ayudarlo a marcar tendencias mucho antes de que sean de conocimineto público.[57]

El sistema SRI busca "exploradores" que revisen las publicaciones en busca de anomalías, detalles que los sorprendan partiendo de lo que ya conocen. Los exploradores luego resumen los artículos y los derivan a expertos de diferentes secciones, que revisan la información antes de las reuniones mensuales.

En las reuniones, los miembros del equipo forman grupos o pistas de ideas y aplican su sabiduría y su intuición para detectar el cambio. Se alienta a que todos expresen sus pensamientos, sin temor a ser criticados y sin preocuparse por su jerarquía o por el resultado del debate.

Jim Smith, líder del equipo de SRI, dice que estos pensadores libres han encontrado un gran número de asociaciones correctas. Entre otras, los líderes del programa propusieron abrir el mercado con China mucho tiempo antes de la histórica visita del presidente Nixon a dicho país, en 1972, e identificaron el estrés laboral mucho antes de que fuera un tema de conocimiento popular.

W. Clement Stone apoya lo que él llama la Fórmula R2A2: Reconocer y Relacionar, Asimilar y Aplicar los princi-

---

57 "Spotting Trends", *PMA Adviser,* mayo de 1984.

pios de lo que usted ve, oye, piensa y experimenta, para lograr cualquier objetivo. "No importa cuál sea la meta, mientras que no viole las leyes de Dios ni los derechos del prójimo. Usted puede lograr lo que otros creen que es 'imposible'.

"Su mente es la mejor máquina que se haya creado. Es tan extraordinaria, que sólo Dios pudo haberla creado. Es la computadora humana. La computadora electrónica fue diseñada para funcionar de manera similar a su computadora: su cerebro y su sistema nervioso. La computadora humana es similar a su par electrónico también en otro sentido: nunca puede sacar de ella más de lo que le haya ingresado."

Además de reunir información de campos relacionados y no relacionados, para ser realmente imaginativos y creativos, debemos utilizar de manera efectiva ambos lados de nuestro cerebro. Rudyard Kipling escribió el poema "El hombre bilateral" hace más de cincuenta años, en el cual concluye:

> ¡Puedo salir sin camisa o sin zapatos
> sin amigos, sin pan o sin tabaco,
> pero no puedo confundir ni un momento
> los dos lados separados de mi intelecto!

A pesar de que la humanidad ha sabido acerca de la existencia de los lados divididos del cerebro, comenzamos a comprender las funciones internas de la mente hace poco tiempo. Actualmente se acepta el hecho de que cada parte procede de manera diferente, a pesar de que las dos mitades reciben la misma información. La mitad izquierda se ocupa de la lógica, controla la lengua, es analítica, secuencial y recta. La mitad derecha se ocupa de lo imaginario, es el "ojo de la mente" que nos ayuda a comprender las metáforas, a visualizar cosas y a crear nuevas combinaciones de ideas.

Aunque obviamente necesitamos ambas aptitudes para funcionar con eficacia, la mayor parte de nuestra educación se concentra en actividades del hemisferio izquierdo. Memorizamos tablas numéricas y fórmulas matemáticas, almacenamos información en la memoria y aprendemos a recordarla cuando la necesitamos; nos enseñan a pensar de manera analítica y directa. Se pone poco énfasis en lo emocional e intuitivo, habilidades que residen en el hemisferio derecho del cerebro.

¿Es algo que se pueda aprender? Betty Edwards, maestra de arte de la California State University en Long Beach, cree que sí. En su libro *Drawing on the Right Side of the Brain (Aprender a dibujar con el lado derecho del cerebro)* dice que "una de las maravillosas capacidades del lado derecho del cerebro es la imaginación: ver un dibujo imaginario con el ojo de la mente. El cerebro puede crear una imagen y luego 'mirarla', 'viéndola' como si estuviera 'allí realmente'. Los términos para esta capacidad, *visualizar* e *imaginar*, son utilizados de manera intercambiable, a pesar de que para mí el término *visualizar* contiene la idea de una imagen en movimiento, mientras que *imaginar* parece referirse a una imagen estática".

Edwards aconseja una serie de ejercicios para desarrollar el lado derecho del cerebro, comenzado por dibujar imágenes invertidas, de derecha a izquierda o del reverso. Por supuesto, la idea es mirar las cosas de manera diferente a como lo ha hecho siempre, "aprender el modo de ver que tiene el artista: la clave es dirigir la atención hacia la información visual que el lado izquierdo no puede o no logrará procesar."[58]

---

58 Betty Edwards, *Drawing on the Right Side of the Brain,* Los Ángeles: J. P. Tarcher, 1979.

Puede aplicar la misma técnica para casi cualquier ejercicio relacionado con la imaginación, ya sea resolver un problema particularmente difícil, dar con una nueva campaña promocional o encontrar nuevos clientes para una línea de productos estancados. Utilice sus capacidades de visualización cambiando las posiciones de la idea dentro de su mente y mirándola en todas las direcciones posibles, hasta que la vea de un modo que nunca la haya visto. Un punto de vista renovado puede ser todo lo que necesita para encontrar una solución creativa para un problema con el que ha estado luchando.

No olvide anotar sus buenas ideas. Los pensamientos son pasajeros: es posible que no pueda recobrarlos a voluntad. Garrison Keillor, en su libro *Lake Wobegon Days (Los días en el Lago Wobegon)*, se lamenta por un manuscrito perdido: "La historia perdida brillaba con tanta luz en la oscura memoria, que todo intento por volver a encontrarla se convertía en algo pálido y poco definido antes de que llegara a la primera oración [...] 'Lake Wobegon' comenzó como un monólogo semanal [para Prairie Home Companion, programa de radio que él conducía], mientras esperaba que algún sábado por la noche, parado sobre el escenario, mirando las luces, mi historia perdida bajara en un haz de luz y aterrizara en mi cabeza. Once años después, todavía sigo esperando".[59]

Si alguna vez escuchó los enigmáticos monólogos de Keillor, recordará que uno nunca está seguro de qué parte es verdad y qué parte es fantasía. Sin embargo, hay algo que es seguro, es difícil recuperar las ideas perdidas. Anótelas cuando vienen a su cabeza.

---

59 Garrison Keillor, *Lake Wobegon Days*, Nueva York: Vickings, 1985.

El paso siguiente en la Visión Creativa es un poco más amplio y mucho más abstracto. Es la aplicación de los datos que residen en su subconsciente. Mientras que su mente consciente funciona sólo cuando usted está alerta y despierto, su subconsciente trabaja las veinticuatro horas del día. Si aprende a escucharlo, su subconsciente le puede proporcionar algunas ideas maravillosas, así como combinaciones extrañas de la información con la que cuenta, lo que da como resultado una manera nueva y mejor de hacer algo. El concepto no es muy científico, pero funciona.

Carl Perkins, cantante y compositor, se deleita relatando cómo un comentario que escuchó por casualidad en un baile y parte de una canción de cuna se combinaron en su imaginación para producir un disco que vendió millones de copias. La advertencia que le hacía un adolescente a su novia de que tuviese 'cuidado con sus zapatos de ante' siguió sonando en la mente del cantante mucho tiempo después de que el baile había terminado y ya estaba durmiendo. Se incorporó en la cama cuando se le ocurrió una línea: "Una por el dinero, dos por el *show*..."

Escribió las letra de "Blue Suede Shoes" ("Zapatos de ante azul") en una bolsa de papel y la canción ya era un éxito para él cuando Elvis Presley la grabó e hizo de ella un clásico del *rock and roll*.

Rance Crain, presidente y editor ejecutivo de *Crain's Chicago Business*, dice que esos momentos de inspiración que le vienen en medio de la noche deben ser alentados, no desalentados.

"Su subconsciente lo despertó por alguna buena causa y esa causa puede ser que está por nacer una idea. Así que déjese llevar por sus pensamientos y muy pronto éstos llegarán a los problemas (u oportunidades) con los que estaba luchando. Y muy pronto, luego de eso, obtendrá la solución."[60]

Crain, cuya empresa también publica *Advertising Age,* no cree que existan unas personas que sean creativas y otras que no lo sean. Define la creatividad como "un nuevo modo de mirar las cosas y los conceptos conocidos. El truco está en ver las cosas de manera diferente, y para eso tendrá que modificar un poco su manera de operar.

"No tiene que cambiar demasiado. Pero el proceso de pensar diferente en las pequeñas cosas inevitablemente lo conducirá a pensar diferente en asuntos más grandes e importantes".

Crain cree que lo importante es el proceso, y que el hecho de cambiar el orden de hacer las cosas o cambiar la manera de hacerlas lo forzarán a pensar más acerca de lo que está haciendo. Quizá realizando tal cambio notará algo que no le había ocurrido antes, lo que le sugerirá una nueva solución a un viejo problema.

Hace referencia al libro de James Webb Young, *A Technique for Producing Ideas (Una técnica para producir ideas).* A pesar de haber sido publicado en 1940, describe un método que es tan valido en la actualidad como lo fue en su momento. Young sugería cinco pasos para tomar una idea desde la concepción, pasando por la elaboración y finalizando en la implementación:

1. junte el material sin elaborar. Investigue el problema inmediato y aplique la información que le otorga el enriquecimiento continuo de su conocimiento general.

---

60 Rance Crain, "Can't Sleep? It's genius calling", *Crain's Chicago Business,* 25 de junio de 1984.

2. trabaje sobre esa información en su mente.

3. elabore la idea en su subconsciente.

4. reconozca la etapa de "¡eureka!, ¡lo conseguí!", cuando la idea realmente nace.

5. moldee y desarrolle la idea para que tenga utilidad práctica.

Crain nos recuerda que todas las ideas implican riesgo y que, si realmente queremos expresar nuestra creatividad, debemos superar los obstáculos tales como el temor a fracasar, a ser rechazados o a parecer tontos.

Sin duda, el más difícil de los cinco pasos es el periodo de elaboración en el subconsciente. El doctor Elmer Gates, contemporáneo de Thomas Edison, lo controlaba bien. De hecho, obtuvo casi el doble de patentes que Edison y recibía una excelente remuneración como asesor de las industrias líderes de su época.

Gates elaboró un método para destrabar su Visión Creativa al que llamaba "sentarse para atraer ideas". Cuando quería hallar la solución a un problema, iba a una sala a prueba de ruidos que había diseñado especialmente para este propósito, se sentaba con una libreta y un lápiz y apagaba las luces. Luego se concentraba en el problema y esperaba recibir una solución. Algunas veces, las ideas surgían rápido; otras, no. En ocasiones, no llegaban nunca. Pero Gates mejoró y reformó más de doscientas cincuenta patentes de invención utilizando este método.

En su libro *Higher Creativity; Liberating the Uncoscious for Breakthrough Insights* (*Creatividad superior: liberar el inconsciente para obtener ideas revolucionarias*), el doctor Willis Harman y Howard Rheingold le dieron un giro diferente a la analogía de la computadora descrita por W. Clement Stone. Dicen que el proceso es simplemente "ingresar, procesar y extraer". Apoyan un método de cuatro pasos para liberar los poderes del subconsciente creativo:

1. utilice la visualización y la imaginación.
2. programe y reprograme el procesador de ideas inconsciente.
3. alcance la relajación manteniendo la atención para abrir canales.
4. utilice el poder de sus sueños.[61]

Además, aconsejan ejercitar periódicamente el ojo de la mente, para ayudarlo a visualizar las situaciones con mayor claridad. Comience imaginando situaciones de relajación, tranquilas, como caminar por una pradera, beber agua de un manantial, mirar el mar; luego, al regresar de su viaje imaginario, anote sus impresiones y las imágenes que vio o dibújelas.

Las primeras imágenes son particularmente importantes, porque pueden brindar indicios de sus sentimientos más profundos y ayudan a desarrollar sus habilidades para visualizar.

Sin embargo, los autores advierten: "A veces, el significado de las imágenes se aclaran más tarde, cuando el contexto se completa con otras imágenes.

"No se desanime si no ocurre nada espectacular al principio. Simplemente repita el ejercicio todos los días, hasta que se sienta cómodo con él y las imágenes sean más vívidas.

---

61 Willis Harman y Howard Rheingold, *Higher Creativity, Liberating the Unconscious for Breakthrough Insights*, Los Ángeles: Jeremy P. Tarcher, 1984.

"Después de todo, vale la pena un poco de práctica y esfuerzo para aprender el idioma del inconsciente, para que, cuando éste le hable, usted pueda comprenderlo y comunicarse con él".

El segundo paso en el proceso de Harman y Rheingold es la afirmación, programando y reprogramando el procesador de ideas inconsciente. En esencia, es el método de autosugestión desarrollado por Stone y Napoleon Hill que se describe en el capítulo 18.

Harman y Rheingold citan a Maxwell Maltz, autor de *Psychocybernetics (Psicocibernética)*, que escribió: "La persona exitosa o con suerte ha aprendido un simple secreto: llamar, capturar y evocar los sentimientos de éxito. Cuando se sienta exitoso y confíe en usted mismo, tendrá éxito".

"Defina su meta o resultado final. Véase en su mente clara y vívidamente. Luego, simplemente capte lo que sentiría si ya hubiese alcanzado la meta deseada. Así, su máquina interna se orientará hacia el éxito: para guiarlo a realizar los ajustes y los movimientos musculares correctos, para proveerle ideas creativas y para hacer lo que sea necesario para que la meta deseada sea un hecho consumado."

Para llegar a un estado de relajación manteniendo la atención y abrir el canal de comunicación de su inconsciente, Harman y Rheingold recomiendan el proceso propuesto por Herbert Benson (ver capítulo 11).

Además, ofrecen algunos consejos prácticos para aprovechar sus sueños: "Una cosa es cierta: cuando dormimos (generalmente), abandonamos el estado consciente. Nos encontramos en el reino de lo inconsciente y éste nos puede hablar directamente, sin las interferencias generadas por las distracciones del exterior, el murmullo del pensamiento o las demandas del cuerpo. ¿Será ése el motivo por el que muchas de las inspiraciones, iluminaciones, revelaciones, ideas, decisiones y símbolos vienen a nosotros 'cuando soñamos'?".

Los autores dicen que no hay que preocuparse por interpretar los sueños según la teoría psicológica; los sueños son tan personales como las personas que los sueñan.

Sin embargo, lo que sí aconsejan es recordarlos. Tenga cerca de su cama un cuaderno o una grabadora, anote la fecha del sueño y repáselo tan pronto como se despierte. Analice sus sueños a medida que pasa el tiempo, debata acerca de ellos con otras personas, asista a clases y seminarios en la materia, pero no espere milagros inmediatos. Debe manejar las técnicas de relajación mucho antes de comenzar a comprender sus sueños.

A pesar de los muchos años de investigación, los científicos recién están comenzando a comprender cómo funciona la mente humana. Tal vez veamos un cambio repentino en un futuro cercano o nos lleve cientos de años de progreso antes de poder utilizar eficazmente el vasto potencial del cerebro humano. Nadie sabe las respuestas que nos depara el futuro. Lo que sí sabemos es que muchas personas exitosas han aplicado varias técnicas para liberar el subconsciente, con el fin de enriquecer su vida personal y profesional. Ellos han utilizado estos métodos que les ayudaron a desarrollar y a mejorar la Visión Creativa que todos poseemos. Usted puede hacer lo mismo.

La demanda de Visión Creativa nunca ha sido tan urgente como en la sociedad actual que está cada vez más supeditada a la información. Los ganadores de un mercado que cambia a gran velocidad, donde el ciclo de vida de productos y negocios enteros es cada vez más corto, serán aquellos que tengan una Visión Creativa para anticiparse a las necesidades del mercado, incluso, antes de que los clientes mismos sepan qué quieren.

Capítulo 15
Atención Controlada

Durante diez años, Miguel Ángel realizó el esfuerzo de construir la Catedral de San Pedro, combatiendo la burocracia y la política, luchando contra las vicisitudes de la edad y de sus dolencias. A la edad de ochenta y dos años, luego de estar enfermo durante varios meses con fuertes dolores causados por cálculos en sus riñones, regresó a la obra y se encontró con que el nuevo capataz había interpretado mal los planos, cometiendo graves errores en la construcción. Por esa razón, una de las capillas debía ser demolida.

Fue a visitar al papa Pablo y se encontró con que su crítico Baccio Bigio ya había estado allí exigiéndole al Papa que destituyera a Miguel Ángel de su cargo como arquitecto de la catedral. De acuerdo con una escena escrita por Irving Stone en *The Agony and The Ecstasy (La agonía y el éxtasis)*, en su encuentro con el Papa, Miguel Ángel le dijo: "Su Santidad, durante treinta años he visto a buenos arquitectos construir cimientos débiles. Con la catedral, nunca lograron avanzar más allá del suelo. En los diez años que yo he sido el arquitecto, la iglesia se ha elevado como un águila. Si me despide ahora, será la ruina del edificio".

El Papa contestó: "Miguel Ángel, mientras tengas fuerza para luchar, continuarás siendo el arquitecto de la Catedral de San Pedro".

Era dolorosamente evidente que Miguel Ángel debía completar los bosquejos para la magnífica cúpula. Si algo le ocurría, ningún otro ser sobre la tierra lograría imaginar su visión de ella; la iglesia no podía finalizarse sin él.

Casi ya sin tiempo, Miguel Ángel sabía que debía completar el diseño de la cúpula. Escribe Stone: "Buscaba el equilibrio absoluto, la perfección de líneas, curvas, volumen, peso, apertura, densidad, elegancia, la profundidad del espacio infinito. Aspiraba a crear una obra de arte que trascendiera la época en la cual vivió".

Miguel Ángel ya había realizado algunos dibujos y modelos, pero ninguno colmaba sus expectativas. Los descartó todos. Finalmente, una noche, poco después de su conversación con el Papa, la idea surgió, según Irving Stone, "luego de once años de pensar, dibujar, rezar, esperar y desesperar, experimentar y rechazar, la creación de su imaginación, con componentes de todas las artes, imponente en su tamaño, aunque frágil como un huevo en su nido, remontándose alegre y vivaz hacia el cielo, construcción delicada y armoniosa, se elevaba con sus 105 metros de altura, con su forma de pera, como los pechos de la Madonna de Medici [...] Una cúpula como ninguna otra".

Cuando su viejo amigo Tommaso vio los dibujos, murmuró: "Ha llegado. ¿De dónde vino?".

Miguel Ángel respondió: "¿De dónde vienen todas las ideas? Sebastiano hizo la misma pregunta cuando era joven. Sólo puedo darte la respuesta que le di a él, ya que no soy más sabio a los ochenta y dos años de lo que era a los treinta y nueve: las ideas son una función natural de la mente, como la respiración es de los pulmones. Quizá vengan de Dios".[62]

En tan sólo una noche, Miguel Ángel completó y perfeccionó aquello por lo que tanto había luchado durante más de una década.

El estado de concentración elevada trae consigo un rendimiento mental que los investigadores han comparado con la sensación de euforia generada por las drogas y el sexo, y con la sensación que experimentan los atletas. Un artículo de *The New York Times* acerca de este tema dice que es un estado alterado "en el cual la mente funciona a su más alto nivel; con frecuencia, el tiempo se distorsiona y una sensación de felicidad parece impregnar el momento." Un equipo de investigadores describe esos momentos de abstracción como 'estados de fluidez'."[63]

El artículo continúa: "Según Mihaly Csikszentmihalyi, psicólogo de la Universidad de Chicago, *fluidez* refiere a 'aquellos momentos en que las cosas parecen ir bien, cuando uno se siente vivo y totalmente atento a lo que está haciendo'."

El doctor Mihaly Csikszentmihalyi realizó un estudio con un grupo de ochenta y dos voluntarios, que incluía desde obreros y oficinistas hasta ingenieros y gerentes. Durante varios momentos del día, los voluntarios registraban cómo se sentían y qué era lo que estaban haciendo. Resulta interesante notar que los investigadores descubrieron la existencia de una zona entre el aburrimiento del trabajo desalentador y la ansiedad

---

62 Irving Stone, *The Agony and the Ecstasy*, Garden City: Doubleday & Company, 1958.
63 Daniel Goleman, "Concentration Is Likened to Euphoric States of Mind", *The New York Times*, 4 de marzo de 1984.

de un trabajo demandante en la que la concentración parece elevarse a su punto más alto. El doctor Csikszentmihalyi la denomina como "una clase de excitación mental", por medio de la cual logramos enfocar nuestra concentración de manera extraordinaria.

Los resultados de tal concentración pueden ser asombrosos. El ya desaparecido columnista y escritor Sydney J. Harris utilizaba una analogía con el deporte para señalar que únicamente con una mínima concentración se pueden obtener mejores resultados. Dijo: "Considere dos jugadores de las ligas mayores de béisbol. Uno de ellos logra .275 puntos durante la temporada, el otro logra .300. Este último puede fácilmente recibir la propuesta de un contrato por el doble de dinero de lo que gana el jugador que logró los .275 puntos. Sin embargo, la diferencia entre los dos, al finalizar la temporada, es de un golpe de bate extra por cada cuarenta golpes".[64]

Las comparaciones son infinitas: un caballo de carreras que gana por una cabeza, un atleta de maratón que gana por un paso, un goleador que lleva a su equipo a la victoria por el sólo hecho de marcar un tanto o el jugador de baloncesto que logra el último punto justo al final del partido.

Harris utilizaba dicha analogía con el fin de ilustrar el hecho de que en cualquier ámbito en el que existan muchos competidores hábiles y altamente capacitados, ninguno es el doble de bueno que el resto. No es necesario que lo sea, una ventaja de sólo 5% o 10% por ciento lo ubicará muy por encima del resto.

---

64 Sydney J. Harris, "Winners Learn to Handle Themselves Intelligently", *Chicago Suntimes*, 11 de octubre de 1984.

Esto es como la historia de los dos caminantes que se hallan en el interior de un bosque. Notan que, con frecuencia creciente, aparecen signos de la presencia de un oso en las cercanías. Al tornarse más y más ansiosos, uno de los caminantes se sienta sobre un tronco, se quita sus botas de caminar y se coloca zapatillas de carrera.

—¿Qué haces? —pregunta su amigo.

—Me pongo las zapatillas de carrera —responde.

—¿Te has vuelto loco? Nunca lograrás correr más rápido que un oso pardo —comenta el compañero.

—No necesito correr más rápido que el oso —contesta el caminante, mientras se para y se quita el polvo de la ropa—. Sólo debo correr más rápido que tú.

En esa situación, 5% o 10% de ventaja sería, con certeza, bienvenida y más que suficiente para lograr lo que se propone.

La pregunta es, por supuesto, si es posible entrenarse uno mismo para alcanzar fácilmente esos altos niveles de concentración o si la fluidez, como lo sugirió Miguel Ángel, es obra de Dios. Posiblemente la respuesta es que sea una combinación de ambas cosas.

Al comparar el cerebro humano con una computadora, W. Clement Stone señala que, aunque el equipo humano posee una maravillosa capacidad de almacenamiento y procesamiento de la información, existe una gran diferencia entre la capacidad de ambos. El cerebro posee una mayor cantidad de *bytes* de memoria, mayor velocidad de procesamiento y puede ser más fácilmente reprogramado que su par electromecánico.

Todo comienza con la "base de datos" de su computadora humana. La mayoría de nosotros, durante nuestra vida, utilizamos sólo un pequeño porcentaje de la capacidad de nuestro cerebro, pero es posible expandir su uso, según cree Orlando

Battista, presidente de Knowledge Inc. y de O. A. Battista Research Institute.

Battista, a quien le han otorgado ochenta patentes en los Estados Unidos y más de quinientos en otros países, "amplía" su mente mediante la lectura constante. Comenta: "Escojo quizá treinta revistas y me quedo con lo que considero absolutamente nuevo. Cuando encuentro algo que es nuevo para mí, deseo leerlo. Esto ayuda a ampliar las células de su intelecto y a desarrollar su memoria. Creo que el desarrollo del poder de la mente no se logra mediante la repetición de las ideas que ya se conocen. En realidad, usted logra progresar si obliga a las neuronas —trece billones, según me han dicho— a realizar un mayor esfuerzo. Y para que realicen un mayor esfuerzo, usted debe incorporar nueva información. Cuando lo hace, está ayudando a esas células a tornarse más eficientes en su capacidad de ser intelectualmente poderosas".

Ganador de innumerables premios, autor de veintidós libros, más de cien publicaciones científicas y más de mil artículos para revistas estadounidenses, Battista dice: "Cada vez que leo algo nuevo, no lo abandono hasta entenderlo claramente. La mayoría de nosotros lee algo nuevo y lo toma sólo como un parpadeo. Es el camino más rápido. En cambio, yo vuelvo atrás y reexamino una y otra vez el texto hasta que queda claro en mi mente.

"Por naturaleza somos intelectualmente superficiales. Por lo tanto, usted debe disciplinarse, como lo hace un deportista olímpico de carrera o de salto en alto. El atleta no alcanza su meta en la primera oportunidad. Debe obligarse a realizar ese esfuerzo extra para ganar un segundo, ya sea al nadar kilómetro y medio o en otra actividad. Eso no se logra con facilidad.

"Estoy convencido de que ocurre lo mismo con las células del cerebro. Puede entrenarlas, así como puede aprender a tocar el piano. Puede aprender a 'tocar' las células del intelecto de su cerebro para beneficio de toda la humanidad, no sólo el suyo. Ni siquiera hemos comenzado a rasgar la superficie de nuestro potencial. Esto hace que todas las demás cosas que puedo imaginar palidezcan en la mediocridad de la comparación".

Si piensa que los intelectuales como Battista nacieron bajo otra estrella o poseen algún tipo de ventaja genética especial, usted está equivocado. Battista atribuye su amor por el conocimiento a su padre, un obrero inmigrante, un albañil que apenas podía leer: "Cuando éramos pequeños, nos decía a los ocho: 'Mientras los vea con los ojos puestos en algún libro, no les pediré que realicen trabajos manuales'. ¡Como resultado de eso, mis siete hermanos y yo nos encontrábamos constantemente dedicados a la lectura! Recuerdo a mi hermano Arthur, uno de los neurocirujanos más famosos del mundo, leyendo *Microbe Hunters (Cazadores de microbios)* a los trece años. Cerró el libro en nuestra modesta sala de estar y me dijo: 'Landy, seré neurocirujano, aunque me lleve treinta años lograrlo'. Y así ocurrió, pasaron treinta años antes de que pudiese alcanzar su meta.

"Mi padre tenía la sabiduría para apreciar la importancia del estudio, no para sí mismo, sino para nosotros".

Obligarse a estudiar puede no ser fácil, no importa cuánto le interese el tema o cuán importante sea ese tema para usted. En las etapas de desarrollo de sus teorías sobre la influencia del subconsciente en los sueños, Sigmund Freud se esforzó de tal manera en leer los libros de su época sobre el tema, que la idea se convirtió en una aflicción para él, según cuenta Irving Stone en su novela biográfica acerca del creador del psicoanálisis. Parecía como si la literatura en el tema se extendiese infinitamente.

Cuando su esposa notó lo irritado que Freud se ponía al leer los ochenta volúmenes, le preguntó:

—¿Por qué debes leer cada palabra de estos libros?

—Porque no puedo arriesgarme a cargar con el peso de saber que descuidé alguna parte de esta obra, aun siendo ésta incompleta.

La discusión acerca de la inutilidad de citar cincuenta autores continuó, sólo para probar que "cada uno hacía su propio recorrido lógico para probar su teoría", hasta que Freud dijo:

—Es el método científico lo que debo aplicar: resumir todo lo que se haya escrito sobre el tema y analizar su valor.

—Pero, ¿qué le sucederá al lector si se pierde en la espesura?

Freud sonrió compasivo y respondió:

—Nunca llegará a su Tierra Prometida interna. Es como la limpieza casi ritual del terreno que realizan los granjeros, quemando los retoños de la cosecha anterior antes de arar la tierra."[65]

Incluso, Einstein tenía sus problemas. Era un alumno mediocre y, cuando se presentó por primera vez en el Federal Institute of Technology en Zurich —el Politécnico, como era llamado popularmente— no aprobó el examen de ingreso. Durante sus años en la escuela primaria, detestaba los rigurosos métodos de instrucción repetitiva que predominaban en ese entonces y se rehusaba a cooperar con sus maestros. Años más tarde, escribió lo siguiente en respuesta a una pregunta: "Como alumno, no era particularmente bueno ni malo. Mi debilidad

65 Irving Stone, *The Passion of the Mind*, Garden City: Doubleday & Company, 1971.

principal era el hecho de tener una memoria pobre, especialmente para retener palabras o textos". De acuerdo con una de sus biografías, su maestro de griego le dijo: "Nunca llegarás a nada".[66]

Sea cual fuese su debilidad en la literatura y la memoria, Einstein encontró su lugar en las matemáticas y en la física. Sus descubrimientos no han sido aún superados.

Incluso en las áreas en las cuales usted se distingue, la concentración intensa puede ser difícil, aunque vale la pena el esfuerzo. Harold S. Geneen, quien fue contador y director ejecutivo de ITT durante diecisiete años, escribe en su libro *Managing*: "Si se encuentra al mando de una compañía bien dirigida, la mayoría de los resultados serán los esperados. Eso los hace aún más ordinarios y deslucidos. Pero no se pueden pasar por alto; no puede permitir que su atención se debilite. Esos resultados son sus controles.

"Entonces, léalos, una y otra vez, hasta que su mente vacile o hasta que se encuentre con un grupo de resultados que sobresalga del resto, llamando su atención y obteniéndola".

La atención a los detalles que posee Geneen, su concentración obligada en los resultados, condujeron a ITT a lograr cincuenta y cinco trimestres de crecimiento con una tasa anual de entre 10% y 15%. Las ventas anuales aumentaron de 766 millones a 22 mil millones de dólares.[67]

---

66 Banesh Hoffmann con la colaboración de Helen Dukas, *Albert Einstein, Creator & Rebel*, Nueva York: New American Library, 1972.
67 Greg Daugherty, "The Manager With the 'Most' Tells How He Got It", un estudio sobre *Managing*, de Harold Geneen (Garden City: Doubleday & Company, 1981), *PMA Adviser*, septiembre de 1984.

Dice W. Clement Stone: "Sin importar lo que usted sea o haya sido, posee la capacidad de ser lo que quiera ser".

"Existen casos muy aislados de personas que nacen con tendencias heredadas tan extraordinarias que pueden ser considerados genios naturales. Sin embargo, por regla general, la persona brillante no nace, sino que se hace. De hecho, cada persona es potencialmente brillante, ya que ha heredado lo suficiente de la vasta reserva del pasado como para sobresalir mediante sus logros.

"El genio, el talento, la aptitud, los dones y la capacidad son facultades que pueden desarrollarse y cultivarse. Permanecen dormidas en cada niño al nacer y pueden despertarse en cualquier momento de su desarrollo cuando el niño esté listo. Además, puede preparársele si se le enseña —y éste aprenderá y aplicará— el Arte de la Motivación con una Actitud Mental Positiva.

"Aunque posea la capacidad para la grandeza, sus talentos y sus dones serán evaluados sólo en virtud de sus logros. Y estos grandes logros serán el resultado del esfuerzo perseverante, que comienza con el deseo de alcanzar metas definidas.

"He citado con frecuencia a J. Milburn Smith, ex presidente de Continental Casualty Company, quien me enseñó que: 'La carga del aprendizaje la soporta la persona que desea aprender, y la carga de la enseñanza la soporta la persona que desea enseñar.' Es responsabilidad de los padres, maestros y sacerdotes motivar a los niños a que quieran aprender. Sin embargo, es siempre responsabilidad de uno motivarse a sí mismo. El genio está compuesto de 1% de inspiración y 99% de sudor.' decía Thomas Edison. Sin ese 1% de inspiración, nunca perseverará; continuará siendo sólo una persona potencialmente brillante.

"Recuerde: usted es el producto de su herencia, su medio ambiente, su cuerpo, su mente consciente y subconsciente, su experiencia, su posición y dirección en el tiempo y el espacio, y de algo más... de poderes conocidos y desconocidos. Además, tiene la energía potencial para afectar, usar, controlar o armonizar con todos ellos.

"Sin importar lo que sea o lo que haya sido, usted tiene la energía potencial para ser lo que quiera ser... Siempre que esté dispuesto a pagar el precio. ¿Cuál es el precio? **El tiempo**. Dedique media hora cada día al pensamiento creativo y concéntrese en las metas importantes y definidas de su vida. Durante ese tiempo, mantenga fija su mente en lo que desea y alejada de lo que no desea.

"Thomas Edison dedicaba muchas horas cada día al pensamiento creativo. Recuerde estas palabras: 'El genio está compuesto por 1% de inspiración y 99% de sudor', y recuerde que el tiempo dedicado al pensamiento creativo siempre precede al trabajo o al tiempo de preparación".

El conocimiento es fundamental para el crecimiento personal. Somos producto de un sistema que nos enseña a pasar del jardín de infantes a la escuela secundaria, posiblemente a una educación técnica y, si nos esforzamos lo suficiente o si somos afortunados, a la universidad. Ahí termina nuestra educación. En realidad, eso está muy lejos de ser verdad. A medida que la revolución tecnológica continúa dominando el mundo, es cada vez más necesario continuar aprendiendo.

Se ha dicho que, en la actualidad, la vida media de un ingeniero en esta sociedad de alta tecnología es de cinco años. Eso significa que la mitad de lo que un brillante y joven ingeniero graduado en el Massachusets Institute of Technology ha aprendido el semestre pasado será obsoleto dentro de cinco años. La educación formal sólo brinda las condiciones para el ingreso al mercado de trabajo. Nuestro éxito futuro dependerá de la manera en que apliquemos ese conocimiento y de la frecuencia con que lo complementemos.

Hoy en día se invierten miles de millones en educación continua. Las grandes empresas poseen centros de capacitación que rivalizan con las universidades en tamaño y amplitud de ofertas. De hecho, en muchas localidades, las universidades mismas ofrecen cursos de extensión que brindan la habilitación universitaria en oficinas de diferentes empresas, en hospitales, en bases militares y en otros ámbitos donde se congregan adultos interesados y motivados.

Abundan los seminarios, los cursos y los libros de autoayuda sobre prácticamente cualquier tema que pueda imaginar. Está todo allí, esperándolo. ¿Son realmente importantes el conocimiento y la atención enfocados y controlados? R. Buckminster Fuller señaló en su gran libro *Critical Path (Punto crítico)* que existen dos realidades fundamentales en nuestro Universo: la física y la metafísica. Los recursos físicos son tangibles, manifiestos y se los incluye en los libros como recursos, pero sólo en casos especiales lo metafísico puede asumir la misma condición. Lo metafísico se considera insustancial. Fuller destaca que en latín significa "nada sobre qué apoyarse".

Escribió: "El gran tema de hoy en día es pericia técnica que gobierna la transformación de energía entre sus dos estados. La *pericia* es la metafísica. La metafísica es lo que nos gobierna en la actualidad. Cuando se le preguntó al presidente de uno de los bancos más grandes de los Estados Unidos cuáles eran los productos involucrados en las negociaciones de importación y exportación con el resto del mundo que realizaban en nombre del gobierno chino, respondió que la 'pericia' fue el primer artículo adquirido por los chinos a través del banco".[68]

Aunque el debate entre los gobiernos acerca del valor del conocimiento está resuelto, queda por resolver si el conocimiento aplicado por medio de la Atención Controlada es un principio del éxito fundamental.

Según lo señalara Robert Eldridge Aris Willmott, historiador y literato inglés del siglo XIX: "La atención hace al genio; todo el aprendizaje, la imaginación, la ciencia y la habilidad dependen de ella. Newton dio origen a sus descubrimientos con base en ella. La atención puede construir puentes, abrir puertas a nuevos mundos, curar enfermedades, desarrollar los negocios del mundo. Sin ella, el gusto resulta inútil y las bellezas literarias, invisibles".

---

68 R. Buckminster Fuller, *Critical Path*, Nueva York: St. Martin's Press, 1981.

Capítulo 16
Pensamiento Preciso

"Pensar," dijo Henry Ford, "es el trabajo más difícil que existe. Probablemente, ésa sea la razón por la que muy poca gente se involucra en eso."

El Pensamiento Preciso en el contexto de los principios de W. Clement Stone podría describirse como el paso de evaluación y aplicación del proceso intelectual. Las ideas se conciben en la imaginación a través de la Visión Creativa, se nutren y desarrollan a través de la Atención Controlada y se evalúan y aplican a través del Pensamiento Preciso.

El Pensamiento Preciso es esencial para la aplicación exitosa de los demás principios. A menos que verifique la validez de las ideas racionalmente y construya sus metas con base en un Pensamiento Preciso, será prácticamente imposible que las alcance. Y por cierto, si su lógica es defectuosa, no podrá inspirar a otros a seguir su visión.

Según el análisis contemporáneo de las funciones de los hemisferios cerebrales, el Pensamiento Preciso se hallaría en el hemisferio izquierdo del cerebro, el analítico, mientras que la Visión Creativa sería producto del hemisferio creativo del cerebro, es decir, el derecho. El Pensamiento Preciso, por medio de la lógica, ayudaría a resolver problemas que han sido intuitivamente identificados por la Visión Creativa.

El doctor James Botkin dice que la verdadera clave para el éxito se halla en la manera en que integramos ambos hemisferios. Botkin, uno de los principales autores del informe del Club de Roma *No Limits to Learning (Aprendizaje sin límites)* (ver capítulo 14), dice que la innovación tiene lugar cuando se integra la Visión Creativa y el Pensamiento Preciso, "a pesar de que la literatura popular diga lo contrario, yo definiría la innovación en un sentido industrial o empresarial como la comercialización exitosa de una nueva idea", declara. "Por supuesto, existen otras definiciones interesantes. Según Hebert Simon, de Carnegie Melon, ganador del Premio Nobel, la innovación y la creatividad no son más que el dominio de cincuenta mil 'porciones' de información. Según esta teoría, cualquiera que maneje cincuenta mil porciones de información en su materia puede convertirse en un pensador creativo (en este contexto, una porción de información se puede comparar con un movimiento de un entendido en ajedrez, mover una pieza en particular en una situación determinada dará cierto resultado).

"Simon va incluso más allá y dice que en diez años se pueden llegar a dominar cincuenta mil porciones de información. Por lo tanto, le llevará diez años ser innovador. Simon dice que la creatividad es 'una forma más clara de pensar'. No creo eso; es algo más parecido a una fórmula.

"La Visión Creativa proviene de una fuente distinta de la del Pensamiento Creativo. Proviene de la fuerza motora que se encuentra dentro de cada uno de nosotros conocida como *espíritu*. En un sentido de empresa, es la fuerza de vida que lo empuja a trabajar, a pensar, a vivir. De allí proviene la Visión Creativa y su capacidad para poner en la vida la fuerza que le da su imaginación. Después de adquirir Visión Creativa —la gran idea— puede retroceder y hacerla racional, cortarla y elaborar las fórmulas. Pero no funciona al revés. No puede comenzar teniendo un Pensamiento Preciso y luego ajustarlo a fórmulas simples."

Botkin afirma que "el Pensamiento Creativo no es sólo la capacidad de identificar lo que es verdadero y lo que es falso, sino la capacidad de identificar aquello que es relevante. Hoy en día, sólo los mejores colegios enseñan este punto. Desgraciadamente, la mayoría de los colegios no lo hacen. Están estancados en el 'pensamiento crítico' profundizando la capacidad de una persona para criticar un programa establecido por otra persona. Pero lo realmente importante es la capacidad para crear un nuevo programa donde nada existía anteriormente. En otras palabras, podemos decir que atacar un problema es sólo una operación para acabar con el enemigo; lo que hace el verdadero genio creativo es prever y evitar las situaciones que conducen a la guerra".

Botkin, autor de varios libros de tecnología, educación e innovación, dice que el verdadero aprendizaje y pensamiento innovador es "anticipador y participativo". Consiste en anticiparse a los problemas antes de que ocurran —a tiempo para hacer algo— y trabajar juntos para resolverlos.

Estas cosas no suceden en los sistemas educativos de los Estados Unidos. "En los colegios no existe tal cosa como el trabajo en equipo", dice Botkin. "Es antiestadounidense; esto se llama *trampas*. Tampoco le dedican tiempo a pensar o a identificar ciertas cosas que todavía no están aquí. Y más aún, éstas son cosas que lo hacen a uno exitoso cuando entra en el mundo real. Si estuviera en el mundo de los negocios y se enfrentara con una situación nueva, ¿qué haría?, ¿iría a consultar un libro o llamaría por teléfono a algún colega? Creo que los ejecutivos inteligentes hacen lo último. Buscan ayuda de otras personas para aprender a fortalecer sus propias debilidades."

Otra lección equivocada que aprendemos en el colegio es el hecho de minimizar los riesgos. "Vivimos con temor a hacer lo que está mal en lugar de buscar lo que está bien", dice Harold Joseph Laski, educador británico. Roger von Oech, presidente de Creative Think, empresa consultora con sede en California, señala que, en nuestro sistema educativo, si uno se equivoca tan sólo 22% del tiempo, obtiene una mala nota. Esto nos enseña a no arriesgarnos en situaciones en que podríamos llegar a fracasar.

En su libro acerca de la creatividad, titulado *A Kick in the Seat of the Pants (Un puntapié para empezar a crear)*, dice: "Esto conduce al pensamiento conservador y a los modelos de acción. Pueden estar bien para muchas de las cosas que hacemos, pero si está intentando poner una nueva idea en acción, son inapropiados. Si existe sólo 50% de probabilidades de éxito, pero uno de diez a ser recompensado si tiene éxito, entonces [usted es] tonto si no va por él."[69]

Von Oech cita a Charles Kettering de General Motors, quien dijo: "Un inventor es sencillamente una persona que no toma muy en serio la educación. Verá, desde el momento en que la persona tiene seis años hasta que se gradúa en la universidad, tiene de tres a cuatro exámenes anuales. Si reprueba una vez, queda eliminado. En cambio, un inventor casi siempre falla. Quizá intente y fracase mil veces. Si una vez tiene éxito, es aceptado. Estas dos cosas son diametralmente opuestas. A menudo deci-

---

69 Kevin Shyne, "A Good Habit: Accurate Thinking", *PMA Adviser*, junio de 1983.

mos que el mayor trabajo es enseñarle a un empleado nuevo cómo fracasar de manera inteligente. Debemos entrenarlo para que experimente una y otra vez y para que siga intentando y fracasando hasta que aprenda cómo funciona".

Von Oech dice que cuando usted evalúa sus ideas, cumple la función de un juez. "Cuando adopta este rol, decide qué hacer con la idea: si implementarla, modificarla o descartarla por completo. Al llevar adelante esta tarea, debería reconocer las imperfecciones de la nueva idea, sin exagerar. También debería estar abierto a otras alternativas interesantes y utilizar su imaginación para desarrollarlas, sin perder su sentido de la realidad y su perspectiva."

Joseph Cygler, director ejecutivo de Kepner-Tregoe, Inc., empresa consultora de Princeton, Nueva Jersey, que posee una cartera de clientes internacionales, ha desarrollado una "fórmula" para tomar decisiones de manera eficaz.

Primero asegúrese de que comprende el alcance de la decisión. Asegúrese de tener en cuenta todas las alternativas posibles. No reduzca demasiado el foco de su pensamiento, porque pasará por alto algunas opciones que podrían tener éxito. Agrega: "Muy a menudo, las decisiones se convierten en una cuestión de si 'deberíamos' o 'no deberíamos', en lugar de permitirnos una visión más amplia de lo que debemos lograr".

Luego, especifique sus objetivos. Asegúrese de saber lo que está intentando llevar a cabo. Aunque parezca ser una tarea simple, la respuesta no siempre es obvia, comenta Cygler. Dice que uno de sus clientes, un fabricante, estableció una meta para expandir las ventas de la compañía a través de la adquisición, pero después de pensar en la decisión que había tomado, se dio cuenta de que su verdadero objetivo era aumentar las ganancias. Esto condujo a un gran número de posibilidades, además de las fusiones y adquisiciones.

El tercer paso para tomar decisiones de manera eficaz, según Cygler, es evaluar las alternativas. Advierte que es esencial utilizar un sistema de evaluación consistente para evitar las parcialidades y remarca que a menudo las personas que toman las decisiones definen objetivos de manera inconsciente, favoreciendo alguna de las opciones. Las técnicas consistentes de evaluación minimizarán el riesgo de que dichas distorsiones se apoderen del proceso de la toma de decisiones.

Por último, evalúe las posibles consecuencias adversas de cada alternativa. Identifique los riesgos relacionados a la solución que usted prefiere y determine el impacto negativo que puede tener este curso de acción sobre la organización. Decida con anterioridad cómo planea tratar dichos problemas.

Cygler cree que el hecho de que un ejecutivo se comprometa con un proceso sistemático para la toma de decisiones alentará a que toda la compañía tenga en cuenta el pensamiento preciso. Aconseja a los gerentes que ayuden a sus subordinados a determinar sus procedimientos para tomar decisiones cuando tengan que aprobar decisiones que ellos hayan tomado. Pide que tenga en cuenta esto: "Ayúdelos a identificar sus objetivos y a analizar las relaciones de riesgo-recompensa de las diferentes alternativas."[70]

Uno de los beneficiados por los consejos de Cygler fue John Folkerth, presidente de Shopsmith Inc., fabricante de Ohio que producía una herramienta multifunción para trabajar la madera en el hogar.

---

[70] Kevin Shyne, "A Good Habit: Accurate Thinking", *PMA Adviser,* junio de 1983.

Cuando adquirió la compañía hace quince años, vendía las unidades necesarias para sobrevivir a través de su cadena de ferreterías. Tenía que hacer algo rápido para estar más expuesto a los posibles compradores.

Folkerth y sus empleados analizaron el problema y decidieron arriesgarse a comercializar la Shopsmith mediante demostraciones en un centro comercial, una opción inusual para vender un producto que costaba más de 1,000 dólares en los comercios.

Antes de programar la primera demostración, Folkerth calculó cuánto costaría construir una cabina de ventas móvil, contratar a una persona que realizara la demostración, alquilar un espacio en un centro comercial y hacer publicidad. Sabía exactamente la cantidad de ventas que necesitaría para recuperar los gastos e incluyó el costo del seguimiento de los posibles clientes en el plan. Además, tuvo en cuenta las consecuencias de un posible conflicto con las ferreterías que lo representaban.

Su determinación de tomar esta decisión se asemejaba al tipo de análisis que hizo al decidir comprar la compañía en primer lugar. A pesar de que Shopsmith había estado fuera del mercado por cuatro años, en ese momento, Folkerth creyó que le podía dar vida nuevamente.

Llamó a quince ex representantes para que lo aconsejaran, habló con los dueños originales y entrevistó a varios inversores potenciales. Su plan de negocios —a cuatro meses del proceso— cubrió la empresa de arriba a abajo, desde proyecciones de liquidez hasta créditos para los clientes.

La meta de Folkerth era que la operación no fuera un juego de azar. "Creo que descubrirá que la mayoría de los empresarios no son específicamente jugadores. Son personas que se arriesgan", dijo. "Eso implica cavar profundo para encontrar la mayor cantidad de información posible y analizar la situación para que, en la medida de lo posible, el juego no entre en situación de riesgo.

"Con el paso de los años he descubierto que, a pesar de haber intentado estar siempre bien preparado, la mayoría de los errores que he cometido ocurrieron porque no me detuve a analizar el proceso de pensar una decisión, preguntarme cuáles serían los resultados que buscaba y analizar los riesgos."

En el caso de las demostraciones realizadas en el centro comercial, los resultados hicieron más que justificar la decisión de Folkerth. La primera demostración en Dayton, Ohio, generó cuarenta ventas y pusieron en marcha un programa nacional de ventas por demostración que cinco años más tarde le haría ganar a Shopsmith un lugar en la lista de las compañías que cotizaban en bolsa con mayor crecimiento de los Estados Unidos.

Kenneth A. DeGhetto, presidente del consejo de Foster Wheeler Corporation, una empresa multinacional dedicada al diseño, la ingeniería, la construcción y la gestión de servicios, le atribuye gran parte de su éxito a su educación en ingeniería, que le enseñó a estudiar y a pensar.

Al igual que los demás pensadores innovadores, creativos y precisos que se nombran en este libro, DeGhetto posee un apetito insaciable por la información. Siendo apenas un joven guardiamarina de la marina mercante en la Segunda Guerra Mundial, pasaba tardes enteras leyendo y estudiando en la sala de motores del barco. Es una costumbre que ha mantenido durante toda su carrera. Luego de treinta y cinco años con Foster Wheeler, todavía lee revistas comerciales y profesionales por las tardes —a pesar de que el día de trabajo a veces se extiende de las siete de la mañana a las siete de la tarde— para estar siempre actualizado en su área.

"Vengo de una familia de trabajadores de Nueva Jersey. En nuestra casa, no trabajar era casi un pecado", recuerda. "Mi padre me enseñó que nadie me regalaría nada: si quería algo, tenía que trabajar para conseguirlo.

"A veces me culpan de ser un adicto al trabajo, pero no creo que sea así. Cuando a uno le gusta lo que hace, es fácil dedicarle el tiempo necesario para hacer un buen trabajo. Y en un trabajo como el mío, si uno quiere que algo se termine con paz y tranquilidad, tiene que terminarlo tarde o temprano.

"Intentamos tratar a nuestra gente con respeto y respetamos su tiempo personal, pero para nosotros no es inusual programar reuniones a las siete de la mañana o a las cinco de la tarde. El hecho de que nuestra gente no se moleste por asistir a las reuniones en esos horarios es un testimonio de sus deseos y del hecho de que creen en lo que hacemos." DeGhetto piensa que creer en lo que uno hace es esencial para el Pensamiento Preciso. "Si desea tener éxito, tiene que creer en lo que usted y su compañía hacen. El pesimismo se convierte en una profecía que cumplimos nosotros mismos. Si piensa que va a fracasar, lo hará."

"Lo mejor es decir: 'el problema es éste, ¿cómo lo resuelvo?' En Foster Wheeler no nos concentramos en los errores. Todas las personas que hacen algo se equivocan de vez en cuando. Nunca he estado en una reunión donde intentáramos determinar quién se equivocó para luego crucificarlo.

"En lugar de eso, intentamos descubrir cómo cometimos el error y tratamos de encontrar la manera de revertirlo. No puede permitir que la persona que ha cometido el error interfiera en su arreglo y en el cambio de dirección, si esto fuese necesario. Hallar un culpable no soluciona los problemas, no conduce demasiado lejos. Debe hallar una solución.

"Debe aprender a aprender de sus errores. Siempre he creído que cuando uno tiene que tomar una decisión, debe evaluar los datos y tomarla. Si comete un error, intente no volver a cometerlo. Pero no postergue una decisión por temor a cometer un error. En la mayoría de los casos, no tomar ninguna decisión es peor que equivocarse.

"Cuando toma una decisión importante, es importante involucrar a todo el grupo implicado en el proyecto. Por ejemplo, nosotros nunca solicitamos información y luego nos apartamos para tomar la decisión por nuestra cuenta.

"No se puede dirigir una compañía mediante comités, aunque creo firmemente que una de las ventajas de involucrar a un comité o a un grupo en el proceso de la toma de decisiones es que la gente siente que forma parte.

"Ayer pasé todo el día con un grupo de gerentes que trabajaba sobre un contrato relacionado con un posible nuevo trabajo muy riesgoso. Todos nos sentimos libres de dar nuestras más sinceras opiniones. Alentamos a las personas a que nos digan qué piensan, no lo que piensan que queremos oír. Es muy común que un abogado con dos años de experiencia diga: 'No estoy de acuerdo con eso'. Todos en la sala tienen derecho a decir lo que piensan. Eso queremos. Para eso se les paga.

"Hace mucho tiempo desarrollé la filosofía de que si todos dicen lo que realmente piensan, una vez que se toma la decisión, todos la apoyan como propia. Luego, a medida que usted avanza para implementar la decisión, se convierte en un esfuerzo grupal."

DeGhetto cree que el deseo de escuchar y aprender de los demás también ha dado sus beneficios. "Nunca sabe cuándo puede aprender algo de otra persona, sólo debe prestar atención a lo que le dicen. Si se toma el tiempo y el trabajo de alentar la participación y de escuchar lo que tienen para decirle, hasta las fuentes menos probables pueden proporcionarle excelentes ideas."

La propuesta de DeGhetto con respecto al pensamiento creativo no es sólo un conjunto de palabras bonitas pronunciadas por un presidente. Es la esencia de un plan para sacar a la compañía de un mal momento alcanzado debido a la reducción de la demanda en las industrias de la energía, tradicionalmente, el mayor apoyo comercial de Foster Wheeler, y para que la compañía vuelva a vivir sus años de gloria como a fines de la década de 1970 y comienzos de los años ochenta.

La compañía, que declaró en 1985 ingresos por 1.23 mil millones de dólares —inferior a los casi 1.7 mil millones de 1979, su mejor año—, se ha embarcado en un ambicioso programa de adquisición y diversificación, para aumentar la demanda en baja de sus servicios de ingeniería y gestión en las refinerías y plantas petroquímicas procesadoras y en las plantas de diseño, construcción e instalación de equipamientos para la energía.

"Nuestros mercados tradicionales probablemente sigan siendo débiles y continuarán así por algún tiempo, pero nosotros ya hemos comenzado a ver los resultados de las mejoras provocadas por la diversificación de actividades", dice DeGhetto. "No esperamos que sea fácil, pero sí que tenga éxito."

Hace algunos años, en su curso Science for Success (La Ciencia del Éxito), W. Clement Stone y Napoleon Hill relataron la historia de Milo C. Jones, un granjero que vivía cerca de Fort Atkinson en Wisconsin: "A pesar de que gozaba de buena salud física, parecía no lograr que su granja le rindiera más que para satisfacer sus necesidades básicas. Siendo anciano, sufrió un ataque que le provocó una parálisis y sus familiares lo pusieron en una cama pensando que era un inválido incurable. No pudo mover ni un solo músculo durante varias semanas. Todo lo que tenía era su mente, el gran poder que comenzó a utilizar como nunca antes lo había hecho, debido a que siempre se había ganado la vida con sus músculos. Por pura necesidad, descubrió el poder de su mente y comenzó a utilizarla.

"Jones reunió a su familia y dijo: 'Ya no puedo trabajar con mis manos, así que he decidido trabajar con mi cabeza. El resto de ustedes tendrá que tomar el lugar de mis manos. Por favor, planten cada metro cuadrado de nuestra granja con todo el maíz que puedan. Luego, comiencen a criar cerdos y aliméntenlos con ese maíz. Cuando los cerdos sean jóvenes y tiernos, carnéenlos y fabriquen salchichas. Las llamaremos Jones Little Pigs Sausages.

La familia puso manos a la obra. En unos años, el nombre comercial Jones Little Pig Sausages se convirtió en una frase utilizada en los hogares de todo el país. Y la familia Jones generó más riquezas de lo que jamás hubiera imaginado. Milo C. Jones vivió para verse con una fortuna ganada en la misma granja que anteriormente le había dado una vida de escasez. Por propia voluntad, pasó de la orilla del fracaso a la orilla del éxito en el Río de la Vida, mediante el poder del pensamiento".[71]

Recientemente, Milo "Mike" Jones, biznieto de Milo C. Jones, recordaba para la revista *Good Housekeeping* algunas de las técnicas comerciales que promovió la familia Jones.

Jones Dairy Farms, nombre actual de la compañía, fue la primera en criar cerdos especialmente para producir salchichas de primera calidad. Antes de esa innovación, las salchichas eran un producto secundario.

---

71 PMA Science of Success, Columbia, The Napoleon Hill Foundation, 1961, 1983.

Jones Farms también fue la primera en confiar plenamente en las ventas por correspondencia y fue la primera en tener un programa publicitario agresivo a nivel nacional para promocionar sus productos. Mike, con cincuenta y cinco años de edad, dijo a *Good Housekeeping:* "Eran granjeros, pero también resultaron ser empresarios astutos".

Actualmente, las ventas de la compañía superan los 50 millones de dólares anuales. Mike Jones creció literalmente en el negocio familiar. Fue criado en la histórica casa de campo con techo rojo que se ve en todos los productos de Jones Farm y ha vivido "en el comercio" desde que se casó, después de graduarse de la Facultad de Derecho de Harvard; llegar de su casa a la oficina le lleva tres minutos a pie.

Continuó la tradición familiar en cuanto a la innovación a través del Pensamiento Creativo y, hace poco tiempo, introdujo al mercado a Jones Light Breakfast Links, una salchicha con menor tenor graso, dirigida a los consumidores estadounidenses que cuidan más su salud. Actualmente se encuentran en los congeladores de todos los supermercados del país, informa *Good Housekeeping*, y "las refrescantes ventas indican que la idea otorgará una ganancia apropiada". El artículo concluye con un comentario de Jones: "Lo mire por donde lo mire, nuestra competencia seguirá intentando alcanzar a los Jones por mucho, mucho, tiempo".[72]

Pensar siempre implica algún riesgo. Toda decisión lleva consigo la posibilidad del error, incluso no hacer nada es peor que tomar una decisión equivocada. Nada destruirá la moral o hará

---

72 Chris Andersen, "Meet the Presidents, Milo Jones", *Good Housekeeping*, septiembre de 1986.

que una organización se estanque más rápidamente que un director ejecutivo indeciso.

Nadie puede pensar por usted; en el análisis final, sólo usted debe decidir cuál será el curso de acción que tomará. Cualquier persona que piensa pide consejos. De hecho, el éxito de la mayoría de los ejecutivos gira en torno a su capacidad para rodearse de gente capaz que pueda brindar un valioso asesoramiento. Pero muy a menudo, los consejos de un experto entran en conflicto con los de otro y, por lo general, los problemas más difíciles son aquellos de los que se sabe muy poco.

Lo mejor es reunir toda la información disponible sobre un tema, escuchar los consejos de los expertos y luego tomar una decisión basada en información segura, acorde a sus propios conocimientos y experiencia.

No busque datos que respalden una decisión ya tomada; comience el proceso de resolver problemas repasando objetivamente la información relevante, sin otra meta en mente más que la de tomar la mejor decisión posible, según las circunstancias, basándose sólo en los datos relevantes.

Quien piensa con precisión aprende a ser objetivo y a separar los sentimientos de la información real. Sabe que si los sentimientos de los otros no son confiables, tampoco lo serán los propios. Cada persona tiene preferencias y prejuicios, cosas que considera agradables y desagradables que influyen su pensamiento. Sólo la razón y la lógica le permitirán superar la tentación de ser influido por la emoción.

Esto no pretende insinuar que no debe existir ningún compromiso emocional relacionado con la idea. El doctor James Botkin dice: "En mi mundo, los empresarios exitosos son los que no logran reconocer el riesgo. Si habla con la clase mundial de empresarios que llegan al punto de invertir los ahorros de su vida para apoyar la idea de un 'castillo de arena', le dirán que ellos no lo ven como un riesgo.

"El banquero ve esto más riesgoso que el mismo Infierno; los contadores dirán: 'tienes que estar bromeando'. Pero el empresario estará tan convencido de que sus ideas son acertadas, que no verá ningún riesgo. Está 100% seguro de que va a funcionar.

"No he conocido a muchos empresarios de la alta tecnología que hayan hecho un análisis de riesgo. Asistí a la Facultad de Ciencias Económicas de Hardvard, donde me enseñaron a hacer análisis de riesgo con diagramas que representaban la decisión y donde se anotaban las probabilidades para cada paso de la decisión, pero nunca he conocido un empresario exitoso que hiciera eso. Está mucho más relacionado con el espíritu y con el alma, y con lo que se siente en el estómago, una cuestión visceral.

"Usted sabe cuando una idea es la correcta. Cada uno de nosotros lo siente, cuando nuestro interior nos lo dice. No tiene que anotarlo en un trozo de papel, simplemente sabe cuando está haciendo las cosas bien. Es el mismo sentimiento que se siente cuando uno está en un equipo en el que todo funciona; como los Boston Celtics en 1980. No podían equivocarse. Siempre estaba el hombre indicado en el lugar indicado en el momento indicado. O es como cantar en un musical. Las notas y las palabras sencillamente salen perfectas en el momento indicado. Puede sentirlo".

Botkins advierte que no hay que empantanarse en tanta información sin motivos. "Esto se opone a la creencia popular acerca de la revolución de la información. Todos dicen que cuanta más información tenga, más precisas serán las decisiones que tomará. Eso no es cierto. Todo lo contrario. Es la capacidad de filtrar la información lo que hace que no haya sobrecarga de ésta y lo que aclara la formulación del problema: en primer lugar, que hay un problema o que puede existir en algún momento futuro. Eso es un pensamiento preciso verdadero.

Hace algunos años, Napoleon Hill dijo: "El lema de un pensador preciso debe ser: 'No creo que pueda engañar a otras personas, sé que no puedo engañarme a mí mismo'."

Usted puede controlar sus pensamientos y por consiguiente es su responsabilidad determinar cuáles serán sus pensamientos.

Usted solo debe decidir si basará su carrera y la manera en que tomará sus decisiones en un pensamiento sano y preciso y en un planeamiento prudente, o si sencillamente reaccionará a los hechos a medida que ocurran. Es su decisión.

Quinta Parte
Principios espirituales

El hombre es espiritual por naturaleza. Nos encontramos con artefactos religiosos desde los rudimentarios dibujos de los hombres primitivos, pasando por los exóticos iconos incas, hasta las ornamentadas catedrales victorianas. Los templos modernos con vidrios cromados, las sectas religiosas y los ministros que aparecen por radio y televisión son representativos de los enfoques de la Nueva Era hacia la espiritualidad. Nuestra búsqueda de la "verdad" no tiene fin.

Quizá esté impulsada por el ego; simplemente no podemos aceptar la posibilidad de que nuestro espíritu —la esencia de nuestra singularidad— así como la entidad física en que habita, algún día se convierta en polvo. Nos obligamos a creer que existe un propósito más elevado y noble para nuestra vida, que este corto lapso de tiempo que pasamos sobre la tierra.

Probablemente sea parte del misterio de la vida misma, del entendimiento supremo que ha eludido a eruditos, teólogos y filósofos durante siglos. Sabemos cuáles son los elementos de la vida. De hecho, en la actualidad, podemos crear vida en un tubo de ensayo. Mas nadie puede explicar satisfactoriamente qué es el alma, dónde reside o por qué existe la vida en un cuerpo en un minuto y no en el siguiente.

Quizá la fe religiosa prospera con el consentimiento de la sociedad. Tememos que sin el puntal de la religión, el carácter moral de la sociedad se desplome. Puede ser, como algunos han sugerido, que nuestra búsqueda de cosas espirituales represente lo mejor de nosotros, la creencia de que es posible vencer al Mal por medio del Bien.

Pueden ser todas estas cosas o ninguna de ellas, no es lo que importa. Lo fundamental es que la espiritualidad es una parte esencial del animal humano. Sin ella, nuestra vida no tiene propósito ni sentido.

Los Principios Espirituales detallados en esta sección no intentan persuadirlo de que prefiera una u otra doctrina religiosa. Ni siquiera intentamos persuadirlo de que la fe religiosa es esencial para el éxito. Sí le decimos que la fe en usted mismo, en su prójimo y en Dios lo llevará a tener una vida más rica y completa, y también más feliz.

Los Principios Espirituales lo ayudarán también a comprender mejor las leyes del Universo y a hacer mejor uso de ellas. No se trata de magia negra, ocultismo, ni siquiera de astrología. Es simplemente el reconocimiento de que el trabajo en armonía con las fuerzas de la naturaleza puede ayudarlo a desarrollar los hábitos que lo harán exitoso en lo que elija realizar.

Es así de simple.

Capítulo 17
Fe Aplicada

"Sé que nunca podré alcanzar el éxito sobre la tierra a menos que mi relación con Dios sea buena", dice Tom Monaghan, fundador y director ejecutivo de Domino's Pizza. "Mi pasado está relacionado con los temas espirituales, los cuales son tan naturales para mí como respirar. Crecí en un orfanato católico y durante un corto tiempo asistí a un seminario, con todas las intenciones de convertirme en sacerdote."

Monaghan atribuye gran parte de su éxito a sus firmes creencias religiosas. En su biografía escribe: "Sé que no hubiera logrado establecer Domino's sin la fuerza que gané a través de la fe religiosa. En mis comienzos, pasé por una serie de dificultades. Cada una de ellas parecía un golpe que me dejaba fuera de combate. Sin embargo, lograba levantarme y volver a la pelea con más fuerza que antes. Ésa es la fuerza de la fe. La uso todos los días. No importa cuán tenso o cansado me encuentre, siempre dedico un tiempo a rezar una oración o un rosario. Eso me ayuda a sentirme renovado. Es una gran ventaja."[73]

La fe, quizás más que cualquier otra fuerza, representa el triunfo del espíritu humano. Sin ella no podríamos realizar

---

73 Tom Monaghan con Robert Anderson, *Pizza Tiger*, Nueva York: Random House, 1986.

nada. Sin una firme confianza en nuestra capacidad para alcanzar nuestras metas, sería inútil siquiera comenzar. Sin la fe, las grandes religiones del mundo se caerían a pedazos, ya que no podemos probar la existencia de un Ser Supremo más de lo que podemos probar la existencia de la electricidad. No podemos ver, oler o tocar a ninguno de los dos; sólo podemos ver sus resultados. La existencia de cada uno debe aceptarse por medio de la fe.

La Fe Aplicada es el medio que nos permite dirigir las fuerzas que se encuentran en nosotros mismos y las que existen en todo el Universo con el fin de lograr nuestras metas.

La Fe Aplicada no significa la aceptación pasiva de nuestra existencia espiritual, sino que es una aplicación activa, positiva, de nuestra fe en nosotros mismos, en el prójimo y en Dios.

W. Clement Stone es un hombre profundamente religioso. Posee la firme convicción de que nadie puede alcanzar su máximo potencial ni mantener el éxito durante un periodo de tiempo prolongado sin una fe absoluta en esa Inteligencia Infinita que el hombre conoce como *Dios* desde los comienzos de la civilización. Comparta o no sus creencias religiosas, debe aceptar el principio del éxito que denominamos Fe Aplicada.

Ni las transacciones comerciales más simples podrían realizarse sin un cierto grado de confianza entre cada una de las partes involucradas. Existen leyes para asegurar que todas las partes involucradas cumplan su parte del trato, pero se ha comprobado hasta la saciedad que la justicia es muy costosa. La concreción de negocios con gente confiable le evitará muchas angustias en el futuro.

Sin embargo, la confianza en el prójimo es aún más importante que los contratos y los acuerdos. Sin un cierto grado de confianza en el fabricante, no podría siquiera arriesgarse a comer una caja de cereales. Usted supone que el contenido de la caja es lo que su etiqueta indica y no algo que le haría daño. Siempre han existido personas crueles y enfermas que, aprovechándose de esa confianza, alteran la mercadería y arruinan a los directivos, lastimando o, peor aún, matando a algunas personas. La atención de los medios genera el miedo del público por el producto durante algún tiempo, pero finalmente volvemos a nuestros antiguos hábitos de compra, confiados de que se han tomado las acciones correctivas adecuadas para garantizar nuestra seguridad.

Dice Norman Vincent Peale: "La fe es muy importante. Vivo en Nueva York. Aquí, si usted no tiene fe, tendría miedo incluso de salir por la mañana. Cuando sale a las calles, se encuentra con miles de peligros. La única manera de superar eso es mediante la fe de que no será asesinado o de que no sufrirá un accidente. Usted sólo vive por la fe".

Según el doctor Peale, además de la fe en nosotros mismos y en los demás, la fe religiosa puede ser también una parte integral de la fórmula, y agrega: "Cuando se trata de Dios o de Jesús, la fe es algo vital. La gente es perfectamente libre de ir por la vida sin una creencia religiosa, aunque en mi opinión, pierden la esencia más profunda de la vida. He notado que las personas importantes en casi todos los negocios y profesiones son aquellas que han sido educadas con una fe religiosa".

El doctor Peale cree que la fe religiosa no sólo lo ayudará a lograr el éxito material, sino que también lo ayudará a manejar ese éxito. Explica: "A lo largo de mi vida, me he encontrado con personas que han logrado el éxito en los negocios, pero que quizá se sienten culpables de eso. Luego de unos años, notan que deberían ir más allá de lo mundano y deciden que el ministerio religioso es su oportunidad de cambiar.

"Un hombre se acercó a mí hace poco tiempo y me preguntó: '¿He nacido para fabricar este producto?" Le contesté: 'Quizá sí. Al fabricar este producto, está brindando un servicio y ha tomado contacto con muchas personas que han sido influidas por su buen carácter moral. Aunque ahora quiere convertirse en pastor, ¿no es así?". Él respondió: '¿Cómo adivinó eso?". Le dije que yo había estado pensando en eso también.

"Cuando comienza a tener la sensación de que la vida es aburrida y que ha perdido ese sabor que solía tener, lo mejor es volver al punto en el que usted sentía entusiasmo y pasión por la vida y capturar esos sentimientos nuevamente. Si su vida espiritual no ha sido la adecuada, sólo dé un paso más. No es necesario que cambie toda su vida.

"Si decide ser ministro de la iglesia, deberá volver a la escuela durante tres años más para graduarse como tal. Eso no tiene sentido. Puede hacer el Bien de mejor manera haciendo lo que usted hace, influir sobre las personas con las que toma contacto en forma positiva y mediante el ejemplo. Quizá pueda realizar una obra de bien con las riquezas que ha acumulado, así no se sentirá culpable".

Will y Ariel Durant dicen: "Aun el historiador escéptico desarrolla un respeto humilde hacia la religión, ya que ve su funcionamiento, el cual parece ser indispensable, en todo lugar y tiempo. A los infelices, a los que sufren, a los desconsolados, a los ancianos les ha brindado un consuelo sobrenatural, valorado por millones de personas como algo mucho más preciado que cualquier otra ayuda natural. Ha ayudado a padres y maestros en la disciplina de los más jóvenes. Ha otorgado sentido y dignidad a las personas de la más humilde condición. Por medio de sus sacramentos, ha contribuido con la estabilidad, transformando los pactos humanos en relaciones solemnes con

Dios. Según Napoleon, ha evitado que los pobres matasen a los ricos".[74]

Los hermanos Durant comentan que, a lo largo de la historia, la religión parece alternarse con el escepticismo y con el paganismo "en reacción mutua. Generalmente, prevalecen la religión y el puritanismo cuando las leyes son débiles y la moral debe cargar con el peso de mantener el orden social. El escepticismo y el paganismo —y factores similares— progresan a medida que el poder creciente de la ley y del gobierno conduce a la decadencia de la Iglesia, de la familia y de la moral, sin poner en peligro fundamentalmente la estabilidad del Estado."

"En nuestro tiempo, la fuerza del Estado se ha unido a [estas] variadas fuerzas, con el fin de mitigar el peso de la fe y de la moral, y para permitir que el paganismo continúe con su dominio natural." En 1968, los hermanos Durant predijeron con exactitud: "Probablemente, nuestros excesos producirán otra reacción. El desorden moral podrá generar un resurgimiento religioso. Quizá los ateos (como ocurrió en Francia luego del desastre de 1870) puedan enviar nuevamente a sus hijos a colegios católicos, con el fin de brindarles la disciplina de la creencia religiosa. A continuación se transcribe la apelación realizada por el agnóstico Renan en 1866: 'Gocemos de la libertad que poseen los hijos de Dios, mas tengamos la precaución de no convertirnos en cómplices de la desaparición de la virtud: la sociedad se vería amenazada si el Cristianismo se debilitara. ¿Cómo podríamos sobrevivir sin él? [...] Si el Racionalismo desea gobernar el mundo sin considerar las necesidades religiosas del alma, la

---

74 Will y Ariel Durant, *The Lessons of History*, Nueva York: Simon and Schuster, 1968.

experiencia de la Revolución Francesa se encuentra allí para enseñarnos cuáles son las consecuencias de tal equívoco'."

Los Durant se preguntan: ¿garantiza la historia la conclusión de Renan, que dice que la religión es necesaria para la conservación de la moral, que una ética natural es demasiado débil para soportar la brutalidad latente en nuestra civilización, que emerge en nuestros sueños, crímenes y guerras? Responden la pregunta mediante las palabras de Joseph de Maistre, que dijo: "Desconozco el corazón de un canalla, pero conozco lo que existe en el corazón de un hombre honesto. Es horrible".

El poder de la fe puede a veces mostrarse de una forma extraña o totalmente inesperada. Paul Zuromski, editor de *Psychic Guide*, revista que explora los fenómenos parapsicológicos en un intento por facilitar "la comprensión y el mejoramiento del cuerpo, la mente y el espíritu", condujo recientemente un estudio totalmente inusual.

Cautivado por el fenómeno conocido como *torsión de metales* que realizaba el psicoquinético Uri Geller en los años setenta y por quienes lo siguieron, Zuromski decidió evaluar las posibilidades de que ese fenómeno ocurriese durante una clase de desarrollo psíquico. Relata: "Dado que estas personas están involucradas en el tipo de cosas que intento comprobar, me imagino que doblar cucharas (las baratas, como las que vende K-Mart) será algo sencillo de realizar".

El primer intento de Zuromski fracasó. Consultó a un amigo con más experiencia en el tema que lo ayudó a perfeccionar el procedimiento. Realizó un nuevo intento con un grupo de dieciocho personas. Informa en su revista: "Una vez más, nada ocurrió. Comencé a ver mi futuro como facilitador de torsión de cucharas de manera negativa. De repente, una mujer gritó. Sostenía con sus dedos el extremo del mango de una cuchara, la cual había caído sobre sí misma, se dobló en la unión de su parte principal con el mango.

"Luego, las cucharas de los demás también se doblaron en cierta medida. Es evidente que necesitaban ver una cuchara doblada para brindarle a su propio sistema de credibilidad la prueba necesaria. De esa manera, lograron trascender el arraigado 'no puedo hacer esto' por el 'sí puedo.' El 'no puedo' dejó de ser válido a causa de lo que sus ojos habían visto".

Ya sea que crea o no lo relatado por Zuromski y sus dieciocho testigos —de hecho, usted puede atribuirlo a un proceso de hipnosis grupal o a un truco de magia—, esto no viene al caso.

Zuromski pregunta: "¿Entonces, qué significa la torsión de metales? Con frecuencia, hablo hasta que mi voz se agota acerca de nuestro maravilloso potencial y de cómo podemos crear nuestra realidad personal. Sin embargo, nada puede probar la existencia de ese potencial como una demostración gráfica de una capacidad que la conciencia masiva de la tierra dice que no puede realizarse. Doblar una cuchara es un ejercicio que trasciende esa realidad. Es altamente estimulante. Demuestra que la capacidad de una persona es verdaderamente ilimitada y le ayuda a darse cuenta de eso. La mayoría de nosotros rara vez se anima a ir más allá de un grupo de limitaciones conocidas, hasta que logramos realizar algo, como doblar una cuchara, caminar por el fuego o crear un nuevo trabajo o relación mediante la visualización de lo que queremos.

"La clave es simple: los pensamientos son cosas concretas. Usted es lo que cree. Cambie sus pensamientos —sus creencias— y podrá cambiar su vida.

"O al menos estropee algunos cubiertos".[75]

Se ha dicho muchas veces, de muchas maneras, pero la verdad sigue en pie: nuestras únicas limitaciones son aquellas que instalamos en nuestra mente.

La fe es esencial aun en las ciencias y en las matemáticas. El antiguo filósofo griego Aristóteles señalaba que toda ciencia comienza con supuestos o axiomas que no pueden probarse. Deben aceptarse con base en la fe, deben percibirse intuitivamente como verdaderos.

"Sin algunos de tales supuestos que sirvan como piedra fundamental", escribe Louise Ropes Loomis en su introducción a las traducciones de los ensayos de Aristóteles *On Man in the Universe (Acerca del hombre en el Universo)*, nunca podríamos comenzar a construir nada. Un alumno debe aceptar los axiomas de la geometría de Euclides antes de intentar probar los teoremas de su libro. Un médico debe creer que existe la enfermedad natural del cuerpo antes de poder curarla mediante el uso de fármacos y tratamientos adecuados. No puede probar este supuesto positivamente para convencer a un salvaje, quien cree que todas las personas enfermas están poseídas por el demonio. De esa manera, el médico erige su sistema de medicina sobre la base de ese supuesto, mientras que el salvaje recurre al exorcismo y a la magia.

"Así, comenzando en cada caso con ciertos supuestos que son tan evidentes para quienes los sostienen, que pueden prescindir de pruebas lógicas, los hombres proceden a construir su sistema de conocimiento y ciencia. Sobre lo que ya saben,

---

75 Paul Zuromski, "Metal Bending: A New Twist in Demonstrating the Possible You", *Psychic Guide*, diciembre de 1986, enero-febrero de 1987.

agregan algo nuevo y seguro. Para lograr esto, siguen un razonamiento basado en lo que Aristóteles llama *silogismo*. Por medio de eso, 'cuando se establecen ciertos enunciados, algo más lo sucederá por necesidad', sin necesitar de un testimonio posterior."[76]

Lo mismo ocurre con la filosofía para el éxito de W. Clement Stone. Debe comenzar por aceptar la idea de que, si sigue los principios que han funcionado con otras personas, también funcionarán con usted, siempre y cuando sus metas no violen las leyes de Dios y los derechos de su prójimo. Stone dice: "Cuanto más valiosa sea su meta, más fácil será aplicar los principios del éxito para lograrla. Por ejemplo, es prácticamente imposible no entusiasmarse si la meta elegida tiene un fin noble. Logrará concentrarse en su meta, su objetivo se convertirá en un deseo ardiente y, de esa manera, usted estará dispuesto a pagar el precio para alcanzar su objetivo. La fe es un motivador sublime y la plegaria es una expresión de esa fe: acentúa la fuerza impulsora de nuestras emociones".

Stone recuerda la época en que, junto con Napoleon Hill, ofrecía una serie de seminarios sobre la Ciencia del Éxito en San Juan, Puerto Rico. Durante la segunda noche de un curso de tres clases, como tarea para el día siguiente, alentaron a los participantes a aplicar los principios que habían aprendido, para luego informar al grupo acerca de los resultados.

La noche siguiente, uno de los participantes, que era contador, brindó el siguiente informe: "Esta mañana, cuando llegué al trabajo, mi gerente general, que también asiste a este seminario, me llamó a la oficina y me dijo: 'Veamos si la Acti-

---

76 Aristóteles, *On Man in the Universe*, Roslyn: Walter J. Black, 1943.

tud Mental Positiva funciona. ¿Sabes?, tenemos por cobrar una
deuda de 3,000 dólares que lleva meses de atraso. ¿Por qué no
te encargas tú de eso? Llama al gerente de esa empresa y cuando
lo hagas, usa la AMP. Comencemos con la frase motivadora del
señor Stone: ¡hazlo ya!'

"Quedé tan impresionado con la discusión de anoche
acerca de cómo cualquier persona puede hacer que su subconsciente funcione para su beneficio propio, que cuando mi gerente me envió a realizar el cobro de la deuda, decidí también
intentar realizar una venta.

"Creí que lograría resultados específicos y así lo hice.
Conseguí reunir los 3,000 dólares y realicé una venta de más
de 4,000. Mientras me despedía del cliente, éste dijo: 'Ciertamente, me sorprende. Cuando llegó aquí, no tenía intenciones
de comprar nada. No sabía que usted fuera vendedor, pensaba
que era contador'. Ésa fue la primera venta que realicé en mi
carrera comercial".

Comenta Stone: "Ese hombre tuvo la experiencia propia
sobre el poder de la Fe Aplicada. Creyó que lo podría hacer
y lo hizo. Además, dedicó un tiempo a la reflexión. Rezó con
sinceridad, reverencia y humildad para recibir la guía divina.
Creyó que la recibiría, y porque creía, la recibió. Cuando eso
ocurrió, podría agregar, no olvidó rezar una plegaria de sincero
agradecimiento".[77]

En todos sus escritos, Napoleon Hill y W. Clement Stone
destacaron la importancia de la aplicación de la Regla de Oro
en todos los aspectos de la vida, especialmente, en los acuerdos

---

77 W. Clement Stone, *The Success System That Never Fails,* Nueva York:
Simon and Schuster, 1962.

comerciales. Expuesta de manera simple, la Regala de Oro dice que debemos tratar a los demás como nos gustaría ser tratados si la situación fuera la inversa.

Es una buena regla ética de conducta y hace que los negocios tengan sentido. El gurú de la excelencia Tom Peters y otros consultores de productividad y servicio al cliente han dedicado gran parte de su tiempo y esfuerzo a convencer a los gerentes de la importancia de la cortesía. Si la aplican en su trato con los clientes, sirviéndolos como les gustaría ser servidos a ellos mismos, podrán alejarse de la competencia, ya que la mayoría de las compañías no la aplican. Lo que simplemente están haciendo Peters y los demás es ayudar a los gerentes a redescubrir la Regla de Oro.

Tom Monaghan de Domino's dice: "Siempre les he dicho a los empleados y a quienes poseen las franquicias de Domino's que lo único que deben hacer para tener éxito es ofrecer un buen producto, brindar un buen servicio y aplicar la Regla de Oro. Con frecuencia, en mis discursos he resaltado mi objetivo: que todos consideren a los empleados de Domino's Pizza como personas amables. No brillantes, ni atractivos, ni modelos de eficiencia, sólo amables. Ser amable con los demás, pensar en las necesidades e intereses de los demás, es la manera de comenzar a poner en acción la Regla de Oro".[78]

Stone dice que los beneficios que derivan de la práctica de la Regla de Oro son enormes. Es mucho más que una guía de conducta ética. Cada uno de nosotros toma contacto con cientos de personas durante nuestra vida personal y profesional. Si demostramos nuestra honestidad e integridad en nuestros negocios,

---

78 Mohagham, *op. cit.*

inspiramos a los demás mediante nuestro ejemplo, a menudo sin siquiera saberlo. Cuando damos un trato justo a nuestros empleados, ayudamos a formar una generación de directivos justos. Los resultados de esa influencia, multiplicados por el número de personas que conocemos, por el número de las que ellos conocen y así sucesivamente, serán simplemente incalculables.

Existe el mismo potencial cuando tratamos a nuestros clientes como a nosotros nos gustaría ser tratados. Además del número de personas que directa o indirectamente influenciamos en forma positiva, también la palabra se transmite velozmente y prosperaremos en proporción directa a eso. Si desarrollamos la reputación de brindar un servicio cortés, honesto y confiable, nuestros clientes les contarán a sus amigos y parientes, quienes a su vez harán lo mismo, y así nos enviarán aún más clientes. Ningún espacio televisivo ni cualquier otro tipo de publicidad puede competir con la efectividad de un cliente satisfecho que les cuenta a otras personas acerca de nosotros.

Existe otra ventaja. Cuando ponemos en movimiento una fuerza para el bien de manera deliberada, moldeamos nuestro carácter de acuerdo con eso. La elección de tratar a los demás con amabilidad y justicia nos condiciona a comportarnos de cierta manera. Actuaremos de manera amable y justa, y atraeremos a otras personas de similar pensamiento. Reforzamos nuestro comportamiento y por progresión geométrica incrementamos nuestro poder, asociándonos con otros que también son exitosos. El resultado neto es que ayudamos a quienes entran en contacto con nosotros y ellos nos ayudan a nosotros. Es una situación de ganancia por donde se la mire.

Lamentablemente, desde que Stone y Hill comenzaron a promulgar la aplicación de la Regla de Oro en los negocios hace varias décadas, hemos visto un cambio en la estructura moral básica de la sociedad. Se enfatiza el éxito a cualquier costo, con poca o ninguna consideración por aquellos que aparecen o se cruzan en nuestro camino hacia la cumbre. Por ejemplo, Wall Street ha sido sacudida por escándalos sucesivos luego de que altos ejecutivos admitieran haber vendido acciones con base en información interna, proceso que no sólo es ilegal, sino que también engaña a los inversores.

Los directivos, impulsados por su ansiedad de mostrar buenos resultados, no prestan atención a las vidas y a las carreras que pueden arruinarse en la búsqueda constante de cada vez mayores ganancias para la compañía. Parecería que consideramos al comportamiento ético como algo de lo que se puede prescindir, por conveniencia, cuando se interpone en el camino hacia el éxito temporal. La palabra clave aquí es *temporal*. El Royal Bank of Canada dice en un ensayo sobre moralidad que "llegamos a darnos cuenta de que el comportamiento inmoral y no ético es de corto alcance. [Aquellos quienes escapan a las reglas morales] pueden aprender la lección que enseña que la gratificación de hoy puede ser la angustia de mañana.

"Pueden descubrir además que el trato decente y honorable hacia los demás vuelve a nosotros de la misma manera; el camino de la moral no es angosto y difícil, sino la forma de ampliar nuevas perspectivas emocionales, dado que en su forma no adulterada, la moralidad está compuesta por la comprensión y la generosidad.

"Es también una fuerza de progreso humano, ya que nos impone el hecho de agregar valor a nuestra propia vida y a la vida de los demás. Resalta las más delicadas cualidades del espíritu humano. Para ser coherente en el seguimiento del curso moral, usted debe ser valiente, generoso y considerado hacia los demás. Diciéndolo de una manera un tanto anticuada, debe ser un ser humano noble".

El ensayo indica que la moralidad de la sociedad es la "suma de las conductas diarias de todos los ciudadanos. Lord Acton escribió: 'La gran esperanza de la sociedad es el carácter individual'. Note la palabra *esperanza*, que implica que la vida sobre la tierra puede mejorarse. La pregunta que debemos formularnos como personas es: ¿querría vivir en el tipo de mundo que tendríamos si todos actuaran como yo lo hago? Si la respuesta es *no*, entonces debemos considerar activamente cuáles son las cosas que podemos hacer para mejorar nuestros hábitos. 'En vano hablan de felicidad quienes nunca sometieron sus impulsos a un principio', escribió Horace Mann. 'Aquel que nunca sacrificó el presente para un bien futuro, o un beneficio personal para otro general, podrá hablar de felicidad de la misma manera en que un ciego habla sobre los colores.' Entonces, quizá, existe un motivo egoísta para ser bueno después de todo".[79]

Tal vez el argumento más convincente sobre la fe deriva del periodista y clérigo estadounidense Frank Crane, quien dijo: "Puede decepcionarse si confía demasiado, mas vivirá en tormento si no confía lo suficiente".

---

79 *The Royal Bank Letter*, The Royal Bank of Canada, volumen 65, número 8, enero-febrero de 1984.

Capítulo 18
La Fuerza Cósmica del Hábito
Ley Universal

Nuestro Universo tiende a un estado de orden y se aleja del caos. A medida que los científicos realizan mayores descubrimientos acerca de la composición de nuestro Sistema Solar, resulta cada vez más evidente que, cuando se los estudia a través de los años, los eventos que aparentemente ocurren al azar muestran un universo que se reorganiza de manera constante. La energía emitida por las estrellas no se pierde, se recicla en otros cuerpos estelares. Por supuesto, todo el proceso puede llevar miles de millones de años, pero el punto es: todo se encuentra en un estado de cambio constante, un cambio ordenado.

El proceso se ve con mayor facilidad en la naturaleza. Todas las plantas, los animales, los peces, las aves atraviesan un proceso organizado de nacimiento, crecimiento, madurez y muerte. Una semilla germina, crece, madura, se propaga y muere. Incluso con su muerte, las plantas dan vida: las plantas secas fertilizan a las jóvenes.

Charles Darwin dijo que todo ser viviente se encuentra en una búsqueda interminable por sobrevivir. Todas las especies se desarrollan y pasan por diferentes etapas que ayudan a la generación siguiente a enfrentar los cambios ambientales. Los animales que evaden a los predadores mediante la velocidad o la astucia pasan estas habilidades a sus crías por medio de los genes. Como resultado de eso, sobreviven los más fuertes y astutos. Por supuesto, los predadores también evolucionan, convirtiéndose en mejores cazadores en su lucha por sobrevivir. Toda la naturaleza parece estar continuamente involucrada en un gran programa de superación.

No tenemos intención de profundizar el tema de la creación divina o de la lucha de la evolución. Según nuestro propósito, el origen de las especies no es relevante. Nuestro único interés es establecer el carácter constante de todo cambio. Puede ser insignificante a lo largo de nuestra vida y pueden pasar varias generaciones antes de que se perciba un cambio mínimo, pero los cambios ocurren. Constantemente. Hoy en día, nosotros, los *Homo sapiens*, somos más altos y más saludables que nuestros ancestros. Nos alimentamos mejor y vivimos más años que nuestros antepasados. Parte del cambio se puede atribuir a que nuestro conocimiento se expande. Sabemos más acerca de las enfermedades y sus efectos y tenemos a nuestra disposición una mayor variedad de tratamientos sofisticados.

Cualquiera sea la razón, el cambio nos rodea, ya que ha ocurrido durante millones de años y, probablemente, continúe mientras el mundo exista. Con este escenario, cada uno de nosotros intenta encontrar nuestro lugar único en el cosmos. No es tarea fácil.

Nosotros actuamos al igual que la naturaleza, que utiliza patrones repetitivos para ordenar el caos. Para simplificar nuestras vidas, creamos hábitos. Hacemos las cosas de un modo determinado, sin siquiera pensarlo, por el sencillo motivo de que siempre lo hemos hecho así. Nos afeitamos o maquillamos siempre igual, debido a que, cuando aprendimos, creamos el hábito de hacerlo de esa manera. Después, ya no tenemos que pensar demasiado cada cosa que hacemos.

Los hábitos que creamos y la manera en que los creamos está relacionada con cómo los aprendemos. El psicólogo Clark Hull dijo: "El aprendizaje depende de un estímulo y de una respuesta", midiendo la cantidad de aprendizaje según lo que él llama *fuerza del hábito*. Continua diciendo que "se cree que la conexión aprendida entre un estímulo y una respuesta aumenta en magnitud de manera gradual y continua, como una función de práctica reforzada y para representar un cambio relativamente permanente en el comportamiento"[80]

Hull afirmó también que el que los hábitos aprendidos se lleven a cabo o no en determinadas ocasiones dependerá de factores externos tales como el nivel de dinamismo y la magnitud de la meta o de aquello que lo reafirme. De la realización del hábito se desprenden factores negativos, como la fatiga y el esfuerzo necesario para obtener la recompensa.

B. F. Skinner simplificó el proceso. Si recuerda la psicología básica, Skinner es el hombre que le enseñó a las palomas a autoabastecerse de alimentos picoteando una llave. Ubicó a los animales hambrientos en una caja especialmente diseñada con una palanca que daba acceso al alimento. Luego de haber tocado la palanca de manera accidental, los animales se dieron cuenta de que una determinada acción les daba los resultados esperados. Cuando las palomas hambrientas picoteaban una llave en particular, conseguían su alimento. Como resultado de eso, aprendieron a picotear la llave cada vez que querían alimentarse. Los psicólogos llaman a esto *condicionamiento efectivo*, cuando

---

80 Floyd L. Ruch, *Psychology and Life*, séptima edición, Glenview: Scott, Foresman and Company, 1967.

se modifica un comportamiento mediante las consecuencias del mismo.[81]

Por supuesto, las personas son mucho más complejas que los animales. Tenemos la capacidad de pensar y de sentir. Nuestra constitución genética ha sido determinada por nuestros ancestros, pero cada uno de nosotros ha desarrollado una amplia gama de pensamientos y de emociones que entran en juego cuando hacemos algo, incluso cuando creamos hábitos.

Sin embargo, a pesar de nuestra sofisticación, parece que creamos hábitos basados en el grado de reafirmación que recibimos. Si intentamos algo y los resultados nos agradan, es muy probable que repitamos la acción. Cuanto más nos agrada, con mayor frecuencia lo hacemos.

Los hábitos no realizan juicios morales por sí mismos, sino que pueden ser buenos o malos. Ambos se forman del mismo modo, mediante la repetición. Es el condicionamiento efectivo de Skinner en funcionamiento. Intentamos algo, nos gusta y continuamos haciéndolo, probablemente de la misma manera.

Lo que separa a la humanidad en el gran esquema de las cosas es que podemos decidir por nuestra cuenta cuáles son los hábitos que nos gustaría desarrollar. Podemos tomar ventaja a partir del conocimiento de que todo en el Universo realiza un esfuerzo por mantener el orden y que los hábitos se crean a través de la repetición y de la reafirmación.

Al decidir cuáles son los hábitos que nos gustaría desarrollar, podemos condicionarnos a cambiar nuestro comportamiento y a convertirnos en la persona que queremos ser.

---

81 Harold W. Berkman y Christopher C. Gilson, *Consumer Behavior*, Encino: Dickenson Publishing Company, 1978.

Napoleon Hill identificó tres cosas que afectan la creación voluntaria de un hábito:

1. plasticidad: con esto se refería a la capacidad de amoldarnos. El término también implica que la forma se mantendrá hasta que algo más fuerte la modifique. La plasticidad del hombre puede ser influenciada por fuerzas externas o por el control consciente de su comportamiento. Mediante la razón y la lógica, decidimos cómo nos gustaría comportarnos, y mediante la fuerza de voluntad y la autodisciplina nos obligamos a hacerlo.
2. frecuencia de impresión: así como la repetición es la madre de la memoria, es también la madre de los hábitos. Cuanto más seguido hacemos algo, más se convierte en una parte nuestra. La rapidez con la que algo se convierte en hábito depende de la situación personal, pero, por lo general, cuanto más frecuente es la repetición, más rápidamente el comportamiento se convierte en hábito.
3. intensidad de impresión: Hill decía que es esencial tener un motivo fuerte y convincente y un deseo ardiente. Si imprime una idea en la mente y la respalda con todo el deseo emocional que pueda, se convertirá en una obsesión para usted. La intensidad de la impresión afecta claramente la rapidez con la que se fija un hábito.[82]

Lo que todo esto significa para el exitoso es que usted puede decidir los hábitos que le gustaría desarrollar y luego hacerlo. Puede remplazar malos hábitos por otros buenos, mediante la

---

82 "Napoleon Hill Revisited: On Cosmic Habit Force", *PMA Adviser*, abril de 1986.

repetición y la reafirmación. Puede reemplazar los pensamientos negativos por positivos, reemplazar la inacción por la acción; puede crear cualquier hábito que elija.

Digamos que no logra mantener una Actitud Mental Positiva. ¿Cómo puede utilizar este principio para cambiar su manera de pensar? W. Clement Stone dice: "Yo utilizo automotivadores. Un automotivador es una afirmación —una orden o un símbolo— que se utiliza deliberadamente como autosugestivo para conducirlo hacia la acción deseada. Sólo tiene que repetir un automotivador oralmente cincuenta veces en la mañana y cincuenta veces en la noche durante una semana o diez días, para imprimir las palabras en su subconsciente de manera permanente.

"Haga esto con el propósito deliberado de entrar en acción cuando el automotivador se transmita rápidamente desde su subconsciente a su mente consciente en momentos de necesidad, por ejemplo, cuando desea eliminar o neutralizar el miedo, enfrentar los problemas con más valor, convertir las desventajas en ventajas, luchar por logros mayores, resolver problemas graves o controlar sus emociones.

"Cuando tengo un problema, debido a que me he preparado, se transmiten uno o dos automotivadores desde mi subconsciente a mi mente consciente. Algunos de los que utilizo para mis problemas comerciales son:

- tienes un problema; ¡eso está bien!
- cada adversidad trae consigo una semilla con beneficios iguales o mayores.
- todo lo que la mente puede concebir y creer, la mente de los que poseen AMP lo puede lograr y aplicar.

✑ busque una buena idea que funcione, ¡y haga funcionar esa idea!

✑ **¡hazlo ya!**

✑ para ser entusiasta, ¡actúe con entusiasmo!

"Cuando tengo un problema personal, utilizo ésta:

✑ **¡Dios siempre es un buen Dios!**

"En realidad, existe muy poca diferencia en la manera en que enfrento mis problemas comerciales y personales, pero existe una diferencia. Si algún problema personal implica emociones profundas, inmediatamente utilizo el gran poder del hombre: el poder de rezar. Para resolver los problemas comerciales, además rezo para pedir guía".

Lo que Stone apoya es una forma de autosugestión o conversación interna que refuerza los esfuerzos empleados para crear hábitos. Es un hecho que si repite algo lo suficientemente seguido, en un tiempo lo creerá. Es el principio de la repetición y la reafirmación.

Stone también recomienda que lo repita en voz alta con convicción. Cualquiera sea la frase que intenta grabar en su subconsciente, ya sea un automotivador que lo ayude en tiempos de necesidad o una meta que desea convertir en un deseo ardiente y profundo, a través de la repetición persuasiva puede convencer a su subconsciente de que eso es cierto.

Si habla con usted mismo en voz baja, no obtendrá los mismos resultados. Si quiere que su subconsciente entre en acción, tiene que mostrar un poco de entusiasmo. Repetirlo en voz alta también tiene otras ventajas: puesto que está utilizando más de un sentido, intensifica la impresión.

Napoleon Hill dice que, a través de la Fuerza Cósmica del Hábito, el subconsciente "toma la actitud mental de uno y la traslada a su equivalente material. No tiene que preocuparse por entender por completo cómo funciona el principio, porque lo hace de manera automática. Todo lo que tiene que hacer para obtener lo beneficios de la ley es tomar posesión de su propia mente, hacerla predominantemente positiva a través de sus pensamientos diarios y colocar en ella una imagen definida de sus deseos.

"El núcleo de toda la filosofía del logro personal yace en la Fuerza Cósmica del Hábito. Controle su actitud mental, hágala positiva ejercitando la autodisciplina y luego prepare el terreno mental en donde se pueda plantar cualquier plan, propósito o deseo que valga la pena, mediante la impresión intensiva y repetitiva, con la seguridad de que crecerá y encontrará expresión en su equivalente material, cualquiera sean los medios de que disponga".[83]

En términos actuales, la idea de Hill era que si usted se fija una meta, la visualiza como si la hubiese logrado y reafirma de manera continua el mensaje "voy a alcanzar esta meta" en su subconsciente, éste trabajará día y noche para ayudarlo a encontrar el modo de alcanzarla.

Como vimos en el capítulo que trata la Definición de Propósito, la mente busca las metas de manera deliberada. Propóngale un objetivo a su mente y ésta comenzará a trabajar. Combine ese conocimiento con el hecho de que su mente utiliza hábitos para ser más eficaz, para repetir patrones con un esfuerzo mínimo, y usted tendrá una fórmula para crear cualquier hábito exitoso que desee.

---

83 *Ibidem.*

Esto no pretende insinuar que cambiar los hábitos es tarea fácil. Está lejos de eso. Como alguna vez señaló Samuel Jonson: "Las cadenas del hábito generalmente son demasiado débiles como para sentirlas, hasta que son demasiado fuertes como para romperlas". Para reemplazar un patrón de comportamiento no deseado por uno nuevo, primero debemos romper el hábito que adquirimos, de manera gradual, durante un largo periodo.

Las organizaciones que se especializan en ayudar a la gente a romper hábitos dañinos y opresivos han aprendido que uno no decide un día hacer o no algo y con eso basta. Ellos siempre se consideran sanos temporalmente. Los fumadores no dejan de fumar de una vez para siempre, sino que dejan un cigarrillo por vez, un atado por vez y una hora por vez. Las personas que se someten a dietas bajan de peso de la misma manera, un kilo por vez, una comida por vez. Cualquiera puede privarse de un cigarrillo, un refrigerio o una bebida.

Lo mismo sucede con los comportamientos que le gustaría colocar en el lugar que ocupan los hábitos que desea romper. Por ejemplo, si desea entrenarse para realizar de una vez un trabajo desagradable en lugar de postergarlo, hágalo una vez, otra vez y así sucesivamente hasta que ya no lo tenga que pensar, lo hará de manera automática. Si desea comer zanahorias en lugar de Twinkies, coma una vez una zanahoria y una vez un Twinkie.

John C. Maxwell, pastor de la Iglesia Metodista Skyline de Lemos Grove, California, y autor de *Your Attitude, Key to Success (Tu actitud, la llave del éxito)* dice que el trabajo en realidad comienza una vez que uno elige cambiar de actitud. "Ahora nos espera una vida de decisión continua para crecer y mantener el punto de vista indicado. Las actitudes tienden a retraerse a sus patrones originales si no se las cuida y cultiva con esmero.

"Un granjero comenta que 'lo más difícil de ordeñar vacas es que siempre vuelven a tener leche'. Por lo general, las actitudes que cambiamos no permanecen así". Maxwell identifica tres etapas en las que siempre debemos tomar la decisión correcta si deseamos cambiar y que el cambio permanezca.

- primera etapa: "Los primeros días siempre son los más difíciles. Los viejos hábitos son difíciles de romper. El proceso mental debe estar alerta de manera continua para proporcionar la acción correcta".
- etapa intermedia: "En el momento en que los buenos hábitos comienzan a fortalecerse, aparecen opciones que traen nuevos retos. Se crearán nuevos hábitos que pueden ser buenos o malos. La buena noticia es: 'los semejantes se atraen'. Cuanto más desarrolle las buenas elecciones y hábitos, más probable será que cree buenos hábitos".
- última etapa: en esta etapa "la autocomplacencia puede convertirse en el enemigo", dice Maxwell. "Todos conocemos a alguien (quizás seamos nosotros mismos) que perdió peso con éxito, pero después cayó nuevamente en su antiguo hábito alimentario y recobró el peso perdido".[84]

Otro punto difícil acerca del cambio en el comportamiento es que eliminar un mal hábito y reemplazarlo por uno bueno lleva mucho tiempo. No posee el estímulo que trae el hecho de lograr una meta a corto plazo. La emoción de la victoria llega

---

84 John C. Maxwell, *Your Attitude, Key to Success,* San Bernardino: Here's Life Publishers, 1984.

mucho tiempo después de haber tomado la decisión y, por lo general, para el momento en que el nuevo hábito se encuentra firmemente constituido, usted ya está aburrido de todo esto. Por ello resulta importante que repita para usted mismo cuál es su meta y que se felicite cuando obtenga pequeños triunfos.

El factor "soledad" (después de todo, debemos cambiar nuestros hábitos nosotros solos) es una de las razones de los grupos de apoyo. Alcohólicos Anónimos, clínicas para dejar de fumar, clínicas para adelgazar y demás grupos formados para modificar determinado comportamiento utilizan el apoyo del grupo y la presión para ayudar a los participantes a lograr los resultados que desean. Haga públicas sus metas; coménteles a todas las personas que conozca cuáles son sus planes, así se sentirá avergonzado si no sigue adelante. Si no existe un grupo de apoyo para los hábitos exitosos que desea desarrollar, reúna a sus familiares y amigos.

Una maestra que conocemos utiliza este principio de un modo simple e inocuo para obtener todo lo que desea: pega en la puerta del refrigerador figuras de las cosas que quiere.

Varias veces al día, cuando ve el objeto que desea, se refuerza el mensaje no sólo en su mente, sino también en la mente de su familia y de sus amigos. Todos saben cuál es su plan.

Cuando quiso un automóvil deportivo rojo, colocó una foto de su cara sobre la cara que aparecía en una publicidad. Sus familiares y amigos se burlaban, pero cada vez que ella pasaba cerca del refrigerador, se veía al volante de ese automóvil deportivo. El costo estaba por encima de sus posibilidades, pero el deseo ardiente de poseer ese automóvil que había implantado en sí misma la motivaba a ganar dinero extra trabajando medio tiempo en venta directa y a reducir gastos a como diera lugar.

A los seis meses de colocar la foto del automóvil en el refrigerador, lo obtuvo.

Le llevó un poco más de tiempo comprar la casa que deseaba, pero utilizó el mismo sistema. Adhirió el listado de la inmobiliaria en la puerta del refrigerador a la vista de toda la familia. Esta vez había menos incrédulos, pero su familia se quejaba un poco, porque sabía por experiencia que debería trabajar más duro y ahorrar con mayor esfuerzo. Por supuesto, ahora son los propietarios de la casa.

Actualmente, en su refrigerador, la maestra tiene una foto de las sedes de Yale y Princeton, junto con un informe acerca de cuál será el costo probable que tendrá la educación universitaria en los próximos años. Si todavía no lo ha adivinado, está ahorrando para la educación de sus hijos. Ya ninguno de sus familiares y amigos duda. Todos saben que cuando los niños tengan la edad para ir a la universidad, el dinero estará ahí.

Leo J. Hussey utilizó el principio de la Fuerza Cósmica del Hábito para dejar de fumar y convertirse en maratonista. Hussey, vicepresidente adjunto de la sede de Burnup and Sims en Plantation, Florida, intentó durante varios años dejar de fumar, pero dice que en momentos de mucho estrés "siempre escarbo mis bolsillos en busca de un cigarrillo. A pesar de que mi padre falleció a causa de un enfisema siendo muy joven, todavía me resulta difícil dejar de fumar. Finalmente, lo conseguí por cuatro años y al cabo de ese periodo me tomé unas vacaciones con mi hermano. Una tarde fuimos a pescar. Luego de haber pescado suficientes truchas, nos sentamos en un banco y mi hermano encendió un cigarrillo de la marca que yo solía fumar. 'Se ve tan bien', me dije, 'bueno, fumaré sólo uno'. Para resumir una larga historia, al final de mis vacaciones de una semana estaba fumando una cajetilla por día. Poco a poco fui aumentando a tres cajetillas diarias, además de pipa y cigarros. Llegué al punto de armar los cigarrillos con tabaco de pipa, porque nada parecía ser lo suficientemente fuerte.

"Mientras veía a mi padre deteriorarse, me seguía diciendo: 'debo dejar de fumar'. Y lo intenté varias veces en los dos años siguientes, pero nada parecía funcionar. Decidí que si no podía abandonar el hábito, por lo menos podía fortalecer mis pulmones. Así que comencé a correr. Al principio corría alrededor de la cuadra y luego, gradualmente, fui corriendo cada vez un poco más lejos.

"Continué fumando durante el tiempo que empecé a correr y luego de dos años corrí mi primera maratón. En ese momento me sentía mejor corriendo que fumando. De alguna extraña manera, correr se convirtió en algo tan importante que el deseo de fumar simplemente casi desapareció. Sencillamente me dije: '¿quién lo necesita?', y lo dejé".

Eso ocurrió hace una década; Hussey tenía treinta y siete años. Desde entonces, ha corrido en ocho maratones y su foto aparece en un juego de naipes para adolescentes de la Gran Liga, junto con sus estadísticas maratónicas internacionales. Su trabajo lo mantiene al trote gran parte del día, pero no le impide correr. Entrena corriendo alrededor del estacionamiento del aeropuerto entre los horarios de vuelo y subiendo y bajando las escaleras de hoteles y edificios de oficinas.

"Así funciona el principio", dice W. Clement Stone. "Es difícil remplazar malos hábitos por buenos hábitos, y lleva tiempo. La Fuerza Cósmica del Hábito no funciona milagrosamente ni es una especie de magia psicológica. No hará algo de la nada, ni siquiera le dirá qué dirección tomar. Lo que hará, si repite y refuerza de manera continua el mensaje, es obligarlo a desarrollar los hábitos que usted escoja. A través de este principio, puede transformar sus metas en un deseo ardiente tan intenso, que nada en el Universo podrá impedir que las logre.

"Puede ayudarlo a desarrollar y a practicar habitualmente todos los principios para el éxito que se describen en este libro, hasta que se conviertan en su segunda naturaleza. El principio de la Fuerza Cósmica del Hábito puede hacer que sea más sano física y mentalmente, puede hacerlo más rico más allá de lo que pueda imaginarse hoy. Pero lo más importante es que lo puede hacer feliz, con usted mismo, con sus compañeros de trabajo, con su familia y con sus amigos.

"Este principio le brinda la última herramienta que necesita para hacer que esta filosofía del éxito funcione para usted. Tómela y haga de ella un hábito."

Capítulo 19
La Fórmula

La efectividad perdurable de los Diecisiete Principios del Éxito se ha puesto en evidencia a lo largo de este libro. Ha sido ampliamente demostrada por los líderes de negocios que han compartido sus experiencias con nosotros. Sin duda, estos principios son los cimientos del éxito.

Sin embargo, la pregunta que aún nos queda por responder es: "¿cómo aplico estos principios en mi propia vida? W. Clement Stone ha pasado muchos de los últimos veinte años de su vida buscando la respuesta a esa pregunta. Sus soluciones están esparcidas a lo largo de todo el libro. Este capítulo final resume los tres puntos principales de la Nueva Fórmula para el Éxito de W. Clement Stone.

"En mi fórmula", dice Stone, "el todo resulta de la suma de las partes que lo constituyen." Esto no es un cliché que debe pasarse por alto restándole importancia, ya que contiene elementos que son tan profundos como la fórmula de Einstein: $E = mc^2$. Esta fórmula, aunque en otro sentido, es similar a la teoría de la relatividad de Einstein. Resulta simple y comprensible cuando se dominan todos sus elementos. Ninguno de los principios por sí solo puede asegurar el éxito, sin importar el esfuerzo que realice. La aplicación de la fórmula completa es lo que hará que funcione.

Las personas que aplican con éxito los Diecisiete Principios lo hacen de esa manera, pues han desarrollado el hábito de Reconocer, Relacionar, Asimilar y Aplicar la información proveniente de todas las fuentes que los ayudará a alcanzar sus metas. Stone la llama: la Fórmula R2A2.

Señala que el libro de Norman Monath, *Know What You Want and Get It!* (*¡Sepa lo que quiere y obténgalo!*) ofrece una excelente explicación acerca de cómo adaptar los diferentes principios de una disciplina a otra. Comenta Stone: "La explicación de Monath es a lo que siempre me he referido como R2 (Reconocer y Relacionar) y A2 (Asimilar y Aplicar). Para lograr cualquier meta en la vida, primero debe aprender a reconocer, relacionar, asimilar y aplicar los principios a partir de lo que usted ve, escucha, lee, piensa o experimenta.

"Cuando lea un libro de motivación y autoayuda, por ejemplo, no recibirá ningún beneficio de las palabras allí escritas, a menos que estudie, entienda, comprenda y aplique los principios expuestos.

"La lectura de dichos libros es todo un arte. Primero debe concentrarse. Lea como si el autor fuera su amigo y estuviera escribiendo para usted y para nadie más.

"Además, es prudente saber qué busca. Si en verdad quiere relacionar y asimilar en su vida las ideas contenidas entre las tapas de un libro de motivación... ¡trabaje para eso! Un libro de autoayuda no debe leerse superficialmente, como podría leerse una novela policial.

"El doctor Billy B. Sharp, educador ampliamente respetado y autor de *Choose Success (Opte por el éxito)*, escribió: 'En una novela, el autor normalmente controla la conclusión. En un libro de autoayuda, es el lector quien escribe la conclusión. Esto implica acción de su parte'. Dado que las ideas surgen de los lugares más inesperados, es importante leer teniendo un cuaderno anotador a mano. Cualquier detalle de interés (un destello de inspiración o la respuesta a un problema) debe anotarse inmediatamente. El lector debe leer realizando la siguiente pregunta: ¿qué significado tiene esto para mí? El lector querrá estar alerta ante la aparición de cómo hacer tal cosa. Un buen libro de autoayuda brindará dicha información, como también la relacionada con qué hacer. Esté alerta a ambas y a la relación que existe entre ellas.

Las siguientes son otras sugerencias que siempre he encontrado útiles al leer un libro de motivación y autoayuda:

🙠 Lea las dedicatorias, el índice y cada página en su respectiva secuencia. Lea el libro completo. Si el libro es suyo, subraye aquello que usted sienta que es importante, especialmente lo que le gustaría memorizar. Coloque un signo de pregunta junto a la oración que le resulte dudosa o que no entienda. Incluso, puede escribir comentarios cortos en los márgenes de las hojas. Anote en su cuaderno de notas cualquier idea inspiradora o solución potencial a algún problema que aparezca en su mente. Finalice un capítulo antes de abandonar la lectura.

🙠 Luego de haber finalizado la primera lectura del libro, léalo nuevamente, con el fin de estudiarlo, así logrará entender y comprender la información de cada párrafo. Identifique y memorice las frases motivadoras del texto. Nuevamente subraye las frases y las palabras adicionales que encuentre importantes.

🙠 Luego de un tiempo, lea el libro otra vez. Recuerdo una vez que Napoleon Hill tenía un problema y parecía incapaz de hallar una respuesta. ¿Cómo logró finalmente encontrar la respuesta? Mediante la lectura de su propio libro *Think and Grow Rich*.

Otro elemento clave en la Fórmula para el Éxito de Stone es dedicar todos los días cierto tiempo al Pensamiento Creativo. Es el momento en que usted busca un lugar apartado y piensa. Puede hacerlo durante tan sólo media hora o hasta dos horas, pero lo fundamental es que lo haga con regularidad.

Stone agrega: "Elija el momento del día en que su pensamiento es más claro. Si prefiere la mañana, levántese temprano; si prefiere la noche, acuéstese tarde. Retírese a un lugar tranquilo, que favorezca el pensamiento creativo, y tenga su cuaderno a mano para anotar ideas. Deje volar su imaginación; si quiere, trate de ver las cosas desde otra perspectiva o de manera diferente a como lo venía haciendo.

"Si intenta resolver un problema en particular o encontrar una nueva idea, aplique la Fórmula R2A2. Considere la información desde lugares diversos o que no tengan relación alguna. Vea si la información puede aplicarse a su problema actual.

"Evalúe sus ideas de manera objetiva. Haga un listado de los aspectos positivos y otro de los negativos, o de los problemas que deberá resolver para implementar esas ideas. Si los positivos superan a los negativos y si puede esperarse que los problemas se superen de manera razonable, usted tiene una buena idea. La clave aquí es ser razonable y objetivo. No se engañe pensando en imposibles. Las personas que superan lo imposible piensan en las ideas que minimizan los riesgos y resuelven un problema a la vez, a medida que aparecen".

El tercer elemento de la Fórmula para el Éxito de Stone es aprender a explotar los poderes de su subconsciente. Si no comprende esto con claridad, vuelva al capítulo 14, Visión Creativa. Si en verdad ha de lograr el éxito en cualquier empresa, debe manejar esta técnica a la perfección.

"No espere milagros al comienzo", advierte Stone. "Toma cierto tiempo hacer que el proceso de activación de su subconsciente sea efectivo. Sin embargo, como en todas las demás cosas, cuanto más practique, mejor será su resultado. Una vez que cree el hábito, no deberá hacer nada más que dejar que el proceso funcione."

Comience por definir el problema o el objetivo. Asegúrese de saber exactamente qué quiere lograr. Ya sea que intente desarrollar una mejor presentación de ventas o inventar un nuevo producto, debe saber primero exactamente lo que desea lograr, antes de siquiera tener la esperanza de lograrlo.

Luego, lea toda la información sobre el tema que tenga a su disposición. Verifique la información en periódicos comerciales, lea libros de autoayuda o cualquier otro tipo de literatura relacionada con el tema. Lea y estudie todo lo que se haya escrito sobre ese tema, aunque en el momento no le parezca relevante.

Una vez más, utilice la Fórmula R2A2. Recuerde la experiencia de Edison con el carbón y la bombilla eléctrica. El hecho de que al quemar madera, ésta no se consumiera sin oxígeno parecería no tener relación con la bombilla eléctrica. De todas maneras, debe considerar que cuando el famoso científico realizó esa asociación, vio que su problema era que los filamentos seguían quemándose. Una vez que quitó el oxígeno de la bombilla, su problema se resolvió.

Deje incubar la idea por algún tiempo. Puede que la solución a su problema llegue rápidamente o que lleve algunas semanas, incluso puede llevar meses o años. Puede relajarse y dejar que su mente divague hasta que su subconsciente analice la idea y transmita la solución a su mente consciente. Tal vez un día se despierte en medio de la noche con la perfecta solución al problema. Podrá llegar mientras se afeita, mientras maneja hacia el trabajo o mientras le cortan el pelo. Pero llegará. Cuando las ideas comiencen a fluir, probablemente tendrá varias a la vez, las cuales podrán ser factibles, o quizás sólo una de ellas sea la respuesta correcta. Escriba todas las ideas a medida que se le ocurran.

Pasada la agitación de la creación, es hora de evaluar las ideas de manera objetiva. Cuando esté convencido de haber elegido la que funcionará mejor, ocúpese y actúe sobre ella, mientras es novedosa y estimulante.

Generar ideas es divertido, pero el verdadero desafío es su ejecución. Puede requerir de mucho trabajo y perseverancia. Sin embargo, no existe nada más estimulante que hacer funcionar su idea de crear riquezas o puestos de trabajo, o de ayudar a los demás de maneras que nunca hubieran existido sin el poder de su mente.

Ahora, usted posee los principios que han ayudado a tantos otros a alcanzar el éxito más allá de sus sueños más indómitos. Ahora posee la fórmula para aplicar aquellos principios en su propia vida.

Por lo tanto, póngase en acción y, como dice W. Clement Stone: **"¡hágalo ya!"**.

Índice

Creer y lograr. Los 17 principios de
W. Clement Stone para lograr el éxito
fue impreso y terminado en agosto de 2010 en
Encuadernaciones Maguntis, Iztapalapa,
México, D. F. Teléfono: 5640 9062.
Formación: Sara Castillo Salinas.